KB146184

일본의 침략근성

그 실체를 밝힌다
The Challenge of Today

Japan

Inside Out

초판 1쇄 발행 2015년 11월 1일
초판2쇄 발행 2016년 4월 1일

지은이   이승만
옮긴이   김창주
펴낸이   최대석
펴낸곳   행복우물
디자인   서미선
등록번호   제307-2007-14호
등록일   2006년 10월 27일
주소   경기도 가평군 경반안로 115
전화   031-581-0491
팩스   031-581-0492
이메일   danielcds@naver.com

ISBN 978-89-93525-27-4(03900)
정가 14,000원

※ ≪Japan Inside Out: The Challenge of Today≫
by Syngman Rhee, Ph. D. ⓒ Syngman Rhee 1941

일본의 침략근성

그 실체를 밝힌다
The Challenge of Today

Japan
Inside Out

이승만 지음   김창주 옮김

행복우물

목차

서 론

서두에서 먼저 밝히고 싶은 점은 필자가 이 책을 쓰게 된 동기인데, 그것은 전쟁을 부추기기 위함이 아니라 평화를 유지하기 위해서라는 사실이다. 나는 그 동안 많은 오해를 받아왔다. 나를 아는 친구들과 동양이 직면한 문제를 토론하게 되면, 그들은 종종 나에게 '당신은 정말 미국이 일본과 전쟁하기를 원합니까?'라는 질문을 하곤 한다. 그러나 오히려 정반대이다. 나는 진심으로 미국이 일본과 전쟁을 벌이는 것을 원하지 않는다. 미국은 전쟁이라는 방법을 선택하지 않고도 이 문제를 해결할 수 있다고 믿는다. 이것이 바로 내가 이 책에서 말하려고 하는 핵심이다.

나는 평화주의자이다. 천성적 기질뿐만 아니라 종교적으로도 평화주의자이다. 나는 유교 가문에서 태어나서 유교의 가르침을 배우며 성장한 사람이다. 공자의 가르침에 의하면 무력은 군자의 도리가 아니며 무력에 의한 통치는 야만인의 소행이라고 가르친다.

한국은 이러한 고차원적인 유교의 사상을 적어도 2000년 이상을 향유해 온 민족이다. 그래서 '평화'는 국가를 다스리는 통치 철학이었으며, 정치와 문학, 시가와 일상적인 가정사에 이르기까지 사회 곳곳에 편만해 있던 사상이었다. 나라 이름 자체도 기원전

2,317년에 시조인 단군에 의해 건국될 때 부터 조선(朝鮮), 즉, '고요한 아침의 나라'였다. 그러므로 한국 사람들은 인사를 할 때에도 '어떻게 지내십니까?(How do you do?)' 또는 '잘 가십시오(Good-bye)' 라는 표현보다는 '평안하셨습니까?(Are you in peace?)' '평안히 가십시오(Go in peace)' '평안하시길 빕니다(Peace be with you)'라고 인사한다. 이런 환경에서 자라난 나는 천성적으로 평화주의자가 될 수밖에 없었다.

그러나 서구문명의 도래와 함께 서구의 동반자로 자처한 약삭빠른 일본은 현대화된 무기와 군사문화로 스스로를 무장하기 시작하였다. 일본은 무장을 완료하자 한국에게 다가와 깍듯이 절하며 말하기를 '우리는 당신들의 가까운 이웃으로 친구가 되기를 원합니다. 세계 모든 나라들은 문호를 개방하고 서로 교통합니다. 모든 나라들은 국제법이라는 것을 만들어 약한 나라든 강한 나라든 서로 지켜주는 상호보호조약을 맺고 있습니다. 일본을 의심하지 말고 믿어 주십시오'라고 유혹하였다.

어리석고 수구적인 조선의 통치자들은 이런 감언이설에 넘어갔고 자국을 보호할 아무런 준비도 없이 일본의 요청에 문호를 개방하였으며, 위험에 처하면 도와주겠다는 열강들의 약속만 믿고 조약에 서명하는 어리석음을 범하고 말았다. 이 때는 이미 청일 전쟁이 끝날 즈음인 1895년이었는데, 그 때서야 나는 이러한 위험을 자각하게 되었고 조국이 존폐의 위기에 처했음을 만방에 알리려고 국민을 계몽하는 일에 착수하였다. 나는 조선 최초의 일간지인 매일신문을 발행하여 그 칼럼을 통하여 동포들에게 서로 적대관계에 있는 일본과 러시아가 그 동안 해 온 일들을 설명하고 또 앞으로 무슨 일을 획책하고 있는지를 알리는데 전력을 기울였다. 뜻있는 애국지사들이 이 일에 협력하였고 다수의 국민들이 우리의 조국을 스스로 지키고 보호하겠다는 계획에 동참하였으며, 그 숫자가 날로 확장되는 기쁨을 맛보기도 하였다.

그러나 불행하게도 정작 조선의 조정은 이러한 상황을 정확히 인식하지도 못하였을 뿐만 아니라 이러한 애국애족 운동을 오히려 억압하려고 하였다. 보수파와 개혁파의 오랜 대립과 투쟁 끝에 결국 보수파가 승리하자 개화파 애국 지사들은 감옥에 갇히게 되었고, 나 역시도 햇수로 거의 7년간 옥고를 치르게 되었다.

1904년 러-일 전쟁이 일어나면서 잠시 개화파들이 통치했던 기간에 나는 감옥에서 풀려나게 되었다. 내가 낡은 감옥소 철문을 빠져 나올 때는 조선의 궁정에는 이미 러시아의 영향력이 사라져 버린 뒤였고, 서구의 사상으로 무장한 일본이 조선의 독립을 무참히 부수어 버리고 승자로 군림하던 때였으며 조선에는 죽음의 그림자가 드리우고 있었다. 그 즈음에 조선의 새로운 조정은 필자를 미국에 특사로 파견하여 미국으로 하여금 중재권을 행사하도록 요청하라고 하였다. 그러나 놀랍게도 이미 일본은 조선이 빠져나갈 모든 구멍을 막아둔 상태였고 어느 외부세계도 조선을 직접 도와줄만한 곳이 없도록 차단해 둔 상태였다. 조선의 개화파들의 친구라고 여겨졌던 일본 정부가 나의 일거수일투족을 면밀히 감시하고 있다는 사실을 알아차린 본인은 1904년 11월 급거 조국을 떠나 미국으로 향했다. 당시 일본 정부는 본인이 민 황태자(민영환)와 한 장군(한규설)으로부터 받은 중요한 일급외교문서들을 소지하고 있었다는 사실을 눈치채지 못했다. 그러나 이것은 다른 이야기이므로 여기서는 언급하지 않기로 한다.

필자가 이렇게 자신의 개인적인 경험을 언급하는 이유는 본인이 그 속에서 살지 않았고 외부 세계에서 바라 볼 수 있었기 때문에 비교적 객관적인 기술을 할 수 있다는 배경을 설명하기 위함이다. 당시 조선의 상황은 어떤 천리안을 가진 사람이나 혜안을 가진 정치인이라 할지라도 앞으로 일어날 일을 예견하는 것이 실로 어려운 상황이었다. 사실 당시 일본의 지성인들은 지금 확실한 사실로 드러난 일들을 그때 이미 어떤 일이 언제쯤 일어날 것인지를 꿰뚫고 있었다. 오직 다른 점은 그들이 발설하지 않았을 뿐이다.

　그러므로 당연히 필자는 미국 사람들에게 이러한 많은 이야기들을 전해 주려고 했다. 그러나 나는 1905년 대부분의 미국 사람들이 10년 전 조선 사람들이 그랬던 것처럼, 당시의 정세에 대해서 너무나 무지하다는 사실을 발견하게 되었다. 또 내가 발견한 사실 하나는 저명하고 국제 정세에 밝다고 하는 미국인들까지도 다른 미국 사람들에게 현실을 알리려고 노력했으나 소용이 없었다는 사실이다. 그들도 당시 미국 사회전반에 팽배해 있는 일본에 대한 호의적인 감정을 바꿀 수 없었으며, 나 또한 아무리 일본에 대해서 부정적인 이야기를 하고 당신들이 알고 있는 일본이 진짜 일본이 아니라고 설득하며 돌아다녀도 전혀 먹혀 들지 않았다. 결과적으로 나의 충언과 경고는 한낱 광야의 외침에 지나지 않았던 셈이다.

다시 한국에 대해서 생각해 보자. 만약 한국 사람들이 1894년을 임진왜란이 일어났던 1592년(토요토미 히데요시의 조선 침략이 있었던 해)와 동일한 위기로 볼 수만 있었다면, 한국은 일본으로부터 나라를 구할 수 있었을 것이고 오늘과 같은 그러한 어리석은 보호조약을 맺지도 않았을 것이다. 달리 말하자면, 미국 사람들이 1894년과 1904년에도 일본을 오늘과 같이 팽창된 제국주의로 바로 볼 수 있었더라면, 그들의 한일합병(한일늑약 -역자 주)을 의심의 눈초리로 바라보았을 것이고, 일제가 강력한 해군력을 확장하는 것을 막을 수 있었을 것이고, 급기야는 지금처럼 태평양 건너까지 넘보는 위기를 초래하지는 않았을 것이라는 말이다.

이러한 뼈저린 아픔을 여기에서 언급하는 것은 미국으로 하여금 일본제국주의에 대해서 정확한 인식을 하도록 경종을 울리기 위함이며, 내가 미국 사람들에게 일말의 희망을 걸고 있기 때문이다. 그래서 필자는 여기서 다시 한번 미국 사람들이 직면한 문제들이 무엇인지를 정확히 깨닫기를 기대한다. 미국 사람들은 불과 수년 전에 단호한 주장과 확고한 행동을 보였더라면 쉽게 막을 수 있었던 불행을, 적절한 시기를 놓치므로 해서 이제는 도저히 감당할 수 없는 사태로 발전하였다는 사실을 깨달아야만 한다. 이러한 문제들은 이미 시작되었지만 지금이라도 깨달아 신속하게 조치한다면 그것이 최선의 방법일 것이다.

뒤로 미루는 것은 결코 해결책이 되지 못한다. 산불은 저절로 꺼지지 않는다. 불길은 날마다 마을을 향하여 다가오고 있다. 수년 전에 여러분들은 산불 소식을 소문으로만 들었다. 그건 마치 작은 목소리로 문제의 심각성이 들릴까 말까 할 정도의 속삭임과도 같았다. 그때까지는 문제가 저 멀리 있다고 생각되었다. 문제가 있기는 했지만 아주 멀리 화성이나 다른 소행성에서 일어나는 일로 치부되었다. 얼마 후 멀지 않은 곳에서 연기 기둥이 치솟았고 구름 사이로 화염이 번쩍이고 온 땅을 진동하는 굉음과 나무가 불타고 부러지는 소리들을 듣게 되었다. 이것 역시 아직 저 멀리서 벌어지는 일들이니 놀라거나 걱정할 일이 아니라고 말할 수 있을 지도 모른다.

그러나 이제 상황은 달라졌다. 여러분은 뜨거운 불길과 열기 때문에 안전에 위협을 느끼기 시작한 것이다. 이제 여러분은 집에서 가재도구를 챙기고 일터에서 떠나야 할 위기에 봉착하였다. 이제는 더 이상 위험을 무시할 처지가 아니다.

　미국은 아시아에서의 힘의 균형과 안정을 포기하지 않으면 안된다. 당신들은 이제 동양에 있는 국제조계지를 포기해야만 한다. 당신들의 사업투자가 피해를 입고, 당신들의 선교 지역본부, 대학과 병원, 그리고 모든 기관들이 공격을 받아 빼앗길 위기에 처해 있다. 당신들은 이제 태평양에서 군사 훈련도 할 수 없게 될 것이다. 왜냐하면 일본 제국주의는 태평양을 자기들의 '뒤뜰'이라고 부르기 때문이다. 일본은 이미 필리핀을 자기들의 소유로 만들려고 하는데 당신들은 일본이 필리핀의 여러 섬들에서 벌이는 일들에 대해서 어떻게 해야 할지도 모르고 있다. 여러 섬들을 요새화 할 수도 없고 요새화 하겠다는 말도 꺼내지 못할 것이다. 왜냐하면 일본이 그런 말을 듣기 싫어하고 반대하기 때문이다.

　이것뿐만이 아니다. 미국 대륙 안에 있다 할지라도 이제 여러분은 일본 사람들의 대거 유입을 합법화하는 어떤 조치에도 반대하지 못할 것이다. 왜냐하면 이런 조치는 일본 사람들이 자신들에 대한 모독으로 여길 것이기 때문이다. 일제가 당신들에게 폭탄을 투하하고 당신들의 군함을 침몰시켜도 그들을 비난하지 못할 것이다. 그들은 자랑스러운 천황의 후손들이고 자존심이 강한 민족이어서 당신들의 비난을 모욕으로 느껴 상처를 받을 것이기 때문이다.

이런 실상은 도처에서 일어나고 있는 작은 시작에 불과하다. 당신들은 아직도 산불이 저 멀리, 아주 멀리에 있다고 믿을 것인가? 싸움은 조선 땅에서, 만주 벌판에서, 그리고 중국 대륙에서 벌어지고 있기 때문에 거기는 우리 땅이 아니고 우리와는 무관한 일이라고 말한다면 그말은 과연 맞는 말일까?

필자는 이 책에서 이 복잡하고 당혹스러운 질문들에 해답을 찾아 보려고 한다. 해답은 내가 하는 말이나 주장에서 찾아지는 것이 아니라 작금에 벌어지는 구체적이고 실제적인 사건들 속에서 발견하게 될 것이다. 이런 관점에서 이 책이 지향하는 우리의 관심은 중-일 전쟁이 아니다, 우리의 관심은 전 세계를 향한 일본 제국주의의 도전이다. 더 구체적으로는 미국을 향한 일본 제국주의의 야욕이다.

이미 언급한 대로, 막을 수 없는 전쟁기계인 일본 제국주의는 계속해서 발광을 할 것이며, 그런 발광은 전인류의 문명과 인간애를 파괴하고 말살할 때까지 계속될 것이며, 결국에는 아픈 흔적만을 남기게 될 것이다. 그때가 되면 공포에 찌든 세계는 혼비백산하여 이렇게 질문할 것이다.

"이게 도대체 무슨 일입니까? 무엇 때문에 저 사람들이 이런 짓을 스스럼 없이 저지르고 있습니까?"

이 질문의 답은 바로 이것이다. 동양에서는 미카도(Mikado, 천황: 윌리암 그리피스라는 사람이 ≪The Mikado's Empire≫란 책을 발간하여 일본을 소개한 이후부터 종종 일본을 '미카도 제국'이라고 부른다 -역자주)가, 서양에서는 파시스트(Fascists)와 나치(Nazis)가 전 세계를 정복하려고 하기 때문이다. 그들은 거대한 기계화된 군사력을 가졌고 그들은 자기들의 힘으로 전 세계를 정복할 수 있다고 믿기 때문이다.

1

일본의 '거룩한 사명'과
전쟁 심리학

민주주의를 지킨다는 고귀한 사명을 위하여 미국 국민들은 현재 세계가 직면한 상황을 정확히 직시해야 하고 즉각적으로 행동해야 하며 자신들의 자유를 지키기 위해서 혹은 잃어버린 자유를 되찾기 위해서 노력하는 모든 세계인들과 상호 협력을 해야만 한다. 미국은 이제 적극적인 자세로 서구의 문제뿐만 아니라 전 세계를 향하여 시야를 넓히고 전 세계의 평화와 안전에 관련한 지구촌의 이슈에 관심을 가져야 한다. 지구의 절반이 민주주의라 하더라도 나머지 절반은 여전히 전제주의 국가이므로 이 세계는 아직도 평화와 안전이 충분히 보장되었다고 말하기가 어렵다. 민주주의가 아니면 전제주의일 수밖에 없으므로, 미국이 어떤 자세를 취하느냐에 따라서 세계에 민주주의가 존속될 수 있을지에 상당한 영향을 미칠 것이다. 그렇기 때문에 미국의 역할은 대단히 중요하다고 말하지 않을 수 없다. 지난 10년 혹은 20년 전에 이 일을 다루었다면 훨씬 쉬웠겠지만 미국은 그 동안 잠만 자고 있었던 반면 전제주의 국가들은 엄청난 준비를 해 왔다. 만약 미국이 여전히 평화에 대한 잘못된 가치관을 고집한다면 우리는 희망을 걸 곳이 없게 된다.

결국 미국 정부와 미국 국민들은 부분적이기는 하지만 이러한 현실을 자각하기 시작했고 최대한 빠른 시일내에 필요한 물자를 준비하는 일에 박차를 가하고 있다. 그러나 이는 물자를 확보하는 일만으로는 불가능하다. 미국 국민 대부분이 피할 수 없는 위험이나 숨길 수 없는 위기를 인식하고 거기에 대비하는 일은 아무리 강조해도 지나침이 없다.

일본 제국주의는 이미 오래 전부터 정신력의 가치를 알고 있었으므로 온 국민의 정신전력을 무장하는 일에 힘써왔다. 이러한 노력 덕분에 일본은 독일을 제외한 어느 나라보다 정신무장과 전쟁 심리학을 발전시킬 수 있었다. 여기에 소개하는 일련의 사상들을 서구인의 관점에서 본다면 환상적이고 우스꽝스러울 수도 있을 것이다. 소위 문명국 국민의 관점에서 본다면 도저히 믿어지지 않을 정도로 모순과 신비적인 요소들로 만들어졌지만, 문제는 대부분의 일본 사람들은 이 사실들을 그대로 믿고 따른다는 점이며 수백만의 일본 국민들은 그런 신념을 증명이나 하듯이 생명을 바칠 각오가 되어 있다는 점이다. 이런 정신적인 무장에 무적의 육·해군이 더해짐으로 해서 이제 일본은 전 세계를 정복하려는 결심을 하기까지에 이르렀다. 만약 우리가 이런 무리들에게 정복당하지 않으려면 우리는 이러한 일본 통치자들 뒤에 숨겨진 신성사상(神性思想)에 각별한 관심을 가지지 않으면 안 된다.

1919년 5월 9일에 전형적인 일본의 일간신문 중 하나인 니로쿠(二六)지에 실렸던 사설이 후일 재팬 에드버타이저(Japan Advertiser)지에 다음과 같이 번역 소개되었다.

"세계의 평화를 보존하고 인류의 복지를 증진하는 일은 일본 제국의 황실에 주어진 거룩한 사명이다. 하늘은 일본의 천황 폐하에게 이 거룩한 사명을 완수하도록 모든 능력을 부여하였으니, 이 사명을 완수하는 황실은 전 인류의 존귀와 숭배를 받을 것이며 영원한 통치권을 향유할 것이다. 천황 폐하께서는 하느님과 동등한 숭배의 대상이며 사랑과 정의의 화신이시다. 일본 제국의 황실은 신민의 유익 추구를 최고의 덕목으로 간주한다. 천황 폐하께서는 6천만 일본 국민들의 어버이이실 뿐만 아니라 지구상에 거하는 모든 인류의 어버이가 되신다. 천황 폐하 앞에서는 전 인류가 하나이며 모두가 그 분의 자녀들이므로 천황폐하는 민족적인 차별을 초월하여 존재하시는 분이시다. 따라서 인류 사이에 분쟁이 일어난다 하더라도 천황의 순결한 정의 앞에서 모든 문제는 해답을 얻게될 것이다. 전쟁의 공포에서 인류를 구하기 위하여 결의된 국제연맹도 일본 제국의 황실을 수장으로 모실 때만이 그 참된 목적을 성취할 수 있다. 국제연맹이 추구하는 목적을 이루기 위해서는 강력한 권력과 초국가적이고 초민족적인 신적 존재를 모실 때만 가능한데, 이러한 강력한 분은 오직 일본 제국의 황실에서만 찾을 수 있다."

　　일본 사람들은 자기들의 지배자를 '황제'라고 부르는 것은 잘 못된 호칭이라고 말한다. 그를 '황제'라고 부르지 않고 '텐노(천황)'라고 부르는데, 이는 '천상의 황제'라는 뜻이다. 일본 사람들은 '텐노'라는 이름을 입에 담을 때마다 고개를 숙여 절을 하든지 모자를 벗어 예의를 갖춘다. 그들은 절대로 자기들의 천황을 세상의 다른 왕이나 통치자 또는 황제들과 같은 위치에 두지 않는다. 천황은 모든 왕들 위에 뛰어난 왕이시며 가장 탁월한 존재라고 믿는다. 천황이 신적 존재라는 것은 모든 공식 문서에서 드러나고 있을 뿐만 아니라, 모든 학교의 역사책에서도 그렇게 가르친다. 일본의 학자들, 철학가들, 법률가들, 그리고 작가들은 이러한 사실을 가르치고 설파하는 사람들이다. 심지어 일본의 기독교 지도자들까지도 그렇게 생각하는 사람들이 있으며, 그 중에는 서구에서 공부한 학자들도 있다. 예를 들자면 니토베 이나조(新渡戸稲造)(5천엔 권 지폐의 주인공, ≪무사도≫, ≪농업본론≫의 저자 –역자 주)와 같은 기독교 지도자는 '일본의 통치자인 천황 폐하는 육신을 입은 천지의 지존자'라고 선언하기까지 하였다.

　　더욱 열광적인 애국자들은 천황의 신적 기원을 천지 창조에서 찾기도 한다. 그들의 건국 신화에 의하면, 남신 이자나기와 여신 이

자나미라는 두 신이 결혼을 통하여 일본의 여러 섬들을 낳았다고 한다. 그러므로 일본 열도는 다른 대륙과는 달리 그 탄생과 기원에 서부터 본질적으로 구별이 된다는 주장이다. 그 후, 두 신들은 태양의 여신인 아마테라수를 낳았는데 일본의 천황은 바로 이 여신의 직계 후손이라는 설명이다. 최초의 황제는 신격 존재로서 진무텐노(神武天皇)이었다. 이러한 일본의 건국 신화는 일본 민족의 성서격인 고사기(古事記)에 다음과 같이 기록되어 있다.

"천상의 신적 부부, 이자나기와 이자나미는 다른 신들에 의해서 저 높은 하늘의 은하수 다리에서 땅들을 만들라는 명령을 받는다. 남신인 이자나기는 보석 박힌 자기의 창검을 태초의 바다 속에 깊숙이 꽂고 저었더니 거기에서 거대한 보물 덩어리가 응결되어 한 대륙으로 탄생되었다. 그것이 바로 일본 열도가 되었는데 거기서 떨어져 나와 생긴 여러 부스러기들이 오늘날의 다른 여러 나라들과 대륙들을 만들었다. 그러므로 모든 세상의 나라들은 일본 열도에 감사를 표해야 한다. 왜냐하면 일본국의 부산물로 오늘의 세계가 존재하게 되었기 때문이다."

일본을 신성시하는 설화는 이것이 전부가 아니다. 일본을 우상화 하는 일은 천황이나 일본 열도의 탄생 신화로 끝나지 않고 일본 국민들의 신성화로 이어진다. 일본인의 조상들은 모두 신성을 가진 남신과 여신들이었는데 이들의 후손이 바로 태양의 후예인 현존하는 야마토족(大和族)이다. 그러므로 세계 다른 민족과 족속들은 일본 신민들보다 열등한 존재들이라고 보면 틀림이 없다. 일본인들은 측량할 수 없을 만큼 위대하고 탁월하며 용맹함과 지혜에 있어서는 다른 민족과는 비교할 수 없을 만큼 뛰어난데 그 이유는 바로 일본인들이 이 신들의 후예이기 때문이다.

일본 사람들은 누구나 자기들은 모두 신적 존재라고 믿도록 교육받아 왔다. 왜냐하면 일본 국민은 누구나 거룩한 신성을 지닌 야마토의 후손들이기 때문이다. 따라서 일본 아이들은 다음과 같은 신념을 가지고 자라난다.

(1) 일본의 천황은 지구상에서 유일한 신적 통치자이다.

(2) 일본국은 지구상의 유일한 신정국가이다.

(3) 일본 국민은 지구상에 유일한 신민(divine people)이다.

그러므로 일본은 세상을 비추는 빛이 되어야 한다. 전장에서 죽는 군인이나 일본 황제를 위해서 자기 목숨을 바치는 애국자는 자동적으로 완전한 신이 되어 천상의 열반 정토에서 신으로 변화되고 신적 대가족으로 승화된다. 이러한 황실의 계보는 주후 약 700년에 만들어지기 시작하였으며 지금부터 약 70년 전, 쇼군(幕府) 시대가 종식되고 천황제가 복원될 즈음에 완성되었다. 일본 사람들에게는 이런 이야기들이 어떻게 만들어졌는지는 논의의 대상이 되지 않는다. 단지 오늘날 일본 국민들은 천황이 신적인 존재이며, 일본의 여러 섬들과 일본 국민들에게도 분명히 신성이 있음을 믿을 뿐이다. 이런 사실에 대한 의심 없는 확고한 믿음은 일본을 하나의 정신력으로 결집시키고 맹종하게 하는 힘의 원동력이다. 일본 사람들 개개인은 미미하다. 그러나 뭉치면 위대한 능력을 발휘한다. 이런 점에서 일본은 7천만 신들로 무장된 전쟁 무기들이다. 지난 수년 동안 일본의 모든 종교는 힘을 잃고 쇠락해 가는 반면, 신도(神道)의 교리만은 최고의 왕성함을 누려 왔다. 일본 정부는 일본과 한국 기독교 교회들의 자치 행정권을 일본에게 이양하도록 강요하였으며, 그 외에도 여러 가지 엄격한 제한을 부과하였다.

1940년 8월 28일자, ≪뉴욕 타임즈≫의 바이어스(Hugh Byas) 특파원이 동경발로 보낸 기사의 일부에는 다음과 같은 내용이 담겨 있었다.

"일본 기독교계 내부에서부터 서구의 영향을 없애버리려는 운동이 급속도로 파급되고 있다. 완전히 순수한 일본 교회, 잠정적으로 '순수 일본기독교회'라고 불리는 국수주의 기독교가 일본에서 시작되었다. 태양의 여신에 의해서 기원된 일본 천황의 탄신 2,600주년을 기념하는 10월 17일, 일본에서 시작되는 순수하고 새로운 기독교를 출범시키려는 일련의 노력이 작금에 왕성하게 일어나고 있다. 이러한 움직임은 최근 일본 전역을 휩쓸고 있는 극단적인 국수주의의 일부라고 할 수 있지만, 일본의 크리스천들은 미국이나 다른 선교사들에 대하여 적대감을 나타내지 않고 있다. 이러한 종교 혼합주의는 서구로부터 지원되는 기부금 원조도 놓치지 않고 챙기기 위한 일본 기독교계의 전략으로 보여진다."

종교의 자유를 인정하는 우리로서는 다른 사람의 종교적 확신과 믿음에 대하여 왈가왈부하거나 평론할 이유가 없다. 만약 일본의 기독교인들이 자기들의 황제, 국토, 국민들, 심지어 일본에 있는 모든 생명체들이 신성하다고 믿기를 원한다면, 그것은 그들의 판단이요 그들의 믿음이므로 무엇이라고 비난할 이유가 없다. 결론적으로 그들이 주장하는 인류 발생의 기원이 서구가 가르치는 유인원에서 인간이 진화되었다는 진화론보다는 낫지 않은가! 그러니 그들이 그렇게 믿는다면 어쩌겠는가? 자기들의 양심대로 자기들의 뿌리가 하늘에 있고 그래서 일본이 우월한 민족이라고 믿는 것까지도 좋다고 하자. 그러나 문제는 그것이 전부가 아니라는 데 있다.

세계를 자기들의 통치자(천황) 아래에 두어야 한다는 그들의 주장은 단지 시작에 불과하다. 천황만이 유일한 하늘의 통치자이므로 그들의 결론은 천황만이 유일한 우주의 통치자가 되어야 하고 천황의 육군과 해군이 온 세상을 구원하기 위해서 전 세계로 보내져 전쟁을 수행해야 한다는 논리로 확대되어 간다. 하늘에는 하나의 태양이 있듯 지구상에는 한 분의 통치자만이 필요할 뿐이라는 논리이다. 모든 인류가 소망하는 세계의 평화는 오직 유일한 황제인 일본의 천황을 통해서만 성취될 것이다.

이것이 바로 일본 패권주의자들의 주장이며 이를 통하여 아시아의 신(新)질서를 재편하는 것이 하늘로부터 일본이 부여 받은 사명이며, 그러므로 일본만이 극동을 힘으로 안정시킬 수 있다고 날뛰고 있는 것이다. 최근에는 일본이 조심스럽게 자기들의 사명과 관할을 아시아와 극동 아시아까지라고 부분 수정한 것은 간교

한 속임수에 지나지 않는다. 그러나 일본은 곧 이어서 아시아에서의 신(新)질서를 새로운 세계 질서로, 그리고 극동을 안정시키는 세력을 전 세계를 안정시키는 세력이라는 이름으로 변조할 것이다.

일본 제국주의의 군사 교본에는 천황의 집무에 대해서 다음과 같은 구절이 명문화 되어 있다.

"신무 천황에게는 영원하고 무제한적인 그리고 절대적인 명령만이 있을 뿐이다. 우리는 우리가 점령하는 전 세계 방방곡곡에 우리의 수도를 건설할 것이다. 이는 혼돈과 파괴로부터 온 세상을 구원하라는 명령을 하늘로부터 부여 받았기 때문이다."

요스케 마츠오카(松岡洋右)는 1931년 남 만주 철도국의 총책임자였는데, 그는 다음과같이 공포했다.

"우리 야마토 민족에게 주어진 사명은 극악 무도함으로부터 인류를 구출하여 내는 것이라고 나는 확신한다. 불쌍한 상황에서 고통받고 있는 인류를 빛의 세계로 인도하도록 부름 받은 것이 바로 우리가 해야 하는 일이다."

카츠라(桂) 백작도 최근 귀족원(House of Pears)에서 '일본의 민족 정신만이 혼돈과 타락으로 추락하는 인류를 구할 수 있는 유일한 대안이다'라고 역설한 바 있다.

일본의 언론들도 과감히 다음과 같은 보도를 내 보냈다.

"천황이 집전한 제사를 통해 신으로 격상된 전사자의 영혼들은 오늘도 중국과 싸우는 전쟁터에서 우리 병사들과 함께 싸우고 있다. 우리 군대가 중국과 싸울 때 갑자기 바람의 방향이 바뀌어

상하이에 상륙할 수 있게 되었던 것은 죽은 일본 군인들의 영혼이 전쟁터에 함께 싸우고 있다는 증거이다. 그 죽은 병사들의 혼령이 온 세상의 인류를 하나같이 행복하도록 만드는 오늘의 전투를 돕고 있을 뿐만 아니라, 일본의 황실이 처음 만들어 질 때부터 일본 국민의 열망과 사상이 그 전쟁터에 있었기 때문이다. 그리고 우리들 역시 온 인류를 불의와 불평등으로부터 해방시켜 모든 사람들에게 영원한 행복을 나누어 주려는 열망으로 가득하기 때문이다."

그러므로 그들의 해석에 따르면, 자신들이 치르는 이 성전은 서구의 모든 세속적인 것들에 대해 값을 치르는 투쟁이라고 강조한다. 이런 관점에서 그들이 서구와 맞붙는 전쟁은 군사적인 싸움만이 아니라 근본적으로 종교적이고 정치적인 싸움이라고 주장하는 것이다.

종교적인 측면에서 본다면 일제는 천황을 숭배하는 신도사상을 최고의 국가종교로 발표하였으므로 서양의 선교사들과 기독교 교회들에 대해서 십자군 전쟁을 선포했음을 이미 살펴보았다. 이런 종교적인 전쟁은 일제가 통치하는 모든 나라에서 똑 같이 강요되었다. 최고의 종교는 하나만 있어야 한다는 그들의 생활철학은 한 나라 안에서 두 개 혹은 그 이상의 종교나 사상이 공존하면 서로 대립하고 갈등하여 평화를 파괴한다는 생각을 낳게 되었다. 그래서 그들이 제안한 새로운 질서란 진정한 종교의 자유를 탄압하는 또다른 십자군 전쟁이 되고 말았다.

정치적인 입장에서 본다면 민주주의적인 자유와 평등의 사상은 일본 제국주의적 통치 사상과는 정면으로 대치되는 사고방식이다. 천황과 같은 천상에 속한 상류사회는 하늘만큼이나 높은 사람들이어서 민중과는 도저히 공존할 수가 없다. 이런 관계에서 어떻게 개인의 자유가 허용될 수 있을까! 이러한 통치 원리를 따르는 일본의 정치관에서 본다면 언론과 출판의 자유란 인간의 폐에 들어오는 독약만큼이나 위험할 뿐이다.

미국에서는 국가 통치자에 대해서도 공개적으로 반대하고 비판할 수 있지만, 이런 일은 일본에서 찾아 볼 수도 상상할 수도 없는 일이다. 인권의 일부인 파업과 같은 행위도 일본에서는 사회와 경제를 해치는 악마적인 짓으로 간주된다. 나라를 다스리는 사람을 '공복'이라고 하거나 최고 통치자가 사는 집을 '천황궁(Palace)'이라고 부르지 않고 '백악관(White House)'이라고 부르는 것은 혼란과 무질서의 표시라고 생각한다. 그래서 이런 사고들은 완전히 부수고 없애버려야 하는 것들로 생각한다. 그런 사고들은 민주주의 원칙을 신봉하는 사람들과 천황통치를 반대하는 일본의 자유주의자들을 자극하여 주체의식을 키울 수 있기 때문에 애초에 뿌리를 뽑아 없애야 할 나쁜 독소이다.

그러므로 이러한 측면에서 본다면 일본이 벌이는 십자군 전쟁은 미국 정부의 민주주의 정신에 엄청난 대가를 치르게 할 것이다.

일제의 지난 반 세기 동안의 놀라운 성취와 업적을 비교해 보면 그들이 이렇게 오만하게 생각하고 행동하는 일도 이해할 수 없는 바는 아니다. 그들도 우리와 같은 인간이므로 그럴 수도 있다고 하자.

일본은 수 세기 동안 작은 섬에 갇혀 있던 보잘 것 없는 촌뜨기들이었다. 머리도 작고 신체도 작으며 생각도 왜소한 사람들이었다. 어느 날 갑자가 자기들의 설화에 나오는 이야기처럼, 하늘이 열리고 더 넓은 세계를 만나게 되었으며 새로운 세계의 문명과 새로운 삶의 방식을 알게 되었다. 그러나 작은 어항 속에 갇혀 있던 물고기가 갑자기 넓은 호수에 던져진다면 그 이상 어떻게 자유를 느끼랴. 그들이 외부세계와 접촉하며 가장 놀란 것은 문명화된 나라들의 새로운 군사 무기들이었다. 서구의 군사 전략과 전쟁 기술과 방법 등은 충격에 가까운 것이었으리라. 이런 것들이 한 순간에 자기들의 무릎 위에 떨어졌으니!

그 이후 그들이 지금까지 얼마나 많은 전쟁에서 승리했는지 헤아려 보라! 어찌 과대 망상증에 걸리지 않을 수 있겠는가? 그랬으니 정말로 '천하 무적'이라고 착각하지 않을 수 있겠는가 말이다. 전 세계는 한 목소리로 그들의 전승을 칭찬하는 일을 멈추지 않았다. 만약 일본이 전 세계를 향하여 눈을 감고 자기들이 보여 주는 것 외에는 보지 말라고 한다면, 온 세계 사람들은 높은 학문과 지성을 가지고 있음에도 불구하고 일본이 만든 그물에 걸려들고 그들의 덫에 빠지고 말 것이다.

아브라함 링컨의 유명한 명언, '모든 사람들을 영원히 속일 수는 없다'는 말이 오늘날 일본의 현실에서는 통하지 않을 것 같다. 일본은 지난 50년 동안 온 인류를 속여 왔으나 이제는 양의 가죽을 벗어 버리고 이리의 이빨을 드러내 보이고 말았다. 그러나 아직도 지구상의 많은 사람들은 이 사실을 믿으려 하지 않는다.

벌써 그들은 서구인들이 신성시하는 국기들을 모욕하고 있지 않은가. 일본 군국주의자들이 그 이전에 한 행위는 이미 말 할 것도 없지만, 지난 3년 동안 일본의 군대가 중국에서 얼마나 많은 미국 국민들과 영국 국민들의 생명과 재산을 빼앗았던가!

그러나 서구의 열강들은 그들이 오래 전부터 누려오던 패권이 천황의 군대 앞에서 산산이 부서지고 있는데도 속수무책인 것만 같다. 일본은 지난날 자기들이 경험한 놀라운 기적을 이루게 해 주었고 앞으로 자기들을 위하여 더 많은 경이로운 일들을 미리 예비하여 놓은 것은 바로 다름 아닌 자기들의 신(神)들이라고 믿고 있다.

이러한 신도사상이 신비주의와 혼합되면서 일본인들의 마음 속에 있는 극단적인 애국심과 결합되어 독특한 전쟁 심리학을 발전시켰다. 세상이 시작되던 그때로부터 오늘까지 한 번도 작은 섬 나라에서 벗어나지 못한 일본은 자기들의 안전한 발판을 만들기 위해서 바다 건너 넓은 세계를 호시탐탐 노렸지만 번번히 아시아 대륙의 민족들로부터 수치와 좌절만을 겪었을 뿐이다. 이렇게 오랜 기간 유전되어 온 국가적인 열망은 자연히 세계를 향한 군국주의적 침략 야욕으로 폭발하였다.

'소원은 사상의 아버지이다(The wish is father to the thought)'라는 말이 있다. 평소 생각하던 것들이 소망으로 표출된다는 말이다. 평소의 야망대로 전쟁에 혈안이 되어 전쟁광의 사고를 낳게 되었고, 이것이 반복되면서 사무라이 전사들이 탄생되었다. 그리고 후에 서구 열강에 문호를 개방하면서 서양에서 최고로 발달한 민족주의와 애국주의가 그들의 사무라이 정신과 결합되었다. 생명에 대한 서구의 사상은 받아들였지만, 그들은 이를 왜곡하여 맹목적인 애국심과 우월감으로 변질시켰으며, 그러한 광신적 애국주의는 막부시대에 봉건 영주에게 바치던 충성심을 대체하였다.

　천황 숭배라는 신도사상은 전쟁 제의(祭儀)로 발전하였다. 일본 제국주의의 팽창을 목적으로 하는 전사들을 숭배하는 사상은 국가 종교의 양상을 띠게 되었다. 이런 환경에서 태어나서 자란 세대들은 애국적 군국주의의 교육을 받았고, 여기에 세뇌된 모든 일본의 젊은이들은 천황과 제국에 대하여 동일한 태도를 갖게 되었다. 즉, 그들이 이 땅에 살면서 신의 현존인 천황과 제국을 위해서 죽는 일은 최고의 영광이라는 신념으로 발전한 것이다. 이러한 교육이 그들의 일상적인 삶에 어떠한 영향을 미쳤는지, 1936년 7월 18일에 발행된 리터러리 다이제스트(The Literary Digest)의 몇 몇 글에서 발췌해 보면 다음과 같다.

　"일본 제국주의의 광신적인 애국의 전형적인 심리 상태가 아이자와 사부로(會澤三郎) 대좌의 이야기에서 극명하게 드러난다. 그는 군사령관인 나카다 데츠잔(長田鐵山)을 자기의 군도로 살해했는데, 그의 행동에 대한 중요한 부분이 법정 심문 중에 밝힌 증언에 그대로 나타난다. 그는 자기가 이 일을 실행하기 전에 두 군데의 신사를 방문하고 참배하며 기도하던 중에 결심하게 되었으며, 자기의 행동은 '강력한 힘에 이끌려 그분의 명령을 따른 것이고 천황에 대한 충직한 신민으로서 행한 것'이라고 증언했다는 사실이다. 그는 더 나아가서 다음과 같은 말로 자기의 행동을 정당화 하는 진술을 하였다.

"나의 고향처럼 가난한 시골에서는 제대로 된 교육을 받을 기회가 없었다. 그저 마작이나 하고 선술집에나 갈 뿐이었다. 그러던 어느 날, 존귀하신 분을 만나고 그 분을 위해서 그 동안 내가 알고 있던 모든 것을 버리고 죽기를 각오하고 그 분을 따랐으니, 그 분이 바로 천황이시다. 그 분이 나로 하여금 그런 행동을 결단하도록 만든 힘과 용기의 근원이시다."

이어서 그는 법정의 방청객들에게 이렇게 소리쳤다.

"여러분들도 회개하시오, 그리고 절대자이신 천황 폐하, 그 분의 절대권력을 믿으십시오."

그를 구명하기 위해서 피로 서명한 혈서들이 법정에 제출되었을 때 그는 눈물을 흘렸고, 법정은 이 혈서들을 채택하였다.

1936년에 일어난 저 유명한 청년 장교들의 반란사건의 결과 16명의 육군 장교들과 한 명의 시민이 총살형에 처해진 적이 있었다. 그때 법원이 내린 판결의 죄목은 정부의 각료를 살해하려고 한 것이 아니었다. 항복하라는 천황의 명령에 불복종한 것이 그들이 총살형을 받은 죄목이었다. 그들의 죄목이 숭고하고 애국적인 동기였다는 점 때문에 재판은 관대하게 다루어졌다. 당시 그 청년 장교들의 반란으로 암살된 81세 노 정치가인 타카하시 코레키오(萬橋是淸)의 아들은 다음과 같은 말로 자기의 감정을 증언하였다.

"나의 아버지는 군사 예산을 삭감시킨 분입니다. 만약 나의 아버지를 죽인 살인자들이 정당했다면, 나는 그들을 비난할 수 없습니다. 그들의 소행이 조국을 위한 일이라면 나는 내 아버지의 죽음까지도 아까워 할 수 없습니다. 그러나 그들이 몇몇 정치인을 죽였다는 사실보다 훨씬 더 심각하고 용서 받을 수 없는 범죄는, 그들이 천황폐하의 명령을 거역하고 따르지 않았다는 사실입니다. 지극히 높으신 천황 폐하의 명령을 거역한 행동은 어떤 이유로도 용서받을 수 없는 범죄입니다."

그들이 항복하도록 명령이 떨어졌을 때, 한 장교는 이미 자살했고 또 다른 병사는 자기 머리에 방아쇠를 당겼으나 실패했다. 유죄선고를 받은 123명의 군인들은 모두 초 열혈당의 애국단원들이었다. 그들은 자기들의 조국 일본 제국주의의 위상을 더 높이는 일에 목숨을 걸기로 결단하고 연구하고 기원하며 똘똘 뭉친 극렬분자들이었다.

1941년 1월 5일에 일본 외무상 마쓰오카 요스케(松岡洋右)는 라디오 방송을 통하여 해외에 있는 전 일본 국민들, 특별히 남양만제 군도에 있는 일본인 동포들에게 연설을 했다.

"(……)이것은 나만의 바램이 아니라 전 일본의 국가적 소망입니다. 우리 일본제국을 만드신 천황 폐하의 생각, 즉, '모든 인류가 한 지붕 아래 살아가도록' 하려는 이상은 모든 인류의 소원이 되어야 합니다. (……) 이런 이념은 우리의 동맹국인 독일제국의 신념과 결합될 것입니다. 독일은 우리의 외교 노선을 선도하는 유일한 나라입니다."

이상에서 우리가 살펴본 것처럼 오늘날 무시무시한 무기와 정신으로 무장된 수백만의 군대가 우글거리는 소굴과 같이 변한 일본은 강력한 군사력을 동원하여 전 세계를 향하여 거침없이 급속하게 돌진하고 있다. 여기에 몇 마디를 더 첨가하자면, 일본 제국주의가 모든 서구 열강들을 말살시키지는 못하겠지만 몇몇 서구 나라들을 동원하여 다른 서구의 백인 국가들을 공격하는 일은 가능할 것이다. 그러는 사이에 이기적이고 서로 경쟁하기를 좋아하는 당신네 서구 열강들은 각각 자기 나라만의 국익을 위해서 활동을 하겠지만, 그건 결국 자국의 이익은 커녕 서구를 정복하려는 집단의 유익과 야욕을 돕는 꼴이 되고 말 것이다.

지금 동경에 있는 전쟁광들은 자기들의 군대를 천하무적으로 여기는 허황된 신념과 자기들의 통치자를 하느님으로 착각하는 가운데 아무도 예측할 수 없는 정신착란과 같은 계산 착오에 빠져 있다. 일본은 자기들이 정복한 나라의 백성들이 품고 있는 원한과 잠재적인 저항에는 전혀 관심이 없다. 일본과 가장 가까이에서 문턱을 맞대고 있는 2,300만의 한국 국민들이 일본의 가장 격렬한 반

일본의 침략근성 - 그 실체를 밝힌다

대자들이다.

강제로 무장해제 당했고 강제로 정부가 해산된 한국 국민들은 야만적인 방법으로 억압하고 통제하는 일제에 대항하여 멈추지 않고 지속적으로 자국의 독립을 주장할 것이다. 1919년에 처음 일어난 전국규모의 독립운동처럼 한국 국민들은 계속해서 독립만세운동과 같은 평화적인 독립 운동을 전개해 나갈 것이다.

한때는 낱낱이 분열되어 전혀 희망이 보이지 않을 것 같았던 4억 5천만의 중국인들도 오늘날 일본 제국주의에 저항하는 데는 마치 한 사람처럼 다시 결집하고 있다. 이런 놀라운 기적을 일본이 만들어 주었다고 해도 과언이 아니다. 중국과 한국은 역사적으로 동맹국이었는데 그들의 동맹 관계가 다시 부활하게 되었다. 한국과 중국이 지금 필요로 하는 것은 충분한 군사 무기와 군수품을 확보하는 일이다. 그들이 전쟁에 필요한 충분한 무기와 군수물자를 확보하게 되면, 일본을 물리칠 수 있다는 것은 이미 세상에 다 알려진 사실이다.

그렇게 되도록 군수품을 공급하여 강력한 중국의 인적 자원을 잘 이용하기만 하면, 미국은 적어도 태평양에서는 일본과 전쟁을 피하고 자국을 보호할 수 있을 것이다. 그렇게 되면 미국과의 전쟁을 불사하겠다는 일본의 공개적인 위협은 한낱 허세가 되고 말 것이다. 적어도 영국과 중국이 양쪽에서 독일 이탈리아 일본을 위협하고 있는 현실에서 일본이 미국과 전쟁을 붙는 것은 스스로 불구덩이로 뛰어드는 자살행위라는 것쯤은 일본도 너무나 잘 알고 있다. 지금 미국이 중국을 군사적으로 충분히 그리고 지속적으로 돕는 일이야 말로 향후 일본으로 하여금 앞으로 더 큰 정복 야욕을 자제하도록 만드는 길임을 알아야 한다. 나는 지금부터 약 35년 전 일본의 정복 야욕이 꿈틀거리며 일어나는 것을 보았다. 그래서 필자가 그 동안 줄곧 미국 국민들에게 전하고 싶었던 메시지는 결국 이런 '아마겟돈(성서에 기술된 선과 악의 최후의 대결전 –역자)' 전쟁 만큼은 어떻게 해서든지 피해야 한다는 사실이었다.

2

타 나 카 비 밀 문 서

 몇몇 작은 섬에 갇혀 살던 일본 국민들의 넓은 영토에 대한 열망은 당연히 클 수밖에 없었다. 한국과 중국이 누구보다 이런 사실을 잘 알고 있었다. 극동의 평화를 유지하기 위해서 한국과 중국 두 나라 나름대로의 원칙이 있었으니 그것은 섬나라 일본을 거기에 묶어두고 열도 밖으로 나오지 못하게 하는 것이었다. 아시아 대륙을 정복하고자 하는 야망을 실현하기 위하여 일본은 조선 반도를 이미 수 차례 침략했지만 번번이 실패하고 말았다. 최근에 일어난 가장 치명적인 침략은 '일본의 나폴레옹'이라고 불리는 토요토미 히데요시(豊臣秀吉)가 시작한 1592년의 임진왜란이었다. 히데요시의 침략은 조선-중국 연합군에 의해서 완전히 패배로 돌아갔지만, 그럼에도 불구하고 조선은 이 전쟁으로 말미암아 회복이 불가능할 정도의 처참한 피해를 입었다. 임진왜란 이후부터 1876년까지 조선의 철저한 쇄국정책 때문에 일본인도 중국인도 특별한 허락이 없이는 조선을 출입할 수 없었다. 그리하여 '고요한 아침의 나라'인 조선은 안정되고 조용하게 침묵하며 '은둔의 나라(Hermit Kingdom)'라는 별명을 얻게 되었다.

사무라이의 후예인 전쟁광들은 이미 오래 전에 히데요시가 조선과 중국의 연합군에 의해서 무참히 패배 당했음에도 불구하고 세계 정복이라는 야욕을 버리지 않았다. 그래도 그들의 세계관은 '네 개의 바다'-(태평양, 인도양, 대서양, 지중해를 지칭 -역자 주)를 포함하는 아시아의 범위를 넘어선 적이 없었다.

그러나 서양 문명이 동양에 전해 지면서 모든 게 변하기 시작했다. 처음에는 거부하였으나, 곧 이어 놀라운 서구, '네 개의 바다' 저편에서 온 문화가 훨씬 우월하다는 사실을 깨닫게 되자 얼마 지나지 않아서 결국 동양은 굴복하고 말았다. 학자적인 전통을 가진 조선과 중국은 서구의 철학 사상 문화와 종교를 자기들의 전통적인 가르침과 비교하며 학문적으로 접근한 반면, 사무라이의 야망을 버리지 못한 일본은 즉각 사람을 죽이는 서양 무기에만 매료되었고 그 기술을 배워 자기들의 욕망을 채우는 일에 혈안이 되었다. 이러한 현대 군사 무기와 병기들을 도입하여 무장한 일본은 스스로를 떠오르는 태양으로 착각하며 세계정복의 야욕에 발동을 걸었다.

1894년 새로운 군사무기들로 무장한 일본은 미국과 영국의 원조를 받으며 전혀 준비가 되어 있지 않은 중국을 기습적으로 공격하였다. 청나라를 패배시키므로 일본은 오랜 세월 자기들의 꿈인 거대한 중국대륙 진출의 꿈을 현실로 만드는 단계에 거의 근접하였다. 이 전쟁의 승리에 격앙되고 고취된 일본은 비밀리에 또 다른 전쟁 준비에 매진하고 있었으니, 그것은 1904년 러시아를 공격하는 계획이었다. 이 전쟁을 치르기 전 일본 정부는 조선 왕실과 상호 불가침 조약을 체결하였는데, 이 조약의 내용은 조선이 일본군에게 영토를 통과하도록 개방하고, 평화가 정착되면 일본은 조선반도에서 완전히 철수한다는 것이었다. 이런 상호 조약에 따라서 조선은 일본군이 한반도에 진주하고 통과할 수 있도록 문호를 개방하였다. 이러한 양해 하에 조선과 일본 양국 군대는 러시아군과 싸우기 위해 나란히 만주로 출병했다. 그러나 전쟁이 끝난 후, 일본은 자기들의 약속을 파기하였으며 국경에서 돌아온 군대는 승리감에 도취되어 조선과 맺은 조약은 완전히 잊어버리고 한국의 국토를 탈취하였다. 뿐만 아니라 1910년에는 조선을 합병하였음을 공포하기에 이르렀다.

이런 국제적인 불법과 약속 위반은 일본에 의해서 자행되었지만 이러한 무법적인 행동이 가능할 수 있었던 데는 서방 측의 승인과 허용이 크게 기여 하였다. 당시 서방국가들이 한국과 맺은 조약들이 얼마나 무의미했는지를 잘 보여 주는 대목이다. 일찌기 서구 열강들과 한국은 도움이 필요할 때 즉각 돕겠다는 조약을 맺었기 때문에 그들의 묵인 없이는 이런 일이 일어날 수 없었다. 그 조약들 가운데, 첫 조약은 1882년에 미국과 맺은 조미수호조약인데, 이 조약의 첫 항목은 다음과 같은 친선과 우호의 내용을 담고 있었다.

"만약 우리 두 나라 중 어느 한 나라가 외부 세력으로부터 불법적이고 강압적인 방법으로 공격을 받으면, 다른 한 나라는 즉각적으로 분쟁 조정을 위하여 노력하며 자국에 그런 사실을 통지하고 사태가 평화적으로 해결되도록 다각적으로 노력한다. 그리하여 우리 두 나라 상호 간에 강력한 우호관계가 있음을 표방한다."

당시 유럽의 여러 나라들은 미국과의 조약을 본 따서 한국과 통상 조약을 체결했다. 이 조약에도 상호 평화와 우호의 조항을 담고 있었다. 한국이 외국들과 체결한 조약들 중 어떠한 조약도 파기되지 않았고 합법성에 문제가 발생한 적도 없었다. 그러나 조약을 맺은 지 23년이 지난 1905년에 미국은 '분쟁 조정'이라는 조항을 조약 당사자인 한국을 위해서 사용된 것이 아니라 한국을 부당하고 강압적으로 취급한 일본을 위해서 행사하는 우를 범했다. 이러한 실수는 후에 전 세계에 더 크고 엄청난 재앙을 유발하는 불씨가 되었다.

제 1차 세계대전 중에 독일은 국제 조약을 '종이 조각'에 지나지 않는다고 표현해서 전 세계의 공분과 비난을 받았던 적이 있었다. 그 때 독일은 9년 전 미국이 (조선에서) 조약을 어떻게 파기했는지를 보고 그대로 따라서 했을 따름이라고 맞받았다. 이처럼 지구의 한 구석에서 시작된 작은 불씨가 지구 반대편에서 발화되어 동양뿐만 아니라 서양의 여러 나라들에게 급속하게 번져 나가고, 비슷한 운명에 처한 나라들에게 치명적인 피해와 위협이 될 수 있다는 사실은 대단히 심각한 문제이다. 미국은 자기들의 묵인 때문에 모든 국제 조약들이 깨어지는 상황에 직면할 것이고 급기야는 일본이 자기들과 맺은 조약과 협정을 파기하는 꼴을 경험하게 될 것이다. 이제 미국 국민들은 자국의 평화와 안전이 위협받는 상황을 맞이하게 될 터인데, 이는 부지불식 간에 미국 스스로가 자초하고 조장한 것임을 알아야 한다.

1895년 일제가 청나라와의 전쟁에서 승리한 직후, 필자는 일본인들이 대동아합방(大東亞合邦) 운운하는 소리를 들었다. 일본의 통치 하에 아시아인 모두를 귀속시켰다는 뜻이다. 그리고 얼마 후 ≪일미전쟁미래기≫라는 제목의 책을 읽은 적도 있다. 나는 일본 해군의 최고 책임자가 저술한 일본과 미국의 전쟁을 예견하는 일본어로 된 책을 지금도 가지고 있는데, 이 책은 샌프란시스코에 사는 어떤 한국인의 집 서재에서 발견하여 빌려 온 것이다.

몇 차례의 전쟁에서 승리한 일본인들의 마음은 자신감으로 가득 찼고 스스로 아무도 자기들을 이기지 못할 것이라는 믿음을 갖기 시작했다. 일본 열도가 잘 무장되고 훈련된다면 동양은 물론이고 서양도 석권할 수 있다는 확신을 갖게 된 것이다.

이런 국민적 열망은 나중에 알려진 타나카 비밀 문서(Tanaka Memorial)에 잘 나타난다. 그 문서에 표현된 일본의 세계정복 야욕은 전혀 새로운 사실이 아니다. 단지 일본 국민들의 유전적인 야심이 조금 더 확대되어 새로운 표현으로 나타났을 뿐이다. 그것은 일본 국민들에게는 너무나 익숙한 사상이었으므로 누구나 그 뜻을 쉽게 알아차렸고, 온 국민들은 즉각 그 정신으로 단결하였다. 그러나 서양사람들, 특히 미국인들에게는 절대로 공개되어서는 안 되는 내용들이었다. 바로 이런 이유 때문에 일제는 타나카 비밀 문서의 존재를 강력하게 부인하는 것이다. 그러나 말로는 부정할 수 있을지 몰라도 그들이 취한 행동을 보면 이 비밀문서의 존재를 부정하기란 쉽지 않다.

1941년 4월 10일 워싱턴 포스트에 일본의 청사진(Japan's Blue Print)이라는 제목으로 마크 게인(Mark J. Gayn) 기자는 다음과 같은 기고문을 발표했다.

"마츠오카 요스케(松岡洋右)의 발언은 고위 정책에 관한 내용이어서, 그것이 태평양에서의 평화를 의미하는 것인지 아니면 전쟁을 시사하는 것인지 알기가 쉽지 않다. 익명의 한국인이 10여 년 전에 일본의 장기 정책 청사진이라고 알려진 이 비밀 문서를 몰래 훔쳐서 복사하였다는 사실 외에는 알려진 바가 없다. 이 한국 사람이 누구인지에 대해서 알려진 내용도 거의 없다. 약 3년 전 상하이에 있는 중국 정보원들이 필자에게 이 한국인이 중국의 중부지방 모처에 피하여 숨어 있다고 말해 주었다. 만약 그가 아직 죽지 않고 살아 있다면 그는 수천 명의 조선 독립운동가들 및 의병들과 함께 내륙 어딘가에서 활동하고 있을 것이다.

이 한국인은 1927년부터 1931년 사이에 일본 수상의 집무실에서 사무원으로 일한 적이 있는데, (……) 그 각서는 일급 비밀 문서였음에도 불구하고 어찌어찌하여 이 한국인 사무원의 손에 입수되었고 그는 이 비밀문서를 복사하여 사본을 소지하게 되었다. 이 지혜로운 사람은 그 문서가 갖고 있는 폭발적인 가치를 알아 차렸으며 언젠가 소기의 목적을 위하여 그것을 이용하기로 결심하였다. 대부분의 한국 사람들이 그러하듯이, 이 사람 역시도 일본에 대한 증오심으로 가득찬 사람이었다.

어느 날 그는 중국 정부에 접근하여 이 초특급 비밀 문서를 팔겠다고 제의했다. 1931년 9월 24일 일본이 만주를 침략한지 닷새째 되던 날, 중국 정부가 이 한국인이 갖고 있던 비밀 자료를 공개하므로 해서 타나카(田中)라는 이름이 전 세계 모든 일간지의 전면에 폭로되었다. 이 비밀 문서에는 만주 정복이 아시아 지역 정복의 가장 중요한 첫 단계임을 밝히는 내용이 있었기 때문에, 이 문서를 폭로하기에 이 보다 더 적절하고 좋은 기회가 없었던 것이다.

물론 일본 정부는 즉각적이고도 강력하게 부정하였으며, 이 비밀 문서는 날조 된 것이라고 그 신빙성에 문제를 제기하였다. 즉, 그 서류는 중국 선전국이 만들었거나 아니면 한국인 위조범이 만든 것을 중국 정부가 돈 주고 구입한 것에 불과하다고 몰아세웠다.

해외 언론인들과 외교관들은 이 '타나카 비밀 문서'에 대해서 관심을 가지기 시작했다. 그들은 일본의 위조문서라는 주장도 기꺼이 받아들일 자세를 취하면서도 또 한편으로는 일본 제국주의의 공격적인 양상이 비밀문서의 내용과 너무나도 비슷하다는 점을 날카롭게 지적하였다.

　남지나해에서 벌어지는 일본의 무자비하고 광적인 행동들이 점점 더 한국인으로부터 입수된 문서의 내용과 일치한다는 생각을 하게 된 것이다. 만약 그 한국인이 문서 위조범이라고 한다면, 그는 평범한 사람들이 도저히 가질 수 없는 천부적인 예언의 능력을 가지고 태어난 사람임에 분명하다고 평하기까지 했다. 그러한 생각이 그 문서를 접한 해외 언론인들과 외교관들의 한결같은 생각이었다."

　타나카 남작의 비밀 문서가 일본에 대하여 갖는 의미는 히틀러의 ≪나의 투쟁≫이란 책이 독일에 대해 갖는 의미와 동일하다. 두 문서는 모두 앞으로 일어날 일들을 예언하여 장차 되어 질 일을 미리 대비하도록 하려는 의도가 아니라, 세계를 재편하려는 목적으로 쓰여진 군사적인 청사진들이었다. 히틀러는 전 세계가 자기가 쓴 책의 내용을 그토록 심각하게 여길 줄 몰랐다. 설령 심각하게 여기더라도 그는 별로 개의치 않았을 것이다. 수백만의 사람들이 ≪나의 투쟁≫을 읽고 어떤 미친 놈의 얼 빠진 이야기라고 조소했지만, 그러는 동안 히틀러는 한 단계 한 단계 그 정신 나간 이야기가 현실이 되도록 만들었다. 이제 전 유럽은 그의 손바닥 위에 놓여있지 않은가!

　반면에 타나카 남작(육군대장 출신으로 육군상으로 있을 때 시베리아 출병 단행, 중국진출정책을 적극적으로 추친 함. 그 과정에서 장작림 암살사건에 대한 책임을 지고 내각을 사퇴함. -역자 주)은 일본이 강력한 힘을 비축하기 전까지는 조용하고 은밀히 처신해야 한다고 생각하고, 자신의 메모, 즉, '타나카 비밀문서'를 은밀하게 보관하였다. 바로 그런 생각 때문에 타나카는 이 문서를 일급 비밀로 붙여 숨기려고 했던 것이다. 그런데 세상에 오직 한 부 밖에 없는 이 초특급 비밀 문서가 어찌어찌하여 비밀리에 복사되어 유출되었고, 온 세계에 폭로된 기가 막힌 일이 벌어진 것이다.

그러나 미국 사람들은 일본이 그런 군사적 계획을 가지고 있다는 사실을 받아 들이려고 하지 않았다. 마치 대부분의 유럽 사람들이 히틀러의 책을 우습게 여겼던 것처럼 미국 사람들 역시 일본의 비밀 문서를 대수롭지 않게 생각하였다. 그 비밀 문서의 신빙성에 대한 일본 정부의 강력한 부정과 공식적인 부인을 미국은 사실로 받아 들이는 어리석음을 범하고야 말았다.

그러는 동안 세계의 상황은 깜짝 놀랄 정도로 급변하였다. 유럽과 아시아 대륙의 지도는 다시 바뀌었고 그 출구가 보이지 않을 정도로 혼미한 상태가 되었다. 엄청난 변화가 일어났으며 그 변화의 시나리오는 타나카의 예언과 맞아 떨어졌고 부분적으로는 그 예견이 현실화되는 것처럼 보였다. 비밀 문서의 내용 중에는 다음과 같은 대단히 중요한 사실들이 포함되어 있었다.

"동 아시아에서 안정에 어려운 문제가 생긴다면 일본은 철혈

정책을 펴야만 한다. 세계를 제패하기 위해서 일본은 유럽과 아시아를 정복해야만 한다. 유럽과 아시아를 정복하기 위해서는 중국을 정복해야 한다. 장래에 중국을 지배하기 원한다면, 기본적인 방향은 우선 미국을 때려 부숴야 한다. 만약 우리가 중국을 정복하는데 성공한다면 그 밖의 다른 아시아 나라들과 남양만의 여러 나라들은 우리를 두려워할 것이고 자연적으로 우리에게 항복할 것이다. (……)"

이런 문제를 중-일 갈등이라는 관점에서 본다면 일본이 중국을 완전히 정복하려는 야욕은 일본의 세계 정복이라는 전체 계획 가운데 한 부분이라는 사실이 분명해 진다. 비록 일본이 이 거대한 계획을 성취하는 일이 아직은 요원해 보이지만, 이러한 무서운 야욕이 전 세계를 일대 혼란 속으로 빠뜨리고 있다는 것만은 분명한 사실이다.

군국주의자들이 자기들의 힘을 과대평가하는 그 순간이 사실은 몰락의 길로 들어서는 출발점이다. 일본도 결코 예외는 아니다. 일본 제국주의자들은 자신들이 천하무적이라는 착각때문에 중국에서 두가지 큰 실책을 범했다.

첫 번째 실책은, 일본이 자기들의 잠재력을 정확히 판단하는 능력을 상실하는 한편, 잠자던 거대한 중국 국민의 애국심을 흔들어 깨우는 결과를 초래하였다는 점이다. 그 무엇보다도 일제가 가지고 있었던 폭탄과 기관총이 이 놀라운 기적을 만들게 하였다. 일본의 침략은 중국인들을 하나로 결집시켜 주었으며, 그 결과 일본의 강력한 군사력이 힘을 잃도록 만들었다. 일본의 정복이란 대부분 해안선을 따라 위치한 대도시들에 국한되었다.

일본이 가면을 벗어 버리고 1936년 세계정복이라는 야욕을 만천하에 드러내자, 서구 강대국들로부터 강한 반발을 받을 수밖에 없었다. 러시아가 시기 적절하게 시베리아 국경을 따라 자국 보호에 나서자 일제는 전략을 바꾸어 중국을 공격하였다. 중국을 쉽게 이겼더라면 일본은 중국의 거대한 자원을 동원하여 미국과 대규모의 전쟁을 벌일 수 있었을 것이다. 원래의 작전은 히틀러와 무솔리니가 영국의 저항을 유럽과 지중해로 국한시킬 때 일본은 이것을 하늘이 준 기회로 보고 미국의 후미를 타격하려는 것이었다. 미국이 전혀 예상하지도 못하고 아무런 준비를 하지 않았을 때 상상할 수도 없는 방법으로 미국을 공격한다면, 일본은 앞으로 전개될 모든 작전에서 유리한 위치를 점하게 될 것이다. 그러기 위해서는 먼저 중국을 점령할 필요가 있었다.

두 번째 실책은, 일본이 너무 일찍 서구를 향해서 열었던 중국의 '문호개방' 정책을 포기해버렸다는 점이다. 중국에 선전포고도 하지 않고 공격한 일본은 너무나 쉽고 빠르게 중국을 무너뜨리자 자신감에 눈이 멀었다. 그들은 그 당시 중국에 있던 모든 서양 사람들과 서양의 기업들을 쫓아버리고 중국을 완전히 장악하고자 하였다. 일본은 서구 열강들이 개방정책을 계속 유지하는 한, 자기들을 공격하지 않을 것이라고 착각하고 있었다. 즉, 전쟁을 제외하고는 모든 것을 다 허용해 주리라고 착각했던 것이다.

그러나 그들의 예상은 빗나가고 말았다. 중국침공작전을 갑작스러운 테러 행위를 통해서가 아니고 조용히 점진적으로 밀고 나갔더라면, 마치 한국을 침략했을 때처럼 음흉하게 야금야금 약탈해 나갔더라면, 일본 제국주의는 분명히 엄청난 성공을 거두며 강대국이 되었을 것이다. 35년 전 일제가 조선을 침탈했을 때 일본을 다스렸던 통치자들은 보수파 출신으로 빈틈이 없었고 약삭빠르기도 했지만 동시에 미래를 내다보는 통찰력을 가진 사람들이었다. 그들은 서양 강대국들의 군사적 도움이 필요하다는 것을 알았고, 따라서 서양 강대국들의 분노나 의심을 살만한 일들을 하지 않았다.

그러한 이유때문에 일본은 조선을 침탈하고 자기들의 수중에 완전히 넣을 때까지 모든 서양인들, 선교사들, 언론인들, 그 외에 다양한 사람들을 자기들의 편으로 만들기 위해서 엄청난 공을 들였다. 그 결과 외국인들은 공개적으로 일본이 한국을 다스리는 것을 묵인하기에 이르렀다. 그러나 자기들의 목적을 성취하였을 때, 일본은 온갖 교활한 방법을 동원하여 서서히 서양 사람들을 몰아내기 시작했다. 만약 중국에서도 그러한 점진적인 방법을 그대로 사용했다면, 일본은 미국 사람들이 전혀 의심하지 못하고 아무런 대비를 하지 못하도록 속일 수 있었을 것이다.

그러나 일본 제국주의자들은 다른 군국주의자들처럼 무력으로 점령하는 것이 가장 쉽고 간단한 방법이라고 생각했고 이것을 입증하려고 광분했다. 결국 중국의 민간인 거주지역에 무차별적으로 폭탄을 투하하여 수많은 중국 사람들이 죽어 나가는 참상을 보면서 미국 사람들은 처음으로 일본군부의 감춘 의도와 야욕을 감지하게 되었다. 그리고 중국에 있는 외국인들의 생명과 재산이 무참하게 파괴되는 사태를 보면서 비로소 미국은 일제가 태평양의 평화를 위협할 수도 있다는 위험을 느끼기 시작했다. 미국 내에서 일어나는 중국에 대한 미국인들의 관심과 동정은 목숨을 바쳐서 일본과 싸우는 중국 사람들의 어려움을 물질로 돕자는 운동으로 발전하였고, 마침내 미국의 정책으로 채택되기까지에 이르렀다. 그 결과 미국의 지원은 중국으로 하여금 일본에 항거할 힘을 제공하여 주었고 중국 사람들이 다시 일어나도록 사기를 진작 시켜 주었다. 이로 인하여 일본 내에서는 반미 감정이 퍼져가게 되었다.

한편, 지구의 반대편에서 히틀러는 런던을 신속하게 공습하는 작전을 전개했지만 성공하지 못하였다. 1940년 초가을까지 런던을 점령하겠다고 장담했던 히틀러의 예상은 빗나가고 말았다. 영국이 용감하게 굳은 결의를 가지고 계속해서 독일과 전쟁을 치를 수 있었던 것도 바로 미국이 배후에서 군수물자를 지원하였기에 가능했던 일이었다. 그래서 결국 독일과 일본은 미국과 직접 대결하지 않으면 안 되는 상황임을 깨닫게 되었던 것이다.

이들 두 나라의 입장에서 보자면 자기들의 길을 막고 있는 나라가 바로 미국이었다. 이처럼 극동에서는 중국과 한국에게 군수물자와 무기를 지원함으로 해서 미국을 대신하여 일본과 싸우게

하고, 같은 전략으로 유럽에서는 영국을 도와 독일과 전쟁하게 함으로써 미국의 해안선으로부터 되도록이면 전선이 멀어지도록 하려는 것이 미국의 작전이었다. 미국의 문 앞에서 싸우는 것 보다 미국에서 멀리 떨어진 곳에서 싸우도록 한다면 이 얼마나 현명한 정책인가!

이러한 상황을 확실히 파악한 미국은 50척의 오래된 구축함을 영국에 대여하여 주는 대가로 서반구에 있는 영국의 식민지 중의 일부를 임대하여 방어기지로 차용하였다. 그와 비슷한 시기에 미국이 중국에 2천5백만 달러 상당의 차관을 제공하기로 한 것은 비로소 미국 정부와 미국 국민들이 작금의 현실이 급박한 위기 상황임을 감지하고 있다는 증거였다.

세계 대전을 일으킨 추축국가들인 독일, 이태리, 그리고 일본은 비교적 느슨한 동맹관계를 유지하고 있었을 따름이다. 이들은 미국이 아직도 전쟁에 직접 개입하는 것을 꺼린다는 사실을 잘 알고 있었으므로 두드러지게 드러나지 않은 비밀 조약으로 전략을 공유하면서, 미국이 중국과 영국을 지원하는 일들을 중단하게 되기를 은근히 기대하였다. 1940년 9월 26일, 재팬 타임스(Japan Times)는 미국 일본 독일의 3국 동맹을 기반으로 태평양의 문제를 완화시키는 계획을 제안하면서 다음과 같이 언급하였다.

"미국이 동양에서 일본의 합법적인 팽창정책을 정면으로 반대해 왔다는 사실을 이제 일본은 확신하게 되었다. 그러므로 만약 미국이 유럽 전쟁에 개입한다면, 대일본제국은 독일을 돕는 일에

　　　　　　　　일본의 침략근성 - 그 실체를 밝힌다

적극적으로 개입할 것이다."

1940년 9월 27일, 일제는 베를린과 로마와 함께 동맹을 맺음으로써 '위대한 아시아 공영'을 정책으로 채택한다는 사실을 온 세상에 공포하였다. 이는 미국이 전쟁에 준비하여 가담하기 전에 독일이 틀림없이 승리한다는 확신을 가지고 일본이 도박을 시작한 것이다. 이러한 행동은 미국을 경고한다는 의미를 담고 있었다. 세 추축국들이 맺은 동맹의 규약 제 3장에는 일본 독일 그리고 이태리 세 나라 중에서 어느 한 나라가 현재 벌어지는 유럽 전쟁이나 중-일 전쟁에 참여하지 않는 나라들로부터 공격을 받으면, 정치적 경제적 군사적인 모든 수단을 동원하여 서로 돕는다는 내용을 명문화하고 있었다. 그리고 규약 제 4장은 '유럽의 문제들과 동양의 문제들을 완전히 해소하게 될 전쟁의 종결이 다가오는 이 순간에 전쟁에 끼어드는 나라가 있다면, 이는 2억 5천만의 단결된 동맹국 세 나라의 군사력에 대항하는 것이다'라고 명시하였다.

이 조항에서 일제가 사용한 용어에 주목하지 않을 수 없다. 일제는 지금까지 '동아시아(East Asia)'라는 표현을 사용했는데, 여기서는 '거대한 동양아시아(Greater Eastern Asia)'로 바뀌었다. 이 표현이 언제 또 바뀔지 누가 알겠는가? 이렇게 말이 바뀔 때마다 일본이 미국과의 한판 전쟁을 벌이려는 시기가 한걸음 한걸음 다가 온다는 뜻이다.

1940년 10월 10일, 일본의 외무상 마츠오카 요스케(松岡洋右)는 방송에서 다음과 같은 말을 남겼다.

"본인은 진심으로 미국에 요청합니다. 미국을 포함한 강대국들, 특히 지금 중립을 지키고 있는 나라들은 유럽에서 벌어지는 전쟁에 개입하지 말기를 바랍니다. 그 외에도 중국 문제나 다른 이유로 일본과 불편해지는 일이 없기를 바라는 바입니다. 만약 불행하게도 이런 일이 생긴다면, 인간 역사에서 벌어질 수 있는 가장 비극적인 상상을 초월한 재앙이 발생할 것이며, 결국 한쪽은 몸서리치는 무시무시한 불행을 당할 수밖에 없을 것입니다."

코노에 후미마루(近衛文麿-정치가, 귀족원 의장 역임, 태평양전쟁 폐전 후 전범으로 구인되기 직전 자살 -역자 주)은 1940년 10월 6일에 신문기자들에게 다음과 같이 말했다.

"태평양에서의 전쟁과 평화란 미국과 일본이 서로 상대방을 어떻게 이해하고 존중하느냐에 달려있다. 만약 미국이 동 아시아에서의 일본의 지도력을 인정한다면, 일본도 아메리카 대륙에서의 미국의 지도력을 인정할 것이다. 그러나 만약 미국이 일본과 독일, 그리고 이태리의 진실된 의도와 계획, 즉, 새로운 세계 질서를 개편하기 위하여 서로 협력하며 긍정적으로 노력하는 것을 인정하지 않을 뿐만 아니라 우리들의 진의를 왜곡하고 저항하거나 적대적인 행위를 일삼는다면, 우리는 이 문제를 전쟁으로 해결하는 길 외에 다른 방법은 없다고 본다.

만약 일본 해군이 미국을 공격할 수밖에 없는 상황으로 내몰린다면, 일본은 미국의 보급로를 차단할 것이며, 미국은 대단히 불리한 조건에서 수모를 당하게 될 것이다."

수구주의자 나카노 세이고(中野正剛)는 니찌 니찌 신문(日日新聞)과의 인터뷰에서 다음과 같은 말을 남겼다.

"만약 미국이 기름 공급을 중단한다면 우리는 네델란드 령 인도네시아와 말레이에서 충당하고 미국으로 들어가는 아연과 주석의 선적을 저지할 것이다. 만약 미국이 힘의 논리로 문제를 풀려고 한다면, 우리는 서태평양에서부터 그들을 격퇴시킬 것이다."

이와 같이 일제는 점점 절망적이 되어가며 엄포를 놓는 일이 많아졌다. 일본은 과거에도 이러한 방식으로 거침없이 협박을 했었지만 지금 같은 정도로 무모하고 막무가내는 아니었다. 그러나 놀랍게도 그럴 때마다 기적 같은 일이 일어났고 승리를 맛보곤 했었다. 그 동안 일본의 외교관들은 '중대 발표'라거나 '대단히 중요한 선언'이라는 표현의 말장난으로 외교적 홍보 효과를 누렸지만, 이제는 더 이상 그런 류의 협박으로 재미를 볼 수 있는 상황이 아니었다. 그러자 최근에는 미-일 외교사에 처음으로 일본 수상과 외무상이 동시에 기자 회견을 통하여 공개적이고도 공공연하게 '일본은 미국과의 전쟁에 돌입할 것'이라는 발표를 하기에 이르렀다. 이런 직접적인 협박은 미국을 자극하여 아주 부정적인 결과를 낳게 되었다. 물론 미국 내의 친일세력들은 이것을 가지고 미국 정부가 국민들을 전쟁으로 끌어 들인다고 비난할 구실로 삼았지만, 일반

대중들은 이 말에 크게 분노하였다. 일부의 극단적인 사람들은 이것은 사실상 미국에 대한 최후 통첩이라고 말하기까지 했다.

아시아와 유럽에서 벌어지는 상황들을 바라 보면서, 미국 국민들은 지금의 현실을 정확히 깨닫게 된 것이다. 얼마전까지만 해도 미국 사람들은 막연하게나마 독일의 궁극적인 야욕이 서반구에 대한 공격일 것이라는 사실을 알았지만, 적어도 일본만은 그렇지 않을 것이라고 믿었던 것이다. 그러나 이제 미국 사람들은 진심으로 미 국무성이 설명하는 위기 상황에 대하여 적극적으로 지지하고 대처하기 시작하였다.

결국 일본이 중국에서 저지른 대학살에 대해서 점증하는 미국 내의 분노의 목소리와 함께, 궁극적으로 미국과 일본이 한판 전쟁을 치를 수밖에 없다면, 가까운 시일 내에 미국은 태평양과 대서양 두 해양에 강력한 해군력을 배치할 필요가 있음을 확신하게 된 것이다.

3

일본은 가면을
벗을 때가 되었다

만주를 침략하고 거기에 꼭두각시 정권을 수립한 다음 일본열도 전체는 흥분으로 들끓었고, 이제는 미국 영국과 맺은 과거의 해군 군사력에 관한 협정을 개정할 때가 되었다는 목소리가 힘을 얻고 있었다. 고조된 분위기에 편승하여 일본 정부와 국민들은 한 마음으로 같은 주장을 하였으며 협정이 일본에 유리하도록 수정해야 한다고 더욱 강하게 주장하였다. 이러한 소란하고 사나운 기세는 모든 일본 국민들에게 널리 읽혀진 글, '1935-1936년은 섬나라 일본 제국의 역사에서 가장 힘들고 어려웠던 위기였다'는 글에서 그 본색을 드러내고 말았다.

도대체 이 말이 무슨 뜻인가? 무엇이 위기였다는 말인가?

이 말은 다음과 같은 의미를 담고 있었다.

1935-1936년은 일본제국이 비밀리에 추진해 오던 전쟁 준비가 정점에 달했던 때이고 일본이 스스로 가면을 벗어 던지고 자기들의 위용을 세상에 드러냈던 해이다. 다르게 표현하자면, 일본은 전쟁 물자 비축을 위해서 여러 해 동안 갖은 고생을 겪으며 아무도 모르게 비밀리에 준비를 마쳤으므로 이제 기회가 성숙되기만 기다리며 온 국민이 정신 무장을 단단히 하고 있었던 것이다. 모든 일본인들은 이런 상황을 정확히 이해하고 있었으며 조만간 어떤 중대한 사건이 터질 것을 직감하고 있었다. 그러므로 해군 조약의 개편을 요구하는 것은 최후 결전을 위한 대결의 장을 만들기 위한 신호탄이었다.

1921년 워싱턴 협상에서 미-영-일 해군의 비율을 5-5-3으로 정했으며, 1931년 런던회의에서는 10-10-7의 비율로 수정하는 데에 동의했고, 그것을 1936년 말에 다시 수정 혹은 보완하기로 했었다. 조약의 효력이 만료되기 3년 전인 1933년 봄부터 일본 정부는 해군 비율을 조정해야 한다는 국민 여론을 형성하기 위하여 전국적인 소요를 선동하기 시작하였다. 그들의 주장은 이전에 맺어진 조약의 내용이 불공평하며 그 조약은 일본을 차별할 뿐만 아니라 일본 국민들을 모욕하는 것이라는 주장이었다. 일본 열도 전체는 일본의 해군력을 미국이나 영국과 같은 비율로 격상해야 하며 지금까지의 제한을 폐기해야 한다는 시위로 연일 아우성이었다.

물론 이런 일본의 주장은 급작스러운 태도의 변화에 지나지 않았다. 정말로 그 조약이 불공평했고 차별이었다면 왜 지난 1921

년과 1931년에는 그 항목에 동의를 했단 말인가? 그때는 불공평해 보이지 않았던 비율이 지금에 와서 생각해보니 불공평해 보인다면 그렇게 보이는 이유는 무엇일까? 이 두 물음의 답은 외국의 군사 감시단이 와서 일본의 해군력을 조사한 내용을 알게 되면 저절로 풀린다.

미국이나 영국의 입장에서 보면 자기들의 해군기지 건설 계획은 1921년과 같은 수준에 머물러 있었던 반면, 일본의 경우는 1933년에 이미 엄청나게 큰 변화가 있었다. 워싱턴과 런던에서 협상할 때 이미 일본은 비밀리에 전쟁을 준비하고 있었으며, 1933년에는 거의 준비가 완료 단계에 이르렀기 때문에 일본의 해군력 팽창을 제한하거나 구속하는 모든 국제적인 방해를 제거해야 할 단계에 이르렀다. 당시의 상황을 다시 살펴보면 그 이유가 명백해 진다.

1921년 해군력의 비율이 5-5-3으로 체결될 때 처음에는 일본 대표들이 이 비율에 반대했지만 나중에는 마치 통 크게 양보하는 척 하면서 흔쾌히 동의하였다. 당시 일본 대표단은 이 비율에 만족했었고 모든 참가국 대표단들 중에서 가장 성공적인 실리를 챙긴 대표단이었다. 회담 성과는 두 가지였다.

첫째는 일본이 세계의 3대 해양 강국에 속하게 되었다는 사실을 전 세계에 알리는 효과인데, 이는 엄청난 성과였고 일본 민족에게는 영광스러운 순간이 아닐 수 없었다.

둘째는 일제의 경쟁국인 미국과 영국의 해군력을 그렇게 채택된 비율 이내로 제한 할 수 있었다는 것은 일본이 기대하지도 못했던 승리였으며 거의 횡재나 다름이 없었다.

일본은 해군력 증강에 있어서는 결코 두 나라를 이길 수 없는 나라였다. 일제가 자기들의 국가 예산을 전부 해군력 증강에 쏟아 붓는다 해도 결코 미국과 영국의 해군력을 능가할 수는 없었다. 그러나 일본은 공개적으로 조약을 파기하지 않으면서 자기들이 원하는 대로 해군력을 강화시켜서 비밀 군사보호지역 안에 감추어 두고 있었다. 일본 외교관들은 이런 사실을 숨기고 고도의 위장술로 위장한 채 워싱턴에서 본국으로 돌아왔다.

일본은 모든 공장, 군수산업, 조선소와 해군 시설을 완전히 가동하기 시작하였고, 서양에 있는 두 경쟁국보다 더 증산하려고 광분하였다. 그러나 서양 강대국들은 순진하여 해군 군사력 협정이 일본의 해군력 확장을 제한할 것이라고 믿었으며, 실제로 일본 내에서 진행되고 있는 은밀한 군함 건조 활동을 전혀 눈치채지 못하였다. 그러나 서양의 일부 감시관들은 일본이 무엇인가를 숨기고 있다는 것을 직감하여 국제조사단이 실사를 해야 한다고 주장하였다. 그때마다 동경의 군사 책임자들은 강경한 자세로 성명서를 발표하면서 반박하였다. 즉, 그런 조사는 있을 수 없으며 그런 제안은 자랑스러운 사무라이 정신을 가진 황국신민을 모욕하는 짓이라고 분개했던 것이다. 세계는 그럴 때마다 그들의 말만 믿고 잠잠해지곤 했다.

그럼에도 불구하고 미국에는 일본의 가면 뒤에 감추어진 거짓의 실태를 정확히 파악하고 있는 일부 단체가 있었다. 일본의 전략가들은 이 사람들을 따돌리고 그들의 보고서가 신뢰받지 못하도록 할 방법을 알고 있었다. 이 작전은 일본의 외교관들과 유언비어를 만들어 퍼트리는 사람들이 협력하여 전개하였다. 그들은 상황을 교활하게 이용하였다. 미국 국민들은 가는 곳마다 다음과 같은 슬로건을 듣거나 볼 수 있었다.

"일본은 평화를 원합니다."

"미국과 일본 사이에 전쟁이란 있을 수 없습니다."

"이런 말을 하는 사람들은 미국에도, 일본에도 있습니다."

"일본은 호전적인 사람들을 싫어합니다."

전 세계는 지속적으로 이러한 구호에 세뇌 되어서 누군가가 일본이 교묘하게 감추고 있는 전쟁 계획을 폭로하면 오히려 그 사람은 평화를 깨뜨리는 사람으로 맹렬한 비난과 책망을 들어야만 했다. 미국 내에서 평화를 사랑하는 사람들은 일본의 정책이나 군사력을 비난하기보다는 자기 나라의 정책과 국정 방향을 비난하고 의심하였다. 따라서 그런 사람들은 '일본이 동등한 비율의 해군력을 주장하는 것은 미국과 영국이 일본에게만 불평등한 조건을 강요하기 때문이다'라는 식으로 일본의 주장에 동조하면서 일본 편을 들어 주었다.

그러므로 부지불식 간에 미국의 여론은 일본의 해군 제독 노무라 기찌사부로(野村吉三郎)의 선전성 성명에 따라 움직였고 일본에게 유리하도록 이용당하는 결과를 낳고 말았다. 1935년 1월의 ≪Foreign Affairs≫ 잡지에 실린 '동등한 해군력을 주장하는 일본의 요구'라는 제목의 글에서 노무라 제독은 다음과 같은 주장을 하였다.

"일본의 주력함 숫자를 제한하는 것은 그렇지 않아도 열등감에 빠져있는 일본인들의 자존심에 결정적인 일격을 가하는 치욕이다. 극동의 한쪽 끝에 위치한 일본은 이런 요구를 받아들일 수 없는데, 그 이유는 이런 결정이 일본으로 하여금 동양의 평화를 유지하려는 자국의 정책을 수행할 수 없도록 만들고 필요한 군사력도 가지지 못하게 하기 때문이다. 그러므로 나는 이 비율의 제한은 폐기 되어야 마땅하고 일본에게도 미국이나 영국과 같은 동등한 위치가 부여되어야 한다고 주장한다. 그렇게 될 때 비로소 일본은 자국을 보호할 수 있는 최소한의 군사력을 유지할 수 있을 것이다. 만약 열강들이 일본을 계속해서 열세의 위치에 머물게 한다면, 일본 국민들은 마치 메이지 시대에 서양 강대국들이 치외법권을 주장하면서 자기들의 유익을 추구할 때 분개하였듯이, 이런 군사적 불평등에 대해서 강경하게 분노하며 저항할 것이다."

위의 글에서 노무라 제독은 해군력의 비율에 반대한다고 밝히면서 그 이유는 이것이 일본 국민들에게 열등감을 가져다 주고 일본의 안전을 위태롭게 하기 때문이라고 주장한다. 그러나 그는 일본의 영토 확장이나 예정된 중국 침략 계획같이 일본이 감추고 있던 군사적인 음모에 대해서는 추호의 언급이나 암시도 하지 않고 있다. 지금 이 글을 읽는다면 누구든지 그가 의도적으로 군사적인 극비 상황은 모두 감추고 시종 일관 거짓말로 글을 마치고 있다는

일본의 침략근성 - 그 실체를 밝힌다

사실을 알 수 있지만, 1935년에 이 글을 읽은 사람들은 그의 말을 있는 그대로 받아들였던 것이다.

일본 해군 제독들과 외교관들이 자기들의 입맛대로 세계여론을 주무르고 있을 때, 일본은 계속해서 해군력을 증강하였으며 런던에서 모인 해군회담이 열릴 때까지 그들의 음모는 계속 되었다. 그때까지 일본은 총 무게 998,208톤에 해당하는 154대의 새로운 전함을 건조 중에 있었다. 이 수치는 미국이 가지고 있는 91대의 전함 총 무게 743,300톤을 훨씬 능가하는 수치였다. 당시 영국은 50척(165,350톤), 미국은 84척(280,150톤), 그리고 일본은 40척(115,807톤)의 함정을 건조 중에 있었다.

그러나 이와 같은 자료는 이미 서약된 협약에 따라 각국이 공개한 숫자들일 뿐이었다. 미국과 영국은 일본이 엄청난 규모의 전함을 비밀리에 만든다는 사실을 확인할 수 있는 방법이 없었다. 그것은 일본이 극비로 보안에 붙여놓은 가운데 이런 사기극을 감행하고 있었기 때문이다. 일본이 스스로 보고한 수치를 그대로 믿는다고 하더라도, 그들은 1936년 말까지 약속한 2,078톤 보다 더 많은 전함을 만들고 있었으므로 조약을 이미 위반했던 것이다. 일본이 공표한 숫자가 100% 정확하다고 하더라도, 일본은 1936년 말까지 조약상 제한된 숫자를 채우기 위해서는 2,078톤만 더 건조하면 되는 반면, 영국은 90,697톤을 건조할 수가 있었던 것이다.

그러므로 미국의 해군 전문가에 의하면, 두 번째 미-영-일 해군 회의가 런던에서 열렸을 때는 일본은 이미 사실상 세계에서 가장 강력한 해군력을 보유하고 있었던 셈이다. 그러나 일본은 여기에 만족하지 않고 명실공히 어느 국가도 따라 올 수 없는 해군력을 가질 것을 결심하였다.

러시아 함대를 물리친 일본의 토고 헤이하치로(東鄕平八郎) 제독의 승전을 기리는 1935년 기념식에서 일본 해군성은 다음과 같은 내용을 담은 팜프랫을 제작했다.

"오늘과 같은 현대화된 군사력에서 해군력은 대단히 중요하다. 어디서부터든지 신속하게 군대를 이동시킬 수 있는 수단이 바로 해군력이다. 그러므로 동양의 바다를 다스리는 강력한 해군력을 가지지 않고서는 일본은 극동의 평화를 지켜나갈 수 없다. (……) 지난 100여년 동안 동양에 영향력을 행사하고 지배한 열강들은 우리 대일본제국의 존재를 잘 알지 못했었다. 그들은 계속해서 동양에 영향력을 행사하기를 원하고 있으며 그러기 위해서는 강력한 해군력을 지속적으로 유지하여야 함으로 다른 나라들에게는 자기들 보다 강한 해군력을 갖지 못하도록 부당한 제재를 가해 왔다. (……) 이제 일본은 자체의 힘으로 동양의 평화를 유지할 수 있기 때문에 서구열강들도 우리 대일본제국에게 이 지역의 평화 유지의 책임을 맡기는 것이 마땅하다고 본다. 일본 국민들은 일본만이 동양의 평화를 안정적으로 지키고 보장할 수 있는 유일한 세력이라고 확신하고 있다."

위에서 인용한 것과 같은 선전문구들은 계속해서 해군력의 비율을 조정해야 한다는 요구로 변해 갔고, 기존의 해군력 비율의 유효기간이 1936년 말까지임에도 불구하고, 결국 1935년 12월 9일에 세계 5대 열강들을 런던의 협상 테이블로 불러 모으게 만들었다.

그 해 12월 12일 세계 4대 열강인 영국 프랑스 이태리와 미국의 대표들은 일본 대표가 제안한 '절대로 뒤지지 않는 최강의 해군'을 만들겠다는 요청을 단호하게 거부했다. 일본이 제안한 모든 나라들에 동등하고 차별 없이 적용될 해군 비율을 배정하자는 안건은 퇴짜를 맞고 물거품이 되고 말았다. 이러한 보편적인 정서는 영연방의 모든 나라들의 자연스러운 생각이었다.

일본의 이런 제안에 대해서 영국이 제일 앞장서서 거부권을 행사하였고, 미국의 협상 대표 데이비스(Norman H. Davis)는 다음과 같은 연설로 자기의 주장을 분명히 했다.

1. 일본의 제안은 해군력을 감소시키기보다는 대폭적인 증가를 야기시킬 것이다.

2. 절대적인 동수의 비율이라는 것은 해군력의 필요성의 차이와 이유를 무시하자는 것인데, 예를 들자면 영국은 광범위한 지역에 해군을 보내야 하고, 미국의 경우는 엄청나게 넓고 긴 해안선을 지켜야 하지만, 상대적으로 일본은 영토가 협소하기 때문에 일본과 차별을 두는 것은 당연하다.

3. 이런 새로운 제안은 그 이전에 있었던 워싱턴 회담에서 결의된 균형을 깨고 런던회담의 결과를 무시하는 꼴이 될 것이다. 미국으로서는 현재의 국제적인 관계에서 비율을

조정해야 할 명분을 찾을 수 없다.

바로 다음 날인 12월 13일, 4개국 열강 대표들은 거부권을 행사했고 일본 대표는 회의장을 박차고 나가버렸다. 이런 일은 꼭 3년 전 제네바에서도 있었는데, 거기에 왔던 또 다른 일본 대표들도 회의 도중 나가버렸던 적이 있었던 것이다.

일본의 일간지 아사히(朝日)신문의 1935년 12월 14일자 사설에는 다음과 같은 내용이 실렸다.

"만약 런던 해군 협상이 무너진다면 미국은 비난을 면치 못할 것이다. 미국은 일본에게 방어적인 군사력만 가지도록 강요하고 있다. 미국은 이번 회담에서 대일본제국의 계획을 정면으로 반대한 나라임이 분명히 증명되었다. 이런 태도는 미국과 영국의 세계 전략이라는 관점에서 본다면 전혀 놀랄 일이 아니다."

이러한 모든 선전은 순전히 미국을 겨냥하고 한 발언들이었을 뿐, 자국 내에서 판매되는 신문들에는 또 다른 내용이 인쇄되어 배포되었다.

일본이 전 세계를 향해서 발표한 모든 성명서들에는 일본이 부당하게 당하고 있다는 느낌을 받도록 유도했다. 다른 나라에서 그런 글을 읽는 서구의 일반 독자들이라면 사건의 진실을 구별할 수 없다. 따라서 일본은 서구 독자들에게 그들이 읽은 그대로 미국이 정말 나쁘다고 생각하게끔 진실을 오도했던 것이다. 그래서 그

일본의 침략근성 - 그 실체를 밝힌다

런 신문을 읽는 미국의 독자들은 '미국이 평화를 위해서 선한 일을 하지는 않고 너무 많은 군사력을 가지려고 욕심을 부리고 있구나. 이러다간 언젠가는 일본과 부딪치겠구나'라고 생각하도록 만들었다. 이것이 일본의 선동가들이 미국의 여론을 조작하려고 했던 수법이었고 의도였으며, 일본은 이런 방법으로 미국의 대중 여론을 자기들 마음대로 흔들고 있었다.

일본에서 발행되는 뉴스와 선언문을 가장 올바르게 이해하는 방법은 신문의 내용과 일본이 하는 짓을 비교하여 보는 것이다. 일본이 하는 말과 행동은 일치하지 않았으며 그들의 성명서의 내용들은 일관성이 없었다. 정말로 큰 문제는 대다수의 서구 사람들이 순진하고 어리석어서 잘 속을 뿐만 아니라 남의 말을 그대로 믿어버린다는 사실이다. 이런 사람들은 일본의 말들을 확인해 보지도 않고 너무나 당연하게 믿는다. 일본이 어떤 거짓말을 했는지를 알려면 멀리까지 갈 필요도 없다. 지난 4~5년 전에 일본이 발표한 국제적인 문제들과 주장들을 찾아서, 그 동안 일본이 보여준 행동들과 비교해 보라. 거기에는 진실성이 전혀 없음을 알게 될 것이다.

그러면 이제 '왜 미국은 일본이 하려고 하는 일을 못하게 막는가?'라는 질문에 대한 답변으로 프랫(Fletcher Pratt) 기자의 글을 소개하려고 한다. 이 글은 1937년 1월 아메리칸 머큐리(American Mercury)라는 잡지에 나오는데, 우리에게는 복잡하고 어려운 주제를 아주 쉽게 설명해 주는 글이다.

"이제 모든 해군 전문가라면 누구나 아는 이 사실을 공개적으로 밝힐 수밖에 없게 되었다. 즉, 해군 전문가들은 지난 1924년부터 일본이 전함 건조에 얼마나 많은 거짓말을 하여왔는지, 또 그 동안 얼마나 많은 전함들을 만들어 왔는지를 다 알고 있다. 문제의 핵심은 바로 이것이다. 일본은 1만 톤 급 순양함을 건조하여 왔다고 발표했는데 사실 1만 톤 급 순양함이라는 말은 전함이 아니라는 것을 숨기기 위한 눈가림일 뿐이다. 그것은 해군협정에서 제한한 쿼터의 비율을 속이기 위한 잔꾀에 지나지 않는다. 일본은 일본 본토에서 출발하여 파나마 운하까지 연료를 재공급 받지 않고 작전을 펼칠 수 있는 정도의 잠수함도 건조하였다.

내가 이렇게 구체적인 사실들을 밝히는 이유는, 이미 합법적인 절차에 따라 합의된 런던 회담에서의 결정을 일본이 어기고, 해군력 제한 규정 이상의 막강한 해군력을 확보했다는 사실을 간파한 후, 왜 그토록 미국과 영국의 해군제독들이 당황하고 놀랐는지를 설명하기 위함이다. 해군력 제한 규정 이상의 군사력을 일본이 가지게 되면, 일본은 태평양 서부에서 결정적인 역할을 하게 되면서 미국의 필리핀 통제나 중국과의 무역에 상당한 어려움을 주게 된다는 것이 미·영 해군 제독들의 공식 입장이다. 이에 대한 일본 측의 답변은, 미국은 필리핀과 아무런 이해관계도 없고 중국과의 통상도 무시할 수준이라는 것이었다. 이런 말에 대하여는 더 이상 논쟁할 가치조차 없다.

그러나 현실적인 문제는 훨씬 더 심각하다. 일본이라는 나라는 자기들에게 이익이 없으면 무조건 트집을 잡고 반대 여론을 조장한다. 일본이 요구하는 동등한 해군력 조약이라는 말은 자기들이 가장 강한 해군력을 가지겠다는 주장이고, 더 나아가서 자기들이 태평양 서부뿐만 아니라 캘리포니아 해안까지, 즉, 태평양 전체를 통제하겠다는 의도이다. 일본이 해군력에서 강자의 위치에 있을 때 일본은 러시아의 여순 항을 찬탈하였다. 이때 뼈저린 아픔을 느낀 동양 사람들은 일본은 절대로 힘의 균형을 생각하는 사람들이 아니라는 사실도 간파하였기에 더더욱 일본의 주장을 수용할 수 없는 것이다.

당시의 원인 제공자가 다름아닌 미국이었다고 알고 있다. 그렇기 때문에 그런 사실을 알고 있는 사람이라면 누구든지 일본 해군력의 우위를 먼산의 불 보듯 쳐다보고만 있을 수 없는 것이다. 그럼에도 불구하고, 해군력 제한에 항상 강하게 반발하고 거부해 왔던 일본이 정말 악의 축과 같은 짓을 상습화하기 시작한 것은 1931년 런던회담 이후부터이다.

일본은 런던 회담의 결정을 따를 수가 없었다. 이미 자기들이 만들어 둔 군함의 숫자와 규모가 회담의 내용을 위반했던 까닭에 그때부터는 런던 회담의 제한 규정대로 거짓말로 끼워 맞추는 짓만 해 왔기 때문이다."

이상이 프랫 기자의 주장이다. 일본의 전쟁 준비가 완료되었으므로 이제 일제는 가면을 벗고 자기들의 정체를 온 세상에 드러낼 때가 되었다. 일본은 이제 공손하거나 고분고분하지 않다. 과거에 페리 제독(Commodore Perry)이 일본을 순방했을 때처럼 고개 숙여 절하는 민족이 더 이상 아니다. 오늘날 일본은 전 세계가 두려워하고 경외해야 할 민족임을 자랑스럽게 보여주려고 한다. 이 말은 일본이 앞으로 벌어질 숨겨둔 전쟁의 시나리오를 모두 밝히겠다는 말이 아니다. 당분간은 그것은 자살 행위가 될 수 있기 때문이다. 그 동안 모든 전쟁 준비를 비밀리에 해 왔기 때문에 일단 일본이 기습적으로 작전을 전개하게 되면 전 세계는 깜작 놀랄 수밖에 없을 것이다. 일본이 가면을 벗을 때는 말로가 아니라 행동으로 본색을 드러낼 것이기 때문이다. 그러므로 일본은 그날이 올 때까지는 철저하게 외부 세계에 정체를 은폐할 수밖에 없는 것이다.

이렇게 스스로를 은폐하고 위장하지만, 그럼에도 불구하고, 예리한 판단력을 가진 다수의 미국 사람들은 일본의 음모를 알고 있었다. 미국의 전 상원의원이었던 피터만(Key Pittman) 의원과 같은 인물이 그 중 한 사람인데, 그는 자기의 주장을 분명하게 말하는 용감한 사람이다. 그는 1935년 12월 19일 네바다 주, 라스베가스에서 다음과 같은 연설을 했다.

"머지 않아서 미국은 실존적인 생존의 문제를 위해서 일본과 전쟁하는 날이 닥친다. 만약 우리가 계속해서 기다리기만 한다면 그 결과가 어떻게 될지 심히 염려된다. 만약 일본이 필리핀을 공격한다면 우리는 어떻게 해야 할까? 이 일은 머지 않아 분명히 일어날 터인데 그때 우리는 조용히 물러나야 하는가? 아니면 맞서서 싸워야 하는가?"

이 연설문은 평화를 사랑하고 미국이 안전하다는 뉴스만을 듣고 싶어 했던 미국 사람들뿐만 아니라, 음모를 꾸미고 있던 일본의 군국주의자들에게까지 푸른 하늘에 떨어지는 날벼락처럼 엄청난 충격이었다. 동경의 고위 관리들은 즉각 날카롭고 격앙된 목소리로 전직 상원의원의 연설에 비난을 퍼부었으며, 입이 거칠기로 소문난 외무성 대변인 아마우 에이지(天羽英二)는 다음과 같은 논평을 내 놓았다.

"이 상원의원은 동양을 몰라도 너무나 모르는 무식쟁이이다. 그의 주장은 논평할 가치조차 없다. 정부의 고위직에 있었던 사람이 고작 그런 수준의 말과 예견을 했다는 사실에 우리는 실망을 금할 수 없다. 상원의원의 발언은 기본적인 상식도 없는 사람의 헛소리에 지나지 않는다."

주미 일본대사 사이토 히로시(齋藤博)도 미국과 일본 사이의 전쟁 가능성이라는 말은 어불성설이라는 공식적인 문서를 발표하였다.

"미국 국민들에게 부탁 드립니다. 저를 믿어주십시오. 일본이 바라는 것은 미국을 가장 가까운 유일한 친구로 삼아 앞으로도 계속해서 좋은 관계를 유지하기를 원하는 것입니다. 우리 일본은 미국과 전쟁을 벌이는 건 세상에서 가장 어리석은 짓이라는 사실을 너무나 잘 알고 있습니다. 우리 두 나라는 상호간에 가장 많은 무역량으로 교류하는 협력국입니다. 해군력 균등에 대한 청원은 세계 모든 열강들의 군사력에 대한 제안이었지, 일본과 미국 사이의 문제를 말한 것이 결코 아닙니다."

막연히 아무런 일이 없기를 바라는 미국 국민들은 일본대사의 발표에 더 큰 호감과 감동을 보였다. 그와는 대조적으로 자국의 전 상원의원의 폭탄 발언에는 냉담한 반응을 보였다. 워싱턴의 한 신문은 다음과 같은 논설을 내 놓았다.

"상원의원의 충격적인 발언을 믿을 수 없다. 국무성 보다 미국의 평화를 지켜줄 것이라고 믿었던 기관이 상원인데, 어떻게 상원의원 중에 그토록 무책임한 발언으로 상상할 수 없는 문제를 야기시키는 트러블 메이커가 있단 말인가!"

그러나 후에 일어난 일련의 역사적인 사실들은 사이토 대사의 발언이 진실이 아니었고, 대사가 비난했던 피터만 상원의원의 말이 진실이었음을 정확히 증명해 주었다. 그렇다면 일본 대사의 말은 둘 중에 하나이다. 그가 현실을 자세히 알지 못해서 절대로 일본이 미국을 공격하지 못할 것이라는 개인적인 소신을 밝힌 것인지(그러나 사이토 같이 유능한 직업 외교관이 그런 사실을 알지 못했다는 것은 논리에 맞지 않다), 아니면 그가 진실에 눈 감아 버리고 자기 전임자들이 하던 대로 짜여 진 각본에 따라 '무지하여 잘 넘어가는' 서구 세계를 속이기로 작정하고 앵무새처럼 말한 것이리라.

어떤 경우든지 간에, 이후에 일어난 여러 가지 일들은 절대로 침략이나 공격의 의도가 없었다고 변명할 수 없는 일련의 사건들이 계속해서 벌어지고 말았다.

다음에 제시하는 세 가지 사건들을 비교해 보자. 아무리 변명하더라도 중-일 전쟁의 발발과 그 이전에 치른 전쟁들, 뿐만 아니라 미국이 일본을 향해서 선전포고를 하게 된 빌미를 제공한 파나이(USS Panay) 호를 폭격, 격침시킨 사건을 어떻게 설명할 것인가? 1917년 미국으로 하여금 독일에게 선전포고를 하게 했던 것도 루시타니아(Lusitania)라는 증기선을 침몰시킨 사건이 아니었던가? 미국과 일본 사이에 아직도 평화가 유지되고 있는데, 이것은 일본이 전쟁을 원하지 않기 때문이 아니다. 이러한 여러 가지 상황들을 충분히 고려하여 미국이 일방적으로 계속해서 참고 기다리고 인내하기 때문이다.

이러한 암울한 역사 가운데서도 희망과 용기를 가지게 하는 작은 불빛은 미국 사람들이 서서히 진실을 느끼고 각성하기 시작했다는 사실이다. 일본이 전쟁을 하지 않겠다고 약속했기 때문에 우리도 의심하거나 경계할 필요가 없다고 말했던 미국인들 중에서 더 이상 주저 앉아 있지 않고 경각심을 가지게 된 사람들이 더 많아졌다는 사실이 곧 희망이라는 말이다. 만약 미국인들이 1935년에 경고한 피터만 상원의원의 말을 심각하게 받아들였더라면, 그리고 미국인과 미국의 이익을 보호할 준비를 더욱 철저히 했다면, 1937년 파나이(Panay) 호의 폭격은 막을 수 있었을 것이다. 그 뿐만 아니라 1940년 중국에서 미국 국민들을 철수시킬 필요도 없었을 것이다.

1936년 1월 16일 일본 수상 오카다 케이스케(岡田啓介)는 다음과 같은 연설을 했다.

"본인은 해군력 증강 경쟁이 시작될 것이라고 믿지 않습니다. 그러나 일본인들은 앞으로 어떤 일이 벌어진다 하더라도 이겨낼 태세를 갖추어야 합니다."

일본 전투선단의 함장인 타카하시(高橋) 해군 중장은 이런 호언장담을 했다.

"만약 일본 해군이 미국과 영국의 연합함대와 전쟁을 붙는다 하더라도, 나는 일본이 이길 것을 확신하는 바이다. 비록 해군력의 비율이 10:1로 우리가 열세라고 하더라도 우리는 충분히 승리할 자신이 있다."

이러한 발언들이 일본 정부의 고위층과 해군의 최고 책임자들의 입에서 나온 말이라는 데 주목해야 한다. 이런 말들을 공적인 석상에서 한 이유는, 일본이 해군력 경쟁에 돌입하게 되면 경제적 부담이 더하여 지는 것을 두려워하는 일본 내의 여론을 잠재우기 위한 수단으로 이용하기 위함이다.

이 위협적인 태도는 또 다른 반응을 불러 일으켰다. 이에 대해서 피터만 상원의원은 다음과 같은 논평을 내 놓았다.

"일본은 미국보다 더 강한 해군력으로 무장하기 위한 소리 없는 전쟁을 이미 시작하여 왔다. 일본이 방위해야 하는 해안선의 길이는 미국이 지켜야 하는 해안선의 10분의 1에 지나지 않는다. 이 말은 곧 일본이 원하는 해군력이라는 것은 무제한의 자국함대를 갖겠다는 말과 다름이 없다. 일본이 런던 해군 회담장을 박차고 나

일본의 침략근성 - 그 실체를 밝힌다

가버렸기 때문에 미국은 이제 일본의 해군력을 통제하기 위해서 어느 나라와도 협의할 수 없는 상황이 되어 버렸다."

해군 협정 만료일 일 년 전, 해군 증강 제한을 없애버리려고 갖은 방법을 동원했던 일본은 공공연하게 해군 군비 경쟁에 돌입하는 한편, 미국에게는 해군력 제한을 위한 회의를 열자고 제의하였다. 1938년 초 일본의 히로다(廣田) 외상은 강대국들이 서로 공평하고 합법적인 방법과 절차를 통하여 세계 해군력의 경쟁을 종식시키자는 제안을 하였다. 미국 정부는 이런 일본의 제의를 계속 묵살하였다.

일본의 이런 교활한 선전공세는 미국의 일반 국민들의 관심을 끌기 위한 수작이었고, 평화를 사랑하는 미국인들에게 추파를 던지고 미국 정부의 고위 관리들에게 호소하여 관심을 얻으려는 속셈이었다.

런던 회담에서 미국과 동등한 해군력을 허락 받는 내용을 결의서에 넣고자 했으나 실패하자 일본은 더 이상 미국과는 군비 경쟁을 할 수 없다는 사실을 자각하게 되었다. 그때부터 일본은 조직적인 선전과 선동으로 작전을 바꾸어 미국 국민들에게 호소하는 방식을 선택하였다. 평등과 정의에 호소하여 미국 국민들의 여론을 호도해 보려는 것이 일본 정부의 바뀐 작전이었다. 이런 방법으로 일본은 한결같이 해군력 증강이라는 프로젝트를 합법화하려고 노력하였다. 일본은 이런 방식으로 과거에 재미를 보았던 경험이 있기 때문에 계속해서 이런 교묘한 여론을 조작하는 방법을 사용하려고 했던 것이다.

　미국 국민들도 다른 나라 사람들과 마찬가지로 여론에 동요되기도 하지만 자기들의 정치적인 신념이 실천되도록 하기 위해서 타국 정부를 비난하는 행위는 여간해서 하지 않는다. 물론 미국 사람들에게는 자국의 정책이 잘못되었다면 동일한 정치적 신념에 따라서 그 사안을 아주 강도 높게 비판 할 수 있는 자유가 최대한 주어져 있다. 미국 사람들에게는 일본이 그다지 불쾌감만 주지 않는다면 가급적 일본을 우호국으로 간주하려고 하는 사회적인 분위기가 흐르고 있었다. 약삭 빠르고 교활한 일본 외교관들은 미국의 이런 점을 최대한도로 이용하고 있는 것이다. 그들은 참으로 빈틈 없는 인간들이다.

일본의 침략근성 - 그 실체를 밝힌다

4

중 - 일 전 쟁 의 시 작

정말 우연의 일치인지 동양의 숙명론인지, 아니면 일본이 주장하는 대로 자기들이 천자(天子)이므로 일본의 신(神)의 섭리인지는 알 수 없지만, 공교롭게도 일본이 강도나 다름없는 약탈을 준비하고 침략 전쟁을 시작하기만 하면 때를 맞추어 마치 마술에 걸리기라도 한 듯이 꼭 세상 다른 편에서 그쪽으로 관심을 쏠리게 하는 큰 사건이 일어나 일본의 약탈을 도와주곤 하였다.

일본이 해군 비율의 문제에서 벗어나는데 성공한 1936년, 자기들의 표현대로 '가장 위험한 시기'라고 엄살을 떨던 그 해는 사실 오래 전부터 예고한 전쟁의 가능성이 분명해진 해였고, 여러 나라들은 일본이 이제 양 가죽을 벗어 버리고 실체를 드러내 보일 때가 되었다고 예상하던 해였다. 동 서양의 모든 관측통들은 일본의 공격을 받을 다음 대상은 러시아가 될 것으로 확신하고 있었다.

현실적으로도 이미 일본은 엄청난 군사력을 러시아의 국경에 집결시켜 둔 상태였다. 그러나 거기에는 두 개의 거대한 장애물이 놓여 있었다. 첫째는 러시아가 이미 시베리아 국경선을 따라 전투태세를 완전히 마친 상태였다는 것이다. 1904년과는 달리 러시아도 일본의 위험성을 완전히 파악하고 방어 작전에 최선을 다하고 있었다. 그 결과 일본군의 기습작전은 실패했으며 바이칼 호까지 진격하려던 계획은 차질을 빚고 말았다. 두 번째 장애물은 미국에 팽배해 있는 여론이었는데, 일본이 공산주의자들과 전쟁을 벌인다는 명분에 대하여 미국 내의 여론이 그다지 호의적이지 않았다.

이렇게 보면 상황이나 분위기가 1904년과는 사뭇 달랐다. 거기에 소련의 심리전이 성공을 거두었다. 즉, 그들은 미국 전역에 널리 퍼져있는 반일감정을 잘 이용하였던 것이다. 그러므로 미국의 정신적 물질적인 지원을 전혀 받지 못하는 상황에서 일본이 대 러시아 침공작전을 속전속결로 끝낸다는 것은 사실상 불가능한 일이었다.

영국은 또 어떤가? 일본 사람들도 나름대로 앞날을 예견하면서 일본이 영국과 전쟁을 벌일 필요는 없다고 분석하였다. 일본의 육군과 해군은 영국이 극동을 지배한 적이 거의 없었다는 사실을 상기시키면서, 그렇다면 오히려 미국과 한판 전쟁을 붙여서 일본 군대가 천하무적임을 증명하는 쪽이 더 유리하다고 판단하였다. 그러나 아직은 미국과 전쟁을 하기에는 여러 가지로 너무 위험하였다. 그들로서는 러시아와 전쟁을 벌이되 러시아가 준비하기 전에 예상치 못하게 기습 공격하는 게 최선의 선택이었다.

일본 관동군은 바이칼 호 주변의 시베리아 횡단 철도를 폭파하기 위해서 외몽고로 진격할 것을 계획하였다. 러시아의 동서를 잇는 중요한 수송로의 동맥을 잘라버려서 블라디보스톡과 동 아시아를 러시아에서부터 단절시키게 되면 일본은 손쉽게 이 지역을 자기들의 손아귀에 넣을 수 있다고 생각했다. 마치 다 익은 과일을 손쉽게 따먹는 것처럼 말이다. 실제로 교전은 일본과 몽고가 동시에 영유권을 주장하는 보르 호(Lake Bor) 근처에서 일어났다.

1935년 7월 1일 동경 주재 소련 대사는 일본과 만주 연합군에 의해서 소련의 국경에서 일어난 도발은 소련과 일본 양국 사이에 매우 심각한 마찰을 초래할 것이며 극동의 평화를 해치는 어리석은 짓이라는 내용의 강력한 항의 성명을 발표하였다.

닥쳐 올 위험을 감지한 소련 군대는 바이칼 호 북쪽에 또 다른 시베리아 횡단 철도를 서둘러 건설하였다. 소련은 자동화기와 폭격기들을 외 몽고의 수도인 우르가(Urga) 지역에 배치하여 그 위용을 드러냈다. 그와 동시에 몽고와 소비에트 연합군의 숫자가 일본의 관둥군보다 족히 두 배는 더 많을 것이라는 보도를 내 보냈다.

1935년 7월 7일 모스크바에서 모인 대규모 군중 집회에서 츄바르(Vlas Chubar) 소련 부수상은 일본이 극동에서 충돌을 조장하고 있다고 맹렬하게 비난했다. 그는 계속해서 말하기를, 일본의 태도는 위협적이기는 하지만 어떤 위협도 평화를 추구하는 우리의 정책을 바꿀 수 없을 것이며, 우리 소비에트 연방은 모든 수단과 방법을 총동원하여 소련의 안전과 보위를 지킬 준비를 마쳤다고 장담하였다.

당시 러시아 신문들은 과장하지 않고 정확하고 사실적인 내용을 그대로 보도하였다.

"일본은 고의적으로 문제를 만들려고 혈안이 되어 있다. 최근에는 만주와 중국의 북부지역을 돌아다니며 자기들의 영토를 더넓힐 구실을 만들기 위해서 가당치 않은 짓들을 자행하고 또 그것을 정당화 하려고 한다."

일본은 전쟁에서 이길 승산이 50 대 50이면 꼬리를 내리고 기다리다가 승산이 100 퍼센트가 되면 여지없이 전쟁을 시작한다는 특징이 있다. 이런 전략은 지난 여러 차례 일본이 승리를 거둔 전쟁들에서 그대로 증명된다. 그들은 언제나 상대방이 전혀 준비하지 못했을 때, 전혀 예기치 못한 방법으로 공격을 했던 것이다.

일본의 육군상 카와지마(川島)는 만주의 실정을 파악하기 위해서 넓은 지역을 샅샅이 돌아보고 귀국한 후, 다음과 같은 보고서를 국가 정책위원회에 제출하였다.

"소련을 접수하기 위해서 우리는 만주에 더 많은 군대를 증원해야 한다. 그 이유는 이미 잘 훈련되고 무장된 소련의 정예 병력 약 20만 명 이상이 국경선을 따라 배치되어 있기 때문이며, 일본군이 현재의 병력으로 이들을 공격하는 것이 어렵기 때문이다."

관동군은 영하 30도까지 내려가는 추위를 견디며 싸워야 하기 때문에 일본은 혹한을 핑계로 시베리아 공격을 잠시 멈추었다. 겉으로는 추운 일기를 핑계로 잠정적인 휴전에 들어간다고 발표했지만, 그 뒤에 숨겨진 진실은 육군상이 동경의 한 일간지와 가진 인터뷰에서 드러나고 말았다.

"소련의 붉은 군대에 130만 명의 장병이 있고 극동 부대에 적어도 25만 명의 장병이 있으니, 이 둘을 합치면 일본의 전 병력과 비슷한 규모이다."

원래 불량배 양아치들은 코너에 몰리면 쇠몽둥이를 내려 놓고 도망치는 법이다. 약삭빠른 동경 정부는 재빨리 달콤한 제안을 내놓으며 모스크바의 비위를 맞추기 시작했다. 그 동안 일본은 국경 분쟁을 해결하기 위한 소-일 공동 위원회에서 주장해온 고집, 즉, 자기 위원의 수가 더 많아야 한다고 했던 주장을 철회하였다. 그래서 바로 직전까지도 이것을 빌미로 전쟁을 하려 했던 일본이 갑자기 평화 정착이라는 방향으로 선회해 버린 것이다. 오카다 케이스케(岡田啓介) 수상은 일본을 소련과의 전쟁 속으로 밀어 넣기에는 너무 소심한 인물이었다.

그러나 혈기왕성한 젊은 군인들은 더 이상 이런 상황에서 참고 기다릴 수만은 없었다. 그 결과 일어난 사건이 '젊은 장교단 혁명'으로 기억되는 반란이었다. 1936년 2월 26일 새벽, 약 1,000명의 군인들이 은밀하고 신속하게 이동하여 동경의 중심부를 장악하였고 잠시 후 도시 전체를 접수하였다. 신문과 언론에는 이 사실이 보도되지 못하도록 철저히 통제되었고 전화와 무선 통신도 차단되었다. 반란군은 오카다 수상관저를 포위하였으며 다른 혁명세력은 외교 구락부와 진보당 지도부의 관사로 보내졌다. 그들은 오카다 수상에게 당장 나와서 조국을 위해서 죽으라고 요구했다. 그때 관저에서 한 사내가 걸어 나왔고, 그는 현장에서 총에 맞아 쓰러졌다. 이로써 오카다가 사살되었다고 발표되었다.

오카다 정부는 이렇게 종말을 고했고 그와 함께 했던 내각의 각료 가운데 한 사람인 고토가 수상으로 지명되었다. 그러나 후일, 그때 사살된 사람은 오카다가 아니라 그의 처남인 마츠오(松雄)였다고 밝혀졌다. 마츠오가 매형인 오카다의 생명을 구하기 위해서 대역을 했다는 사실이 알려진 것이다. 과도한 군비 증액에 반대했던 대장성의 다카하시 코레키오 대장상과 천황의 고문관으로 진보파에 속하였던 사이토 마코토 제독, 그리고 일본 군사학교 교장이었던 와타나메 죠타로 대장이 혁명군에 의해서 암살되었다. 스즈키 칸타로 해군대장은 중상을 입었다.

천황 히로히토는 긴급 회의을 소집하였고 황실 친위대로 하여금 반란군을 진압하도록 명령을 내렸다. 즉각 해군 특공대가 동경에 집결했고 계엄령이 발표되었으며 반란군 점령지역의 모든 시민들을 소개시켰다.

하극상인 이 반란의 동기는 반-군국주의 정서가 일본의 내각과 국회에 흐른다고 생각한 소장파들의 반발이었다고 보고되었다. 이는 소위 만주정벌 이후 미국에서 점차적으로 퍼져가던 반일 감정 때문에 일본 정부 내에서도 정복의 속도를 조절할 필요를 느낀

일본의 침략근성 - 그 실체를 밝힌다

각료들이 많이 있다는 사실을 반증하는 사건이었다. 반면에 일본 군의 젊은 장교들 가운데 특히 일본이 천하 무적이라고 배운 세력들은 정부가 자기들 혈기대로 서구 열강의 군대들과 싸우도록 허락해 주기를 갈망했지만, 이 열망이 채워지지 않고 지연되자 결국에는 반란으로 그런 불만을 표출한 것이다.

장교들은 계엄하의 비밀군법회의에서 재판을 받았다. 일본 정부는 즉각 모든 신문을 통제하였고 그 내용 하나하나를 철저히 검열했으며 뉴스가 나가지 않도록 규제했으니, 이 재판에 관한 소식은 한 토막도 새어 나갈 수 없었다. 한참 후 정부는 공식적으로 반란에 유감을 표했지만, 반란군들의 목적은 해군력 증강 비율을 5-5-3으로 족쇄 채운 서구에 동조한 장관들을 몰아내기 위한 것이었다고 설명했다.

대중의 여론이 혼란스러울 것을 방지하기 위해서 널리 공포한다는 내용으로 발표된 판결문의 내용은 다음과 같다.

"젊은 장교들의 단순한 심성 속에 연구와 사색의 열정이 배양되기 시작했다. (……) 그들은 옳고 틀린 것을 판단할 능력을 상실하고 던던 해군조약 이후 몇몇 대신들이 천황의 특권에 간섭과 훼방을 일삼으며 일부 장관들이 스스로 국법보다 더 위에 군림하며 헌법을 준수하지 않는다고 생각하였다. 그리하여 젊은 장교들이 잠시 국가의 법을 넘어선 방법으로 그들에게 천벌을 가하려고 거사를 감행했던 것이다."

이 사건은 일본 사람들의 정신적 상태가 어떠했는지를 잘 보

여 주는 좋은 예이다. 일본의 젊은 장교들의 반란은 자기들과 생각
이 같지 않은 사람들은 제거해 버려야 한다는 발상에서 나온 것이
다. 즉, 일본 정부의 고위관리들 중에는 미국과 영국이 해군력 증강
이라는 입장에서는 비록 경쟁국이지만 지금은 그들과 적대감을 가
질 때가 아니라고 생각한 사람들이 있었는데, 그런 사람들은 어떻
게든지 제거해 버려야 한다는 주장이 반란의 이유였다.

전 일본열도가 광분에 휩싸였던 위기의 1936년 무렵에 일제
의 군국주의자들은 일본이 나가려는 위대한 운명의 길에 방해되
는 서구 열강들은 모두 쳐부수어 버려야 한다고 주장하였다. 일본
의 문민정부는 이런 무모한 집단과 맞설 수 없었으므로, 결과적으
로 군국주의자들과 민주주의자들 사이에는 끊임없는 분열과 갈등
이 계속되었고 긴장은 고조되었으며, 이 기간에 여러 암살음모와
피격사건들이 일어날 수밖에 없었다.

1931년 이후 계속되어 온 정치적인 피살자들의 명단은 이런
사실을 잘 말해 준다. 2명의 수상을 포함하여 전역한 장군 1명과
2명의 기업인들이 살해 되었다. 이때에는 고위 관리를 살해하든지
무고한 시민을 죽이더라도 나라를 위한다는 이름으로 하는 살해
는 모두 애국이라는 생각이 팽배해 있었다. 일반 대중들은 자객들
을 기념하는 신사와 사당을 짓고 살인자들을 추모했다.

1934년 '성전을 바라는 기도회'라는 모임에서는 성전(聖戰)
을 벌이기 원하는 무사들이 일본을 방문중인 찰리 채플린(Charlie
Chaplin)을 살해하여 미국과의 전쟁을 시작하자는 음모를 꾸미기

도 했다. 1935년 2월에는 부신카이(武神会)라는 애국단체의 당원인 나카사지 가스케라는 사람이 동경의 한 출판업자를 찔러 중상을 입혔는데, 그 이유는 그 출판사가 미국 야구선수 베이브 루스(Babe Ruth)를 일본에 초청하는데 후원을 했다는 것이었다.

군인들의 반란 이후 수상이 될만한 인물을 찾는데 어려움을 겪기까지 하였다. 새로운 수상을 정하기 전에 의전상 천황은 마지막 노정객 사이온지 김모찌(西園寺公望) 공의 자문을 구했다. 그는 위대한 명치시대를 섬긴 내각의 한 사람으로서 생존해 있는 정치인 중에 가장 원로였다. 그는 45세의 귀족원 의장 코노에 후미마로 공을 수상으로 추천했다. 코노에(近衛)는 비록 행정 경험은 없었지만 귀족 출신으로 군사전략가였다. 그는 수상의 직을 맡았고 내각을 구성하였다. 전화로 장관 예정자들에게 섭외하여 불과 몇 시간만에 모든 장관들의 윤곽과 내각을 조각하는 일을 마쳤다. 그래서 이 내각은 '전화 내각'이라고 불리어졌다.

새로운 수상은 어떤 일을 결정하는데 시간을 끌지 않고 그 자리에서 즉각 결론을 내렸다. 일본의 중국 정복 전쟁 중에서 첫 번째가 가장 피해가 적었던 전쟁으로 기억되는데, 그것은 새 내각이 그처럼 신속하게 결정하였기 때문이다.

1937년 7월 7일, 뻬이핑(北平, 뻬이징의 또 다른 이름 -역자) 근교의 마로코 폴로 다리(Marco Polo Bridge), 중국명 노구교(蘆溝橋)에서 중국과 일본 병사들간에 작은 교전이 발생했는데, 이것이 선전포고도 없이 시작된 중-일전쟁의 시발점이 되었던 것이다. 일제의 육군과 해군은 해안선을 따라 차근 차근 진격하고 하나 둘씩 점령하여 모든 중요한 도시들을 손아귀에 넣었다. 결국 중국은 한 두개의 도로를 제외하고는 전 해안선이 봉쇄당하는 처지에 이르렀다. 중국의 상황은 너무나 비참했고 외부 세계에 자기들의 상황을 알릴 길이 완전히 차단되었으며, 극히 제한된 우회적인 방법으로 일부 소식만 전할 수 있을 뿐이었다.

아래의 도표는 일제가 1939년까지 갖고 있던 자국의 영토 및 인구와 주변국들을 침략하여 확보한 영토 및 인구의 통계표이다.

연도		영도의 크기(Sq. M)	인구
	일본 본도	148,756	72,222,700
1895	타이완	13,890	5,212,719
1895	페스카도르	50	60,000
1905	일본 사하린	13,930	331,949
1910	조선	85,228	22,355,485
1915	광동	1,438	1,656,726
1919	일본 위임령	829	331,949
1931	만주	503,013	35,338,000
1939	중국	900,000	150,000,000
1939	여러 섬들		
		1,667,134 Sq.M.	287,242,398

인명 피해

전쟁 동안 혹은 공중 폭격으로 죽거나 다친 중국인의 숫자는 추측하기로 약 20만 명에서 250만 명으로 예상된다. 그리고 약 4,000만* 명 이상의 사람들이 피난을 떠난 것으로 추정된다.

일본은 중국과의 전쟁에서 전사하거나 부상 당한 병사가 7만이라고 발표했지만, 외신 기자들은 30만이 넘을 것으로 보고하고, 중국측은 최소한 100만 명에 이른다고 추산하였다.

외화 낭비

중국 세관의 보고서에 의하면, 1938년 한 해 동안에 전쟁으로 인한 중국의 외화 낭비는 약 8억 달러에 이르며, 이 중에 약 절반은 영국의 손실이고, 그 나머지 중 절반인 약 2억 달러는 미국의 손실이다. 그 다음은 독일의 손실이라고 추정된다.

다른 주제로 넘어가기 전, 여기서 잠시 당시 세계 정세 가운데서 극동의 상황을 고찰해 보기로 하자.

만약 숲에서 불이 났다면 근처에 사는 사람들은 당장 자기 집에 대한 걱정이 먼저 떠 오를 것이고, 집에서 빠져 나올 때 무엇을 가지고 가야 할 지를 먼저 생각할 것이다. 만약 산불을 한 번도 경험해 본 적이 없는 사람들이라면 그 사람들은 산불이 얼마나 무섭고 파괴력이 강한지 알지 못할 것이다. 아마 그런 이유 때문에 이러한 산불을 심각하게 생각하고 걱정하는 사람들이 많지 않다는 것도 이해할 수는 있다. 어떤 사람들은 '불이 이 산 반대쪽에서 나기 시작했기 때문에 여기까지 번지려면 아직도 멀었어'라고 말하고, 또 어떤 사람들은 '누구 집이 타나 구경이나 하자, 저 집은 우리 집이 아니잖아' 하고 말하며 바라만 보는 사람들도 있을 것이다. 또 어떤 사람들은 '우리 이웃 집들이 탄다 하더라도, 우리 집까지는 안 올 거야'라고 말하면서 여전히 방관만 하기도 할 것이다.

이러한 생각들 때문에 아직 화염에 싸이지 않은 사람들은 이 대화재(大火災)가 자신들과는 아무런 관계가 없고, 이미 한 줌의 재로 변한 집들을 가진 사람들에게는 우리가 관심을 가질 필요가 없다고 생각한다. 오직 이 화재를 진압해야 한다고 생각하며 부지런히 불을 끈 사람들은 이미 자기들의 재산을 화염 속에 잃어버린 사람들이고, 이미 그들은 깊은 좌절과 절망 속에서 상황이 끝나 버린 사람들이다.

위의 예는 오늘 우리가 사는 세상을 숲 속의 산불로 비유한 일화이다. 이 산불의 비유는 우리가 사는 숲 속에서 불이 났는데 우리 이웃들이 무관심한 태도를 보인다면 얼마나 답답하고 안타까울까를 설명하려는 것이다. 다시 말하자면, 바로 지금 한 나라 한 나라가 전쟁으로 무너져 가는데, 다른 나라들은 거기에 무관심한 태도를 보이고 있는 이 세상을 묘사한 것이다.

1905년 한국에서 발생한 산불 사건에 대해서 생각해 보자. 만주와 중국, 에티오피아, 오스트리아, 체코슬로바키아, 폴란드, 알바니아, 노르웨이, 덴마크, 네델란드, 벨기에, 그리고 프랑스는 공격을 받았고, 한 나라 한 나라씩 차례로 무너져 갔다. 그러나 아직 불은 꺼지지 않았다. 불과 몇 년 전까지만 해도 산불은 자기네들과는 아무런 상관이 없다고 생각했다. 사람들의 그런 생각은 곧바로 다음과 같은 질문으로 바뀌었다.

"이 다음 차례는 어느 나라일까?"

유럽에 있던 나라들 가운데 절반 이상이 지금은 지도에서 사라져 버렸다. 아직 지도에 남아 있는 나라들은 스스로에게 묻는다.

"우리 차례는 언제일까?"

이것은 각 나라들이 자기들의 이기심 때문에 스스로 자초한 참혹한 운명이다. 모든 나라들이 맹목적인 자국 이기주의에 빠져 있다면, 어느 한 나라도 이 비참한 운명에서 자유로울 수 없을 것이다.

지금 중국이 겪는 전쟁이 언젠가는 백인 국가들에게도 닥치게 된다. 이런 불편한 사실을 인정하기 싫어하는 백인들의 강력한 부인에도 불구하고, 역사의 수레 바퀴는 백인들 나라에서도 계속 돌아갈 것이다. 이런 불길한 상황은 계속되고 그런 분위기가 지속된다면 어떤 결과가 벌어질 지는 말하지 않아도 자명하다. 이것이 바로 미국이 특별한 관심을 가져야 할 중-일 갈등의 한 단면이다.

---

* 1939년에 발표한 야넬 제독(Admiral Yarnell)의 보고에 의하면, 중국 군인 전사자가 1,218,462명이고, 그 기간에 기아와 궁핍으로 죽은 남녀 유아의 수는 500만에서 1,000만 명으로 추산하므로 이 책에서 밝힌 숫자와 비슷한 수의 인적 손실에 동의한다.

5

외 신 기 자 는
모 두 중 국 에 서 철 수 하 라

외국인들로 하여금 중국과 계약한 모든 조약의 권리를 그대로 유지하도록 해 주면서 중국의 상업 중심지를 점령한다는 것은 일본 입장에서 보면 마치 사자가 출몰하는 목장을 지키는 일처럼 불안한 일이었다. 그러므로 외국인들은 모두 쫓아 버려야만 했다. 일본은 온갖 수단과 방법을 다 동원하여 이 목적을 이루기 원했지만, 이 일을 위해서는 시간이 더 필요했다. 그러나 적어도 신문 기자들만큼은 당장 추방해야만 했다. 기자들의 자유롭게 취재할 수 있는 권리라는 사상은 일본인의 사고구조, 특히 일본의 정치와 사회에서는 도저히 용납할 수가 없는 행태였다. 지금 일본은 중국 전 인구의 절반이 넘는 숫자를 복종시키지 않으면 안 된다. 물론 그 중에는 반항적이고 정복당하지 않으려고 하는 사람들도 헤아릴 수

일본의 침략근성 - 그 실체를 밝힌다

없이 많을 것이다. 그들을 계속해서 지배하기 위해서는 대량학살, 방화, 고문 그리고 투옥과 같은 다양한 방법들이 지속적으로 동원되어야만 한다. 그 방식들은 현대식으로 정교하게 고안된 방법뿐만 아니라 중세의 아주 원시적인 방법들도 모두 포함해야만 한다. 그러면 중국 땅은 지옥처럼 변하리라. 이렇게 함으로써 대륙에 있는 중국인의 숫자를 감소시키면 일본에게는 일거양득이 된다. 첫째는 일본을 싫어하는 반일사상을 제거하는 것이기 때문에 좋고, 둘째는 일본 사람들이 더 넓은 땅을 차지할 수 있기 때문에 좋다. 일본 사람들은 외친다.

"너희들은 다 죽어야 한다. 한국 사람, 만주 사람, 중국 사람들, 너희들이 모조리 사라지면 일본 사람들이 더 편안하게 살 수 있다. 이것이 바로 적자 생존이 아니겠는가! 서구의 문명화된 세계에서 가르치고 실천되어 온 현대철학의 가르침이 바로 이런 것이란 말이다."

일본인들의 머리 속은 온통 이런 생각들로 가득 찼고, 온 세계는 이처럼 현대화된 일본을 향해서 동양에서 가장 문명화된 민족이라고 열렬한 지지를 보냈다. 한반도를 늑약 한 다음, 일본은 이런 민족 말살 정책을 청도 길림 만주의 여러 지역에서 강행했다. 죽은 자들은 말이 없는 법이다. 그러나 그들의 끔찍한 고문 가운데서도 살아 남은 사람들이 있었으니, 그들은 살아있는 몸둥아리로 그렇게 현대화된 일본이 저지른 반인륜적인 증거를 그대로 보여 주고 있다. 그런 사람들 중 일부는 지금도 미국에 살고 있다.

1919년 3월 1일 대한독립선언문에 서명한 33인 가운데 한 사람이며 지금 하와이에 있는 한인교회의 목사로 있는 이 분은 감옥에서 일본 경찰이 자백을 강요하면서 불로 고문하여 난 상처에 오늘날까지도 약을 바르면서 살아야 한다. 이런 일들은 철저하게 비밀리에 자행되었다. 외부 세계는 이런 사실과 진실을 절대로 알아서는 안 된다. 일본은 아마도 중국에서는 훨씬 더 큰 대규모의 악행들을 집요하게 자행해 갈 것이다. 왜냐하면 이 방법만이 일본이 중국을 무너뜨릴 수 있는 길이라고 믿기 때문이다.

따라서 외국인들 중에서도 가장 먼저 이 나라에서 쫓겨나야 하는 사람들이 있다면 그들은 바로 미국 신문기자들이다. 이런 전제 조건하에서 일본 군국주의자들은 극단적인 증오심을 가지고 미국 기자들을 다루었다. 과거에 예를 보면 신문기자들의 엄격한 공정성은 복수의 여신이 되어 그대로 일본에게 돌아 왔다. 이것이 바로 일본 정부가 지난 30년 동안 해마다 미국에서 수백만 달러 이상을 퍼부어가면서 일본을 선전한 이유이다.

이런 선전 효과 때문에 미국에 있어서 일본의 이미지는 아직도 베일 속에 감추어져 있다. 즉, 일제의 본질적인 교활함과 저질스러운 모습은 아직도 꼭꼭 숨겨진채로 겉으로 가장한 모습만이 뉴스에서 대중의 이목을 집중시키고 있는 것이다.

일본의 국영 뉴스 매체인 도메이(同盟) 뉴스 방송은 일본인 제작진들뿐만 아니라 미국인들까지 직원으로 채용하여 어느 때든지 그런 방송을 송출할 준비를 마쳤다. 외국의 언론들, 예를 들자면 영국의 로이터 통신, 미국의 AP통신, 혹은 UP통신을 비롯한 모든 통신사들은 본사로 뉴스 자료를 보내기 위해서는 도메이 방송사의 대표에게 가서 뉴스와 정보를 받아야만 했다.

하와이 출신의 헨리 킨니(Henry W. Kinney)는 전 제네바 주재 일본 수석대표였던 마츠오카 요스케(松岡洋右)로 부터 일본 뉴스 매체와 함께 일하자는 제안을 받았다. 이제 동양에서 뉴스가 송출될 것인데 모든 기자들이 일본에 절대적으로 우호적일 수는 없지만, 적어도 미국 언론인 가운데 전폭적인 친일 인사가 몇 명쯤은 필요했던 것이다.

킨니는 하와이 태생의 신문 기자로 후에는 일본 정부의 국립 교육위원회의 위원장 자리까지 오른 인물이다. 그는 자발적으로 일본인의 완전한 동지임을 증명했다. 일본이 만주를 침공했을 때 일본은 그를 일본군 장교들과 외국 기자들 사이의 연락관으로 기용했다. 그의 역할은 충분히 만족스러웠다. 그가 은퇴한 1935년, 이미 만주는 행정적으로 완전히 일본에 귀속되었다. 이제 일본이 다시 남진해야 하는 상황에서 일본은 그의 도움이 재차 필요하게 되어 그를 불러들였던 것이다.

만약 일본이 성공한다면, 다시 말해 일본이 저지르고 있는 만행에 대해서 아무런 제재를 받지 않고 지금과 같이 제 마음대로 하도록 방치된다면, 외부세계는 일본이 점령한 광범위한 지역에서 어떤 일이 벌어지는지 알 수 없을 것이다. 그렇게 되면 모든 세계 언론들은 일본이 일방적으로 배포하는 기사들, 즉, 자기들을 선전하는 내용들과 그들이 보내 주는 뉴스만을 전할 수밖에 없게 된다. 그들이 동경 만주 혹은 베이징 어디서든지 송출하는 뉴스는 지역에 상관없이 모두 다 교묘하게 조작되어 제공된다고 하더라도, 뉴스 거리를 기다리는 신문사나 뉴스를 읽는 대중들은 아무런 의구심 없이 그대로 수용할 수밖에 없을 것이다. 세계 모든 나라들과 접촉하는 일본 지도자들, 특히 미국의 모든 지역과 연결되어 있는 동경의 지도자들은 마치 외과 의사가 환자의 맥박소리를 들으며 환자를 진맥하듯이 여론의 맥박을 매일매일 체크하면서 미국 각계각층에 영향을 미칠 잘못된 정보를 배포하는 장본인들인 셈이다.

일제는 35년 전 한국에서 시험 삼아 군정 통치 계획을 실행에 옮긴 경력이 있었다. 일제는 한국에서 성공한 그 경험을 토대로 만주를 침공한 다음 동일한 군정 통치를 만주에서 실시하였고 그 다음은 중국에서 그대로 꼭 같이 답습하였다. 동시에 일제는 한국에서 언론을 통제했던 그 수법을 중국에서도 동일하게 적용하여 중국의 언론도 통제했다.

외신 기자들은 무조건 일본이 점령한 땅에서 떠나야만 했다. 다만 몇몇 예외가 있었으니, 일본 정복자들의 수중에서 놀아나는 기자들, 그리고 자기들에게 아첨과 찬사를 보내는 기자들만 머물도록 허락이 되었다. 일본에 잔류하기를 원하는 기자라면 친 일본적인 성향을 증명해 보여야 하고 현지인에게는 어떤 동정심도 보여서는 안 된다. 그렇지 않고서는 잔류할 수가 없었다.

일본인들은 기자들에게 무조건 나가라고 쫓아내지 않았다.

일본의 침략근성 - 그 실체를 밝힌다

그들은 교활하고 우회적인 방법을 썼는데, 군사적인 구실을 앞세워 위협하면서 '우리가 당신들의 안전을 보장할 수 없다. 그러므로 신변의 안전을 위해서 이 위험한 지역에서 떠날 것을 엄중히 경고한다'라고 말하면 그것으로 족했다. 그러는 동안 돌발적인 어떤 '사건'을 일으켜서 그들의 재산에 손해를 입히고 그들의 생명을 위협하는 일을 만들었다. 이런 일이 몇 차례 생기면 아무리 배짱 좋은 기자라도 스스로 그 지역을 떠나지 않을 수 없었다. 이런 교활한 수법은 거의 100 퍼센트 성공했다. 만약 이런 위협이 먹히지 않으면 일제는 자기들 마음대로 외국인 기자가 군법을 위반하고 허가 받지 않은 곳을 취재했다는 혐의를 씌우거나, 일본 제독이나 총독을 암살하려는 음모에 연루되었다는 핑계와 같은 야만적인 혐의를 뒤집어 씌웠다.

어떤 이유로든지, 그들이 비록 외국인이라 하더라도, 일본의 신(新) 질서를 따르지 않으면 더 이상 잔류할 수 없었다. 남아서 머물기를 원하는 사람이라면 이유 여하를 불문하고 일본 정부를 비판하거나 일본의 권위에 도전하는 말이나 행동을 해서는 안 된다. 그러므로 외국에서 온 사람은 일본이 보여 주지 않으려고 하는 것을 보거나 들을 수 있는 방법이 전혀 없었다. 방문객으로서 만약 일본에 적대감을 가진 행동을 한다면 다시는 동양에 발을 붙일 생각을 하지 말아야 한다.

일본의 신 질서가 전격적으로 수립되면 일본군부의 통치 아래에 있는 모든 지역은, 지금의 한국처럼 외부 세계와 완전히 차단될 것이다. 미국의 주요 일간지들은 일본이 퍼트리는 선전 내용만을 전하든지 아니면 아무 것도 보도할 수 없게 된다.

다음과 같이 아주 의미심장한 기사가 뉴욕 타임스지의 전면 하단에 등장하였다.

"유럽과 극동에서 송출된 보도 자료들은 현지에서 완전히 검열을 받은 것들입니다."

1937년 9월 일본군 대변인 하라다(原田) 중좌가 베이징에 있는 모든 외신 기자들에게 전달한 경고는 앞으로 일본이 얼마나 검열을 지능적으로 철저하게 할 것인지를 암시하는 전조였다. 하라다 중좌는 외국 뉴스 기자들에게 통신원들이 잘못된 정보를 송출하지 않도록 다음과 같이 발표하였다.

"본인이 보기에는 중국이 세계 여론의 동정을 자아내려고 노력하는 것 같은데, 그렇게 뉴스를 조작하는 통신사들은 외국인들이 운영하는 곳이 아니라 중국 사람들이 운영하는 곳이다. 예를 들면, 광동 폭격이라는 보도는 상하이에서 조작된 것이다."

그의 말은 마치 광동에 폭격이 전혀 없었던 것처럼 뻔뻔스럽기까지 했다. 이 말을 들은 통신원들은 분노하였으며 하라다에게 경위를 더 자세히 설명해 보라고 몰아 세웠다. 그러자 하라다 중좌는 광동 폭격이 잘못된 보도라는 말은 아니지만, '지금 본인이 하는 말은 단지 일본제국에 대한 애국심의 발로에서 말하는 것이고, 외국 통신원들이 너무 지나치게 중국에 동정적인 입장인 것 같다는 말을 하려는 것이었다'고 조용하게 말을 맺었다.

그의 말은 세계 동정이 일본의 호전적인 태도에 대해서 호의적이지 않다는 사실에 군부가 대단히 당혹해 하고 있음을 여실히 보여 주는 발언이다. 일본은 세계 모든 나라들이 자기들에게 우호적이기를 기대했다. 그들은 힘이 곧 정의이기 때문에 일본의 옳고 그름을 떠나서 힘만 있으면 무조건 자기 편이 될 것이라고 착각했다. 그리고 만약 세계가 이런 자기들의 주장을 인정해 주지 않으면 전 세계는 머지않아 응징 당할 수밖에 없다고 생각했다. 이것이 일본의 군국주의자들의 정신세계였다. 하라다 중좌는 특파원들에게 점잖게 암시했음에도 불구하고 외신 기자들은 그의 발언을 각자 자기의 행동에 대한 응분의 책임을 져야 한다는 압박으로 느꼈다.

그러나 이와 같은 엄중한 경고에도 불구하고 미국의 특종 기자들은 언론인의 정신을 굽히지 않았고, 생생한 상황과 현장감 있는 기사를 만들어 정확하게 전달했다. AP통신의 특파원인 할도르 핸슨(Haldore Hanson)은 미국에서도 영향력 있는 신문사인 유나이티트 프레스(UP)에 전황을 송출했는데, 그것이 대부분의 전국 유력 신문에 그대로 게재되었다. 그는 일본이 제일 싫어하는 기자 가운데 한 사람이었는데 1937년 10월 11일 파오팅후(保定府)에서 다음과 같은 내용을 본사로 전송하기도 했다.

"중-일 전쟁의 피비린내 나는 역사의 현장에는 여섯 명의 미국 여성과 한 명의 남자, 그리고 나만이 잿더미가 된 이 도시, 아무 것도 없는 황무지의 한복판에 살아 남았습니다."

그는 또 미국 선교사들에 대해서 언급하면서 이런 기사도 송출하였다.

"그들은 모두 등골이 오싹할 정도로 소름끼치는 경험을 했고 겁에 질려 이곳을 떠났습니다. 지난 9월 내가 자전거를 타고 들어온 이래 지금까지 겪어왔던 무시무시한 경험들을 그들도 다 겪었습니다."

만약 이 특파원이 하라다 중좌의 경고를 마음에 담아 두었다면 그는 이런 무시무시한 전쟁의 상황을 있는 그대로 보도하지 못했을 것이다. 이런 이야기는 미국 사람들로 하여금 중국에 동정과 연민을 자극하는 내용들이기 때문이다. 일본의 입장에서 생각한다면, 이러한 비참한 전쟁의 실상을 보도하는 대신에 대부분의 통신원들이 1894년 중-일 전쟁과 1904년 러-일 전쟁 중에 일본에 대해서 찬사를 보내는 보도를 했듯이, 전쟁터에서 일본 군대가 보여준 인도적이고 영웅적인 모습과 도덕적인 행동에 대해서 보도했어야 했다.

일제는 적어도 언론을 다루는 부분에 있어서는 지금보다 지난번 치렀던 중-일, 러-일 전쟁 때에 더욱 용이주도했던 것 같다. 그들은 자기들의 행동과 태도를 바꾸어서 세계 여론을 자기들 편으로 만드는 대신에, 세계 모든 나라들이 일본을 바라보는 관점과 태도를 바꾸어야 한다고 요구한 셈이다.

할도르 핸슨은 베이징으로 돌아오는 길에 일본군에 의해 체포되어 다시 파오팅후로 이송, 수감되었다. 그는 일본 헌병대에 끌려가서 8시간 동안 쉬지 않고 연속적으로 취조와 고문를 당했다. 그가 식중독과 열병으로 신음하자 그는 장로교 병원으로 보내져 거기서 열흘 동안 투병하면서 일제의 만행을 이렇게 폭로하였다.

"내가 만일 이 도시에서 도망가려고 한다면 그것은 또 다른 체포의 구실이 될 거라며 헌병들은 나에게 엄포를 놓았다. 지금 이 편지도 내가 밝힐 수 없는 요로를 통해서 베이징으로 전달하는 것이다. 나는 담벼락이 허물어지고 집집마다 굴뚝이 날아가 버린 허술한 집에 머물고 있으며, 내가 자는 방에도 기관총 탄알 자국이 가득하다."

그가 체포된 지 거의 3주가 지나서야 그 사건은 베이징에 있는 미국 대사관에 알려졌고, 즉각 주미 일본 대사관에도 항의서가 전달되었다. 항의문의 내용에는, 미국 시민인 핸슨 씨가 미국 대사관에 자기의 감금 사실을 알리는 것도 허락되지 않았고, 그가 민간인 신분임에도 불구하고 군 헌병대 본부에서 4일 동안 연속적으로 감금되었으며, 밤이 늦도록 음식물과 마실 것조차 제공하지 않았다는 사실이 포함되었다. 또한 어떠한 법적 절차도 따르지 않고 억류한 일본군 측의 비인도적인 만행도 지적하였다.

일본측도 자기들이 지나치게 가혹하였고 정당하지도 않았다는 사실을 알고 있었지만 그런 문제들에 대하여 조금도 개의치 않았다. 그들은 이 일을 통해서 자기들이 노리는 또 다른 소기의 목적을 이루려고 했기 때문이다. 즉, 세상이 바뀌었다는 사실을 모든 외국인들에게 알리고 싶었던 것이다. 다시 말해, 지금은 일본이 백인들의 세상에 와서 사는 때가 아니라, 당신들 백인들이 일본이 중심이 된 세상에 와서 살고 있다는 사실을 보여 주고 싶었던 것이다. 이런 사실을 분명하게 주지시키고 겁 주기 위해서 본보기로 처벌을 하는 것이기 때문에 그 징벌이 가혹하면 가혹할수록 자기들의 교육적인 목적을 더욱 효과적으로 달성하는 셈이었다. 그래서 핸슨의 경우는 불쌍하게도 이 신 질서의 본보기로 희생양이 된 것이다.

사진 기자들 역시도 자기들이 사진을 송출할 때는 반드시 검열을 통과한 후에 보내야만 했다. 중국인 사진 작가인 H. S. 윙 씨는 폭스 영화사에 소속되어 10여 년이나 활동한 베테랑 카메라맨이었는데 1937년 2월 반-일본 활동에 연루되었다는 죄목으로 일본군정의 요청으로 상하이 지방 경찰청에 체포되었다. 그가 연행된 실제적인 이유는 라이프 잡지에 그의 작품이 소개되었기 때문이다. 윙 기자는 일본군의 폭격 직후 상하이 남부역의 플랫폼에 폭격으로 부상을 당한 어린 아이의 사진을 라이프잡지에 실었다. 이 사건으로 그는 엄청난 교훈을 얻게 되었을 것이다.

비단 윙 기자 뿐만 아니라 다른 사진 기자들도 일본군의 비위를 거슬리게 하지 않으려면, 절대로 다른 사진들은 찍지 말아야 하며, 사꾸라(벚꽃)가 만발한 풍경이나 부드러운 실크 기모노를 입은 여인의 사진, 혹은 일본 인형 같은 작품들만을 찍어 보내야 했다.

국제 뉴스 방송(International News Service)의 저명한 특파원인 제임스 러셀 영(James Russel Young) 기자는 1940년 1월 21일 동경의 임페리얼 호텔에서 체포되었는데, 그는 13년 동안이나 일본에서 활

일본의 침략근성 - 그 실체를 밝힌다

동하여 많은 사람들에게 널리 알려진 유명한 기자였다. 경찰은 그의 모든 필름과 자료들을 압수하였을 뿐만 아니라, 그에게 사전 통고도 없이 그리고 수색 영장도 없이 그의 아파트를 두 번이나 샅샅이 뒤졌다.

영 기자는 종군 특파원으로 중국으로 파견되었고 홍콩에서 일본이 선전포고 없이 중국을 공격한 전쟁의 참혹상을 담은 6개의 기사를 송출한 바 있었다. 뿐만 아니라 그는 여러 차례의 강연도 했는데 그 내용이 일본의 입장에서는 별로 유쾌하지 않았다. 그가 미국 대사 조셉 그류(Joseph C. Grew)와 절친했다는 것도 그에게는 불리한 조건이었다. 그러던 차에 그가 일본을 방문하자, 그는 도착과 함께 즉각 체포되었는데, 그 이유는 '전쟁 비상시에 군사업무에 관한 날조와 유언비어 유포'라는 죄목이었다.

그가 스가모 감옥으로 보내져서 지하 감방에 50일 동안이나 격리되어 있었는데, 그 기간 동안 미국 대사관의 외교관은 물론이고 아내의 면회까지도 허락되지 않았다. 미국 대사관에서는 그의 투옥 사실이 알려지자 즉각 윌리암 터너(William T. Turner) 2등 서기관으로 하여금 일본 고위층과 접촉하도록 하여 절충했지만, 결과는 아무에게도 절대로 영 기자의 면회는 허락되지 않을 것이라는 답변 뿐이었다. 미국 대사는 자신이 입던 가죽 코트를 포함하여 많은 옷들을 감옥에 보냈지만 경찰들은 감방이 엄청나게 춥기 때문에 그는 옷을 입은 채로 자야 할 것이라며 조롱하고 비웃었다.

3월 15일이 되어서야 그의 재판은 끝이 났고 일 주일이 더 지난 다음에 선고가 내려졌다. 그의 형량은 6개월 징역과 재판 비용 전부를 지불해야 한다는 것이었다. 그러나 법정은 '자비를 베풀어' 징역을 유예하고 3년 집행유예 선고를 내린 후 그를 다시 감옥으로 보내 3월 말까지 수감하였다.

미국 신문들에는 일본 선전가들이 자기들의 부정을 미국에 감추기 위해서 또는 미국에 우정과 호감을 사기 위해서 어떻게 노력하고 있는지를 보여주는 수많은 기사들이 연일 등장하였다. 영 특파원의 사건에서도 일본 정부는 자기들의 법정이 특별히 배려했다는 점을 선전하려고 노력했다. 영 특파원이 미국 시민이었기 때문에 사건 심의와 조사를 신속하게 마쳤고 예비 심사 과정도 속전속결로 마쳤음을 강조했다. 만약 그가 미국 사람이 아니었더라면 재판은 도저히 7주만에 끝날 수 없었으며, 적어도 그는 수 년 동안 감옥에서 지내야만 했을 것이라고 떠들어댔다.

또 하나의 큰 특혜라고 일제가 떠들어댔던 것은 그가 민간 법정에서 재판을 받았다는 사실이었다. 이것도 미국 시민이었기 때문에 받은 특별 배려였고, 사실상 그는 군법정에서 재판을 받고 총살형을 당할 수도 있다고 설명했다. 영 기자가 이 나라를 떠날 수 있게 허락된 것도 미국 시민이기 때문이며, 만약 그가 미국인이 아니었다면 어쩌면 그는 평생 일본의 감옥에서 종신형을 살 수도 있었다고 선전해댔다.

이 모든 억지 주장들이 담고 있는 한 마디의 진실은 그가 곧 추방될 것이라는 암시였다. 그러나 미국에 있는 일간지 독자들은 이 말을 그대로 믿으며 일본 사람들의 숨겨진 반미 감정은 간과해 버리고, '일본이 우리 미국에 대해서는 특별한 우의를 가지고 있구나!'라고 생각하게 될 것이다. 사람들을 쉽게 믿고 의심할 줄 모르는 대부분의 미국인들은 아직까지도 일본은 미국에 대해서 우호적이며 미국도 역시 일본을 신뢰해야 한다고 믿고 있다. 이것은 사실상 일본이 극동 아시아에서 미국의 이익과 위신을 손상시키고 무너뜨리면서도 어떻게 미국의 대중 여론을 마음대로 휘어잡고 주무르는지를 잘 보여주는 예이다.

재팬 애드버타이저(Japan Advertiser)는 미국 본토를 제외한 해외에서 미국인이 소유하고 있는 가장 권위있는 일간지이다. 코노에 후미마로(近衛文麿) 내각은 1940년 10월 10일에 이 신문에 대해서 폐간 명령을 내렸다. 이 신문사를 일본의 통제하에 두려고 재팬 타임즈와 재팬 매일과 통폐합시켰다. 이 두 일본 신문사는 이미 일본정부의 대변기관에 불과했다. 1910년부터 이 신문사의 소유주인 필라델피아 출신의 프레이셔(B. W. Fleisher) 씨는 향년 70세의 노신사이다.

이 무렵 한국에서도 비슷한 일이 벌어졌는데 한국인이 소유주이고 한국인에 의해서 운영되는 최대 일간지인 동아일보 신문사도 비슷한 운명에 처하게 되었다.

프레이셔 씨도 많은 다른 미국 사람들처럼 자기 생애의 대부분을 일본에서 보냈으며, 미국과 일본의 우호 증진과 태평양의 평화를 발전시키고 영속시키겠다는 신념으로 살아온 사람이다. 그러나 이제 와서 프레이셔 씨뿐만 아니라 그런 확신과 신념으로 살아온 많은 사람들은 자기들의 수고가 단지 대일본제국을 강하게 만드는 일에 기여했다는 사실을 깨닫고 자괴감을 느끼게 된 것이다.

사실상 그는 미-일 친선협회를 만든 창립멤버 중 한 사람으로서, 지난 20여 년 동안 양국의 우호와 친목을 위해서 헌신했던 사람이다. 그는 일본 내에서 친일파로 불릴 정도로 일본에 호의적이었고, 그가 운영하는 신문사는 다른 유명한 영자 신문인 재팬 크로니클(Japan Chronicle)과는 달리 오랜 세월 동안 친일 성향의 신문으로 알려졌었다. 그러나 이제 일본은 더 이상 그를 필요로 하지 않게 되었으므로 비참하게 내쫓아 버린 것이다.

이러한 일과 관련하여 여기서 나는 재팬 애드버타이저의 편집국장으로 여러 해를 일했던 매더슨(R. O. Matheson) 씨에 관하여 몇 가지를 언급하려고 한다.

세계 1차 대전이 끝난 다음 동경 애드버타이저의 주필로 초청받기 전, 그는 호놀룰루 애드버타이저(Honolulu Advertiser)의 편집국장으로 일했었다. 그는 성격이 아주 원만한 호인이었으며 여러 민족이 어울려 사는 하와이에서 모든 민족을 다 가슴에 품는 폭 넓은 사상과 인격을 갖춘 사람이었다. 호놀룰루에 있을 때 그는 신문의 사설과 칼럼에서 하와이에서 내가 시작했던 한국학교와 한인교회에 대해서 특별한 관심을 가져 주었다. 그는 그 지역에 있던 작은 한인 공동체에 연민의 정을 가지고 있었다. 거기서 한인 공동체는 작은 모임이었고 약자였는데 가끔 숫자가 많은 일본 공동체와

일본의 침략근성 - 그 실체를 밝힌다

부딪치곤 했었다. 일본 사람들은 숫자가 많았으며 가는 곳마다 작은 일본제국을 만들었고 미국 땅에서도 일본인 밀집 지역을 형성하여 소(小) 일본을 건설했다.

선구적인 미국인들 중에 특히 경제적으로 재력이 있는 사람들은 이런 일본인들을 도와 다 인종, 다 문화 공동체(Melting Pot)를 만들도록 그들을 도와주었다. 그러나 한국인들은 이 다양한 문화 공동체가 미국사람들이 기대했던 모습이 아닌 일본식으로 변질되는 것을 보면서 그 안에 속하거나 참여하는 것을 거부하기 시작했다. 따라서 하와이에 있는 한인들은 점점 외톨이가 되어갔고 아무도 돌보아 주는 사람들이 없는 잊혀진 존재로 버려지게 되었다.

그때 매더슨 씨는 무시당하는 한국인들을 위해서 기회가 있을 때마다 호의적인 발언을 하였다. 그는 한국인들이 지금은 소수이고 보잘 것 없지만 언젠가는 이들이 미국을 위해서 크게 기여할 것이라는 확신을 가졌고, 자기가 가는 곳 마다 한인들 편에서 옹호하고 지지해 주었다. 이 일, 곧, 그가 한국인들을 옹호한다는 한 가지 이유 때문에 일본은 즉각적으로 그를 비난하기 시작했다.

일본은 그를 동경으로 초청하면 그의 생각이 바뀔 것이라는 기대를 가지고 일본으로 초청하기로 작전을 세웠다. 그것이 그에게 재팬 애드버타이저의 편집 국장 자리를 제안한 것이었고 그도 이를 수락했다. 1919년 한국에서 독립을 외치는 비폭력 만세 운동이 일어나자 매더슨 씨는 신문의 칼럼을 써서 바로 미국으로 송출했다. 연재로 이어지는 생생한 보도는 사실적이고 생동감 있는 필치로 묘사되었는데 맨손에 비무장으로 그리고 평화적으로 자신들의 독립을 외쳐대는 한국인 남녀의 영웅적인 이야기와 일본 경찰과 헌병들이 총검을 휘두르며 야만적이고 무차별적인 진압 이야기가 그대로 보도되었다.

그 즈음에 나는 그에게 전보를 보냈는데 답장이 없었다. 얼마 동안의 시간이 지난 다음 은밀한 경로를 통해서 연락을 받았는데 앞으로는 어떤 편지나 전보도 자기에게 직접 보내지 말라는 내용이었다. 안타깝게도 수 년이 지난 후, 그가 일본에서 세상을 떠났다는 소식을 들었다. 그의 죽음은 나에게 큰 슬픔이었고 충격이었다.

본인은 여기에서 최근 접한 가장 크고 슬픈 비극 하나를 소개하고 이 장을 마치려 한다. 이 사연은 현대 저널리즘의 연보에도 기록된 내용이다.

로이터(Reuter) 통신사의 동경주재원이었던 멜빌 콕스(Melville J. Cox)는 1940년 7월 27일에 체포되어 55시간 동안의 고문을 견디다 못해 사망하고 말았다. 그의 죽음을 둘러싼 의혹의 전모는 그해 10월 3일 런던에서 공개되었다. 당연히 일본측 주장과 외국인들이 보는 관점 사이에는 엄청난 차이가 있을 수밖에 없었다. 일본측의 주장에 의하면, 콕스는 일본 경찰이 자기의 유죄를 증명할 자료들을 가지고 있다는 것이 밝혀지자 스스로 경찰청 건물 5층에서 뛰어내려 자살했다고 한다. 그러나 외국인들과 외신기자들은 일제가 그에게 가한 엄청난 고문으로 생긴 상처와 골절을 감추기 위해서 경찰이 그를 창 밖으로 던졌다고 주장한다. 그의 아내 역시 자기가 가진 증거들로 보아 후자의 의견에 동의한다고 말했다.

7월 27일 동경의 경찰이 그를 데리고 갈 때 그의 아내에게 설명하기를, 자기들이 몇 가지 질문을 하기 위해서 소환하는 것이고, 그에게는 아무런 혐의나 죄가 없다고 분명히 말했다. 그리고 7월 29일 아침 그의 아내는 그 전날과 마찬가지로 유치장으로 같은 시간에 조반을 가져 갔고, 오후 1시 30분에도 똑 같은 방식으로 점심 식사도 전달하였다. 그의 아내는 아침 식사와 함께 넣어 보낸 메모에 답을 적어 달라고 하고는 유치장 밖에서 기다렸다. 약 30분이 지난 후에 마구 휘갈겨서 그것이 자기 남편의 필체인지도 도무지 알 수 없는 글씨체의 답장을 받고 호텔로 돌아왔다.

콕스 부인은 호텔로 돌아오자 마자 전화 메시지가 남겨져 있는 것을 발견했는데 남편이 부상을 당했으니 경찰청으로 오라는 내용이었다. 그녀는 바로 그곳으로 달려 갔고 가는 길에 영국 대사관에 들러서 무슨 일이 있어났는지를 알렸다고 한다. 콕스 부인의 증언에는 이렇게 되어 있다.

"그들이 나를 데리고 5층으로 올라갔습니다. 그리고 나는 가엾은 남편이 딱딱한 긴 의자에 축 늘어져 누워 있는 무시무시한 광경을 목격했습니다. 그의 다리는 쭉 뻗어 있었고 그의 온 몸은 상처와 피멍으로 부풀어져 있었습니다. 두 다리와 양 팔은 힘없이 흐느적거렸고 척추도 부러진 상태였으며 얼굴과 양 손은 보라색이었습니다. 오른 쪽 눈은 감겨져 있었고 두개골과 턱뼈는 부서져 있었습니다. 나는 그의 몸에서 35군데 이상의 주사 자국이 있는 것을 헤아릴 수 있었습니다. 그런데 그 옆에 있는 경찰들은 히죽거리며 비웃고 있었습니다."

보도된 기사에는 콕스의 다음과 같은 절규가 실려 있었다.

"이 지옥에나 갈 놈들아, 나를 그냥 가게 내버려 둬! 제발 나를 내 보내 줘!"

콕스 부인은 계속해서 이렇게 말을 이어갔다.

"내 남편 지미(Jimmy)는 순교자입니다. 한참 시간이 지난 후, 나는 그를 편안하게 해 주고 싶어서 베개를 달라고 했더니, 거기에는 딱딱한 일본식 목침만이 있을 뿐이었습니다."

그녀가 다른 것을 달라고 하자 일본 경찰은 옷이 가득 담긴 두 개의 가방을 가져다 주었는데, 그 안에는 바로 자기가 남편에게 보낸 옷들이 가득 담겨 있었다. 결국 자기가 보낸 옷들이 하나도 남편에게는 전달되지 않았던 것이다.

콕스는 자기 아내의 팔에 안겨 잠들었다. 그녀는 콕스가 치명적인 상처를 입은 시간이 경찰들이 말하는 12시 30분 경이 아니라 오전 10시-11시 사이이고, 남편이 완전히 죽은 사실이 확인되자 자기에게 전화한 것이라고 확신한다. 부인은 그들이 조작한 대로 '내가 경찰청을 떠난 시간과 호텔로 전화해서 내게 오라고 전화한 그 시간에 그들이 내 남편을 5층으로 끌어올려서 씻기고 붕대로 감는 것은 불가능하였기 때문이었다'고 증언한다.

콕스 부인은 자기도 창문으로 뛰어내리겠다고 협박하면서 자기에게 남편이 수감되어 지냈던 지하 감방을 보여 달라고 요구했다. 감방은 작고 어둡고 불결했으며 습기가 차서 축축했다. 사람이 일어 설 수도 없을 정도로 천정도 낮았다. 출입구는 1미터 남짓한 문 하나뿐이었으며 감방 안에는 긴 나무 의자 하나밖에 없었다.

콕스가 죽고 나서 경찰은 그의 죄를 입증할 증거들은 가지고 있다고 말은 했지만, 그의 죄목을 공개하지도 않았고 고발하지도 못했다.

이런 비슷한 이야기들이 한국인들 사이에도 무수히 일어났다. 수 많은 신문 기자들 혹은 다른 인생의 길을 걸어 온 사람들이 고문으로 희생되거나 추악한 죄목으로 희생당하여 흔적도 없이 행방 불명되었다. 아직까지도 그 이유도 영문도 모른 채, 자기들의 슬픔이나 아픔 조차도 다른 사람들에게 알리지 못하고 살아가는 사람들이 부지기수로 많이 있다.

맹목적일 정도로 일본에 대해서 항상 호의를 보였던 영국 사람들이 자기들의 친구라고 생각했던 바로 그 일본 사람들의 손에 의해서 자기나라 국민이 그렇게 비참하게 죽었다는 사실을 알았다면 참으로 어처구니 없는 일이 아닐까? 아직도 미국 사람들 가운데는 그렇게 야비하고 공격적인 야욕으로 가득 찬 일본과 우호관계를 맺는 것이 태평양의 평화를 유지하는 길이라고 믿는 사람들이 있다. 참으로 슬픈 일이다.

6

서 양 선 교 사 들

외신 기자 다음으로 일본이 탐탁하지 않게 여기는 존재는 바로 외국 선교사들이었다. 선교사들의 관심과 사명은 영혼 구원에 있다. 만약 중국에 있는 선교사들이 참으로 자기들의 선교 사명을 완수하기 원한다면, 중국인들의 영적인 문제만 신경 쓰면 된다. 대부분의 다른 외국인들은 이 나라에서 사업상 챙길 이익이 없어지거나 자기들이 추구하던 즐거움을 얻지 못하면 바로 짐을 싸고 그 나라를 떠나지만, 선교사들은 자국에서 보내 주는 선교비를 가지고, 때로는 생명의 위협을 감수하면서도 선교사의 사명을 감당하려고 남아서 사역을 수행한다.

선교사들이 계속하여 중국 땅에 남아 있다는 사실은 다음과 같은 이유로 일본에게는 못마땅한 일이었다.

첫째, 현지인들은 선교사들을 일본 사람들보다 더 훌륭한 사람들로 우러러본다는 사실이다. 일본인들은 늘 자기들이 세상에서 가장 우수한 민족이라고 생각해 왔기 때문에 이 점을 탐탁하게 여기지 않았다. 선교사들이 머물고 있으면 당연히 현지인들은 선교사들을 찾아가서 그들에게 영적인 지도와 도덕적인 가르침을 받으려 할 것이다.

중국인들은 일본 사람들을 절대로 존중하거나 일본에게 복종하지 않는다. 일본인들은 상전은 오직 한 사람뿐이라고 가르쳤고, 그 한 사람의 상전은 바로 자기들 일본 사람이어야 한다고 생각했다. 그래서 30여 년 전, 한국에서도 일본은 선교사들에게 두 가지 중에 하나를 선택하라고 강요했다.

"신사에 절하고 여기 있든지. 절하지 않으려거든 당장 한국 땅을 떠나라."

일본은 한국에서 신사참배를 공개적으로 강요하면 분명히 기독교를 박해한다는 비난을 받을 줄 알고 있었다. 신사참배 강요는 가장 문명화된 나라인 대일본제국의 명예를 손상시킬 것이 분명한데 구태여 그런 위험을 감수할 필요가 있을까? 그래서 그들은 떳떳하지 못한 비열한 방법이기는 하지만 신사참배가 죽은 사람을 추모하는 의식이라고 주장하였다. 그래서 선교사들에게 온갖 방법과 수단을 총동원하여 모욕과 차별을 주었고 때로는 육체적 테러까지도 서슴치 않았다.

둘째, 선교사들은 중국 땅에 살면서 많은 곳을 돌아 다니며 선교 활동을 했다. 선교사들은 가는 곳 마다 일본 사람들이 한 짓들을 목격했던 증인들이다. 그들은 천성적으로 중국인들에 대해서 동정적이었고 그들의 편에 서 있는 사람들이다. 선교사들은 일본 군대가 중국인들을 굴복시키고 복종하게 만들려고 저지르는 악행과 잔인한 군사 행동에 대해서 책망했다. 선교사들은 자기들을 파송한 본국의 선교본부에 자기들이 본 바를 그대로 보고했고, 일본이 저지른 온갖 야만적인 만행들을 닥치는대로 사진으로 찍어 보냈다. 일본의 입장에서 보면 그들이야말로 해외의 여론과 정서를 휘저어 흐려놓는 반일적인 사람들이었다.

모든 군국주의자들이 다 그러하듯이 일제도 피지배자들의 저항을 잠재우는 최고의 방법으로는 고문 방화 대량학살과 같은 방법 외에는 다른 도리가 없다는 사실을 잘 알고 있었다. 이런 일들이 자행되는 현장에 외국인들이 있다는 것은 용납될 수 없으며, 따라서 선교사들은 이 나라에서 완전히 쫓아버려야만 한다.

셋째, 서구의 민주주의 사상은 미카도 정신, 즉, 천황주의을 따르는 사람들에게는 독약이었다. 선교사들은 정의를 가르치고, 폭력은 궁극적인 승리가 될 수 없으며, 불의와 부정은 그 행위대로 정죄를 받는다고 설교한다. 민주주의 국가들에서는 사람들이 자유를 수호하기 위해서 자기들의 목숨까지도 바친다고 가르친다. 이런 가르침이 사무라이 정신을 따르는 일본 사람들에게는 도저히 용납될 수 없는 것이다.

넷째, 선교사들이 전하는 종교적 가르침은 일본의 전통 종교인 불교나 신도와도 상충된다. 모든 인류는 미카도 신전을 향하여 절하고 경의를 표해야 하는데, 그 이유는 일본의 황제는 하느님의 직계 후손이기 때문이다. 그러나 크리스천들은 신사 참배를 거부하며 그 앞에 고개도 숙이지 않는다. 일제는 일본과 한국에 있는 선교사들과 그들의 가르침을 따르는 크리스천들에게 천황의 초상이 있는 신사에 나아와 경의를 표하도록 하기 위해서 많은 곤란을 겪은 바 있었다. 비록 일부의 신자들이 참배를 하기는 했지만 그들은 강요에 못 이겨 억지로 했을 뿐이었다. 일본의 판단으로는, 문제의 근본은 기독교 선교사들에게 있는 게 자명함으로 일본은 선교사들에게 중국 땅에서 떠나야 한다고 하는 것이다.

30년 전 한국에서 이런 정책을 강행했을 때 일제가 깨달은 것은, 이런 정책은 서서히 추진해야 한다는 사실이었다. 그렇지만 지금 중국에서야 그들이 염려하는 것이 무엇인가? 일본 제국의 강력한 군사력을 전 세계에 증명해 보이려는 그들이 아닌가 말이다. 그러므로 일제는 중국에 있는 선교사들에게는 한국에서 선교사들이 당했던 것 보다 훨씬 더 심한 고통을 주려고 작정했던 것이다. 이러한 일련의 여러 사건들 중에서 몇 개만 들추어 보아도 일제의 의도를 명확히 감지할 수 있다.

문명화된 세계에서는 전시 중에도 학교에서 배우는 일이나 예배를 드리는 행위에 대해서는 100%까지는 아니더라도 가급적 지속할 수 있도록 배려해 주는 법이다. 문명화된 나라들은 적어도 이런 기본적인 권리를 법으로 명시하여 보장하는 것이 상식이며 동시에 이것은 인간의 본능에 대한 배려라고 말할 수도 있다. 그러나 일제 침략자들은 이런 제도를 경멸할 뿐만 아니라 오히려 이런 학교와 교회들을 폭격의 표적으로 삼았다. 일본 군대가 어떤 도시를 점령하면 군인들에게는 로마의 휴일, 즉, 해방이 선포되고 원하는 대로 약탈하고 강간할 수 있는 자유가 날자 별로 허락되었다. 점령군은 무슨 짓이든지 자기들의 본능이 하고 싶은 짓을 마음대로 할 수 있었다.

그런데 어떤 특별 부대는 약탈을 하되 박물관이나 도서관 혹은 미술관과 같은 특정한 건물에 들어가서 고대 문명의 유물들과 예술 작품들, 과학 지식의 보고들을 약탈하도록 특별한 명령을 부여받았다. 그들에게는 문화재나 유물들을 어떻게 노략질하여 일본으로 가져가는지에 대한 구체적인 계획과 방법이 하달 되었으니, 그렇게 해서 동경을 동양 문화와 문명의 중심지로 만들려는 계획이었다. 세계 최초로 이렇게 국제 전리품의 약탈을 구조화하고 체계화 한 나라가 일본이었는데, 그들은 1905년 한국을 침략하여 수도 서울을 점령한 직후, 이러한 해괴한 기관을 만들어서 극동에서 두 곳뿐인 가장 유명하고 오래된 도서관인 규장각(奎章閣)을 샅샅이 뒤져서 희귀본과 고문서와 자료들을 모두 일본으로 훔쳐간 전력이 있다.

그 후에는 대규모의 군대를 급파했는데 군인들은 단검을 총끝에 꽂고 탄약이 장착된 소총으로 무장하고 송도 근처에 있는 풍덕사로 진입하여서 한국에서 가장 크고 오래된 두개의 석탑을 분해하여 그것들을 전부 일본으로 가져갔다. 이런 짓들과 관련하여서 여기 미국에 살고 있는 일본인들도 그와 비슷한 생각을 가지고 있으며 그런 짓을 서슴없이 하고 있다는 사실을 알게 되면 아마도 독자들은 깜짝 놀랄 것이다.

일본 사람들은 수단과 방법을 가리지 않고, 그것이 합법적이든 불법이든 상관하지 않고 자기 나라에 이익이 되는 행동은 무슨 짓이나 감행한다. 일제는 유구한 역사를 자랑하는 문화 유물을 파괴하고 약탈하는 짓 뿐만 아니라, 수 천년 역사를 지닌 한국의 문화와 문명을 짓밟는 일을 지속적으로 감행해 왔다. 그들의 만행은 여기에서 멈추지 않았고, 정확하게 기록된 역사 자료와 기록 문서들을 조직적으로 찾아내 그 자료들을 분쇄해 버리거나 없애 버렸다. 그래서 일본의 업적을 높이고 드러내기 위해서 한국 역사를 짜깁기하여 자기들에게 유리하도록 만들기까지 하였다.

한국 사람들은 일본이 어떻게 역사를 왜곡시키는지를 이미 잘 알고 있다. 일본은 한국보다 2,000년 늦게 세워진 나라라는 것이 학계에 알려진 정설임에도 불구하고, 일본이 만든 새로운 한국 역사서에는 한국의 시조가 일본의 황제(神武天皇)의 동생이라고 가르치며, 역사적으로 한국은 여러 차례 일본의 지배를 받은 속국이었다고 왜곡하고 있다.

일본은 태양의 여신 혹은 달의 여신의 후손들이 바로 자기들이라는 허황된 사실을 온 세상에 알리기를 원하겠지만 유구한 한국의 역사와 진실을 바꿀 수는 없을 것이다.

외국 선교사들에 관한 본론으로 들어가기 전, 필자는 이와 관련이 있는 중요한 사실을 언급하지 않을 수 없다. 언젠가 한국과 중국의 연합군 앞에 일본은 무릎을 꿇는 날이 올 것이며 그 때 일본은 한국과 중국에서 훔쳐간 모든 역사 유물과 고문서와 자료들을 완전히 반환하기 전에는 어떤 평화조약에의 서명이나 휴전 선언이 있을 수 없음을 기억하게 되기 바란다.

미국 사람들이 소유했던 건물과 기관들은 모두 부숴버릴 대상으로 특별 관리되었다. 미국인의 소유였던 광동에 있는 링난(嶺南) 대학은 일본 침략자들이 대학 캠퍼스 안에 폭탄을 투하함으로 해서 학교 안의 건물들 여러 곳이 파괴되었으며 중국인 여대생이 피살되었다. 미국교회선교회(American Church Mission)가 운영하던 한커우(漢口)의 분 대학(Boone College) 캠퍼스에도 세 발의 포탄이 떨어져 건물이 부서지고 엄청난 손실을 입었다. 그 즈음에 일곱 발의 폭탄이 대학 캠퍼스 밖에 떨어졌고, 여섯 명의 피난민들이 생명을 잃었다. 어떤 포탄은 대학의 운동장에 투하되어 한 건물에 있던 난민 일곱 명이 그 자리에서 즉사하는 일도 일어났다. 이런 일련의 사건들이 모두 우연히 일어난 일이거나 우발적인 실수였다고 말 할 사람은 한 사람도 없을 것이다.

미국교회선교회의 로버츠(W. P. Roberts) 감독의 말에 의하면, 1938년 6월 초부터, 일본은 수저우(蘇州) 장수(江蘇) 양저우(揚州)와 그 밖의 여러 지역에 있는 교회와 학교들 그리고 선교사의 집들을 점령해 왔고, 그 외에도 자기 교구 내에만도 9개의 선교기관들이 파괴되었는데, 그런 일은 지금도 계속되고 있다고 한다. 뿐만 아니라 그가 공개적으로 폭로하기를, 양저우(揚州)에서는 일본인들이 고의적으로 선교 도서관에 불을 냈고, 선교사들이 강하게 반대하고 저항했음에도 불구하고 침례병원을 강제로 빼앗아 군인병원으로 바꾸어 버렸다는 것이다.

차페이(茶沛)에 있는 침례선교회 건물은 약 25만 달러의 가치가 있는 훌륭한 건물이었는데 계속되는 폭격과 총격으로 거의 다 무너져 버렸다. 아직 쓸만한 건물들은 일본이 점유하였는데 어떤 건물은 마구간으로 사용하고, 또 다른 건물은 병사들의 숙소나 군수품 창고로 전용해 버렸다. 이런 일들은 다른 도시들에서도 계속 일어나고 있다.

무창(武昌)에서는 일본 군인들이 병원 담을 넘어서 중국 난민 여성들을 겁탈했다. 이런 몰상식한 짓을 목격한 사람들이 부대 본부에 몰려가서 항의했더니, 장교란 사람이 씩 웃으면서 그들에게 집으로 돌아가서 입을 다물고 조용히 하라고 엄포를 놓았다.

일본군들은 점령 지역 안에 있는 건물들과 선교부 재산들을 점거할 때는 군사목적상 필요하다고 했고, 항상 잠시 동안만 점유하고 돌려 줄 것이라는 점을 강조하곤 하였다. 그리고 언제까지 머물 것이냐고 물으면 항상 그들은 군사적인 작전이 끝나면 즉각 건물의 원래 소유주에게 돌려 줄 것이라는 대답으로 둘러댔다. 그러나 그런 일은 기대할 수 없었고 더 강력한 권력이 나타나 쫓아내기 전에는 결코 그들 스스로 나가는 법이 없었다. 미국 영사관과 국무성이 강하게 항의했고 영국 외교관들도 이 항의에 동참했으나, 권력을 쥐고 있던 일본군부는 거만하게 이런 항의에 아랑곳하지 않고 일본이 현재 관할하고 있는 지역의 여건과 상황이 허락될 때까지 외국인들에게 개방하는 일은 불가능하다고 대답 할 뿐이었다.

메리놀(Maryknoll) 선교회에 속한 선교사이며 펜실베니아 주 이어리(Erie) 출신인 다운스 신부(Father Downs)는 1938년 7월 어느 날 홍콩의 자기 집에서 일상적인 일들을 하고 있었다. 그날 약 두 시간 동안에 49발의 포탄이 민간인들이 살고 있는 홍콩의 거주지 하늘 위로 비 오듯이 쏟아졌다. 그는 이 폭격에도 개의치 않고 선교사로서 자기의 일상적인 일들을 계속하고 있었는데, 갑자기 포탄의 파편들이 자기 집 벽에 떨어지면서 순식간에 집 전체가 무너졌다. 다행히 그는 큰 상처를 입지 않고 기적적으로 살아나기는 했지만 탈출해서 부둣가로 달려가 거기서 의식을 잃고 말았다. 한참 후에 그는 친절한 사람에 의해 발견되어 미 해군함 사크라멘토(Sacramento) 호로 보내졌다.

파오팅후(保定府)에서 일하던 두 미국인 오파 걸드(Orpha Gould)와 로잘린 린커(Rosalin Rinker)는 일본이 중국을 침공할 때 가장 피비린내 나는 살육이 벌어진 곳이 바로 그곳이었다고 증언한다. 그들이 폭우가 몰아치는 가운데 60마일 떨어진 라위안(蠟苑)에서부터 엿새 동안을 걸어서 파오팅후에 도착한 때는 바로 전쟁이 터지기 전날 밤이었다. 이동 중에 기관총으로 무장한 일본 폭격기를 3차례나 만났는데 그들은 그때마다 목화밭으로 콩밭으로 숨

일본의 침략근성 - 그 실체를 밝힌다

고 피하여 기적적으로 목숨을 부지할 수 있었다. 그들은 가장 처참한 전쟁의 실상을 목격한 증인들이다. 평화롭게 살던 시민들은 남녀노소 할 것 없이 무차별 사살되고 도시 전체는 일본 군인들에 의해서 약탈되고 수많은 부녀자들이 강간 당하고 있었지만, 일본군 장교들은 태연스럽게 그 모습을 바라만 보고 있었다.

1938년 6월 18일 산퉁(山東)의 핑투에 있던 미 남침례교선교회 건물은 폭격을 당했다. 그 중에서 학교 건물은 엄청나게 부서졌고 여러 명의 중국인들도 죽었다. 일본군이 그곳을 폭격할 때 학교에는 여섯 개의 큰 성조기가 펄럭이고 있었다.

한커우(漢口) 외곽지역의 키오상(膠山)에 있던 루터교 선교병원도 폭격을 당했다. 그때 병원 건물에는 열두 개의 대형 성조기가 걸려 있었는데 이 깃발들은 10마일 밖에서도 보일 정도로 큰 것들이었다.

일본의 폭격은 창저우(滄州)에 있는 남 침례교 건물에도 세 차례나 가해졌는데, 그때 선교병원에 입원해 있던 중국인 환자 네 명이 중상을 입었다. 그 병원의 지붕에는 U. S. A.라고 쓰여진 큰 글씨와 함께 12터나 되는 거대한 성조기가 그려져 있었을 뿐만 아니라, 큰 성조기가 병원 구내에도 게양되어 있었다.

1938년 1월 19일에 홍청(紅靑)에 있는 뉴질랜드 장로교회병원의 구내에도 일본은 여러 발의 포탄을 떨어뜨렸다. 그 중에 포탄 하나는 정확히 우물 속으로 떨어졌고, 깊은 우물 바닥에서 폭발하여 건물과 주택들이 흔들리기는 했지만 심각한 피해는 없었다.

1938년 2월 3일 상하이(上海)에 있던 미국 남감리교에 소속된 무어 기념교회의 앞마당에는 소화탄이 떨어졌다. 이 사건이 특별히 중요하고 민감했던 이유는 그곳이 외국인의 영토로 간주되는 외국인들의 전용 거주지역 안에 있었기 때문이다.

　　일본 침략자들은 자기들이 지상의 건물들을 폭격할 때 외국 선교회 건물들만 피해서 폭격한다는 것은 불가능한 일이라고 당당하게 말하며 오히려 자기들의 폭격을 뻔뻔스럽게 정당화시키기까지 했다.

　　위의 여러 사례에서 보았듯이 어떤 주장이나 항의도 받아들여지지 않았다. 폭격을 가한 일본 군인들은 상부의 명령을 따랐을 뿐이라고 대답했고, 더 나아가서는 폭격을 하는 동안 통쾌해 하고 그것을 즐기는 듯한 모습까지도 역력했다.

　　1938년 5월 일본 전투기들은 카이펑(開封)에 있는 이태리 가톨릭 선교회를 다섯 차례나 폭격했는데, 선교회 예배당이 완전히 무너질 때까지 일본기들의 폭격은 계속되었다. 그 주변에는 군사 시설이 전혀 없었으며 그날은 날씨도 맑아서 수 마일 떨어진 거리에서도 교회당 꼭대기에 걸려 있던 15미터 크기의 대형 이태리 국기를 볼 수 있었으며 선교회 밖에도 세 개의 게양대에 이태리 국기가 휘날리고 있었다.

　　다른 곳에 있던 여러 교회 기관들, 즉, 영국 선교회와 캐나다 선교회들도 비슷한 일을 겪었는데, 선교회 건물들에 영연방을 상징하는 영국 국기가 걸려 있었음에도 불구하고 아무런 경고도 없이 여러 차례 반복적으로 폭격을 당했다.

안식교 선교사였던 앤드슨(J. P. Anderson)의 자동차는 외이저우(惠州)로 가던 중, 한낮에 대로 위에서 자동화기의 총알 세례를 받았다. 이것은 완전히 계획적이고 의도된 공격이 아니고서는 도저히 있을 수 없는 일이었다.

그 중에서도 일제 침략자들이 저지른 가장 극악무도하고 야만적인 외국 선교회에 대한 범죄행위는 아홉 명의 가톨릭 선교사들을 죽인 학살 사건이다.

일본군 장교가 가톨릭 선교회의 책임 주교를 찾아 와서 자기가 선교회의 입구에 경고문을 한 장 붙였다고 알려 주었다. 그 경고문의 내용은, 자기 부하들에게 이 선교회와 여기에 속한 사람들은 괴롭히지 말고 잘 보호해 주어야 한다는 내용이라고 설명해 주었다. 그러나 그 이후 벌어진 일련의 사건들을 되짚어보면 안전을 보장한다는 표시로 여겨졌던 그 공고문은 오히려 선교회의 위치를 알리는 표시로 악용되었고 학살을 지시하는 표식이 되었다.

바로 그 다음 날 밤 군복을 입지 않은 십 여명의 군인들이 선교회로 들이닥쳤다. 그 때 선교사들은 저녁 식사 중이었다. 군인들은 선교사들을 모두 밖으로 내쫓고 손을 꽁꽁 묶었으며 눈을 가리고 군용 트럭에 태워서 군인 화장터로 끌고 갔다. 그리고 그 후 그들에게 무슨 일이 일어났는지 아는 사람은 지금까지 단 한 사람도 없다.

그로부터 한참 시간이 지난 후에 발표된 중국의 자료에 의하면, 그 무고한 선교사들은 총검에 찔려 죽었고 그들의 시신은 모두 태워져 한줌의 재로 변했다고 한다. 그들에게 죄가 있었다면 중국을 사랑한 잘못뿐이었다. 이 이야기가 중국 전역에 퍼져 나가자 모든 외국인들은 두려움과 공포에 떨 수밖에 없었다.

샹시(山西) 지방의 타이위엔(太原)에서 선교활동을 하던 오순절교회 선교사 레오나르드(Leonard)에 관한 일을 아는 사람은 아무도 없다. 그는 중년의 나이에 약간 다리를 저는 장애자였는데 어느 날 갑자기 아무도 모르게 사라져 버렸다. 그의 아내는 너무나 큰 충격에 빠져서 정신을 잃어버렸고 무슨 일이 일어났는지 일관성이 없이 횡설수설할 뿐이었다. 그녀는 방에 홀로 남겨진 상태로 발견되었는데 방바닥에 쓰러진 채 의식이 없는 상태였다. 그녀의 단편적이고 앞뒤가 맞지도 않고 연결되지도 않는 증언들을 종합해 보면, 그녀의 남편은 밤에 침대에서 끌려 나와 조롱을 당하고 손발을 묶인 채로 피를 철철 흘리며 어디론가 끌려갔다는 것이다. 그 후에 무슨 일이 있었는지는 오직 그를 데리고 간 일본 군인들만 알고 있을 것이다.

저저우(折州)에 있는 미국 보드 미션(American Board Mission)이 운영하는 병원에서는 부상당한 많은 중국 사람들이 있었다. 1937년 12월 5일에 일본 군대가 그 중에서 다섯 명을 다른 곳으로 데리고 가려고 했다. 그러나 병원 측은 인도적인 입장에서 그 환자들의 건강 상태가 극히 나빠서 이동하는 중에 생명을 잃을 수도 있음으로 그렇게 할 수 없다고 설명하고, 꼭 이송하고 싶으면 적절한 절차를 밟아달라고 요구했다. 며칠이 지난 후 일본 군인들이 강제로 병원으로 들이닥쳐 그 환자들을 데리고 나갔다. 이런 일은 그 동안 일어난 수백 사건 중의 단 몇개의 사례에 불과할 따름이다.

미국인들은 전쟁을 원하지 않는다. 그러나 일본의 육군과 해군은 전쟁이 터지기를 바란다. 왜냐하면 그들은 오직 전쟁을 통해서만 자기들이 극동 아시아에서 가장 강력한 민족임을 증명할 수 있고, 이를 통해서만 자기들의 목적을 성취할 수 있다고 믿기 때문이다. 약탈 강간 폭력과 같은 테러 전술을 통해서 자기들의 정복 야욕을 성취할 수 있으며, 이것은 마치 미국 사람들이 운동경기를 즐기며 관람하듯이 일본은 이런 만행을 즐긴다. 처음에는 일본인들이 중국 사람들을 죽이는 것을 즐겨하는 것처럼 보였다. 그러나 얼마 지나지 않아서 중국 사람들만 죽이는 것에 싫증이 나자 자기들의 총부리를 백인들에게로 돌렸다. 일본군들은 백인들을 죽이거나 혹은 죽이지는 않는다 하더라도 그들이 공포에 벌벌 떠는 모습을 보면서 즐거워 한다.

버몬트주 벌링턴(Burlington) 출신의 대학 교수 브라우넬(H. G. Brownell)의 이야기는 이런 사실을 잘 대변해주는 하나의 예이다. 그는 링난(嶺南) 대학의 주임 교수였는데, 1938년 12월 1일, 그 대학 안에 세워진 일본군의 초소를 호기심이 동하여 자세히 살펴보았다. 그러자 군인 한명이 마치 오락 사격을 하듯이 교수의 머리 위로 총탄을 발사하였다. 그는 깜짝 놀라 기겁을 했고 일본 군인들은 그 모습이 우스꽝스럽다는 듯이 깔깔대며 웃어댔다.

그들의 희롱과 모욕에 화가 잔뜩 난 브라우넬 교수는 일본군 장교에게 항의했다. 그는 적어도 장교가 그 병사에 대해서 조사를 지시하든지 아니면 그런 모욕적인 짓을 범한 것에 대해서 정중한 사과를 할 것으로 기대하였다. 장교는 그때 저 반대편에 중국 군이 있어서 병사가 그 중국군을 보고 발사한 것이라고 기가 막힌 변명을 늘어 놓았다. 이런 수준의 인간들에게 무슨 말을 더 하겠는가! 교수는 스스로 아무 말도 할 수 없어 입을 다물 수밖에 없었다.

다른 주제로 화제를 돌리기 전, 일본이 한국에서 선교사들에게 어떤 정책을 폈는지를 간단히 살펴보기로 하자. 지난 과거를 돌아보는 것은 미래를 준비하는데 중요하고 도움이 되기 때문이다. 일본이 한국과의 약속을 저버리고 그 이전에 맺었던 동맹과 조약을 깨어 부수고 한국을 합병했을 때, 그 때의 일본은 미국이나 영국의 의견을 정면으로 반대할 만큼 강한 나라가 아니었다. 만약 미국과 영국이 일본의 등 뒤에 버티고 서서 그렇게 하지 말라고 강하게 반대했었더라면 결코 일본이 그런 짓들을 강행하지 못했을 것이다.

그러나 현재의 일본은 서구 강대국들의 물질적 정신적 도움으로 강대국의 반열에 서게 되었지만, 이제는 서구에 대해서 정면으로 반대하고 대결할 준비가 되었다고 생각한다. 미국과 영국은 이처럼 배은망덕한 일본을 초기에 바로 잡았더라면 아무런 어려움 없이 통제 할 수 있었을 텐데 이제는 때를 놓쳐버렸다. 그 때 미국이나 영국은 일본이 어떤 나라인지를 잘 몰랐던 것도 사실이다. 지금 그들이 일본을 더 잘 알게 되었고 그렇게 하지 못하도록 중단시키고 싶지만 이제는 그렇게 말하는 것조차 두려운 상황이 되고 말았다. 자칫 그런 요구가 전면적인 전쟁으로 확대될 수 있기 때문이다. 그러므로 이제는 가급적 충돌을 피하고 시간을 끌면서 잘 되기만 바랄 뿐이다. 그러나 이렇게 계속 간다면 결국 일본의 간을 더 크게 만들 것이고, 일본은 스스로 자기들이 천하무적이라는 생각을 하게 될 것이다.

일본이 한국에서 외국 선교사들의 문제를 해결할 때, 그들은 서양 제국들이 아무런 의심을 하지 않도록 아주 부드럽고 조용히 그리고 천천히 속도와 시간을 조절하며 문제에 접근했다. 최근에 중국에 있는 선교사들에게 하듯이 강압적인 방법으로 크리스천들을 공격하지 않고 오히려 환심을 사려고 노력했던 것이다.

일본에 절반은 공적이고 절반은 정치 조직과 같은 종교적 위장 단체가 있었는데 소위 '회중 교회'라고 불리는 조직이다. 이 조직은 선교사라고 불리는 가짜들을 한국으로 파송하였다. 그들과 함께 불교의 승려와 신도(神道)의 신관(神官)도 한국으로 파견하였다. 그들의 목적은 한국의 크리스천들을 개종시키고 미국 선교사들과의 연결을 끊어버리는 것이었다. 그들은 대형 교회와 대형 불교 사원을 짓고 일본 YMCA와 YMBA(Young Men's Buddhist Association) 빌딩을 세우고 한국의 크리스천들을 설득시켜서 일본 정부가 더 많은 것들을 도와 주겠노라고 유혹했다.

그러나 일본은 한국 사람들이 좀처럼 그런 거짓에 속지 않고 쉽게 개종하지도 않는다는 사실을 곧 알게 되었다. 아주 적은 수의 사람들만이 정치적 혹은 경제적인 이유로 변절한 사람들이 있었을 뿐이다. 대부분의 한국인 크리스천들은 정치적인 차별과 종교적인 박해에도 불구하고 자기들의 신앙을 지켜나갔다. 모든 교파와 교단에 속한 교회 지도자들은 일본이 교묘하게 감춘 동기와 그들의 목적을 환히 들여다보고 있었으며, 그들과는 어떤 협력도 하지 않을 것임을 확실히 하였다.

1911년 이른 봄, 전 일본 그리스도 교회와 YMCA는 연합하여 한국의 저명한 교회 지도자들을 일본에 친선 방문하도록 공식적으로 초청했다. 초청자의 명단에는 필자 본인의 이름도 포함되어 있었다. 명단에 이름이 있는 사람들은 은밀히 그 초청을 수락하라는 설득을 받았다. 친선의 목적으로 초청한 일본 크리스천들의 호의에 감사를 표하고 수락하는 것이 바람직하지, 만약 거절한다면 일본은 오히려 상대방에 대해서 의혹을 갖게 될 것이라는 분위기였다.

아무튼 대부분의 사람들은 초청에 응하는 것이 낫겠다고 생각했고 형편이 가능한 사람들은 모두 일본으로 향했다. 본인은 일본으로 가지 않은 몇몇 사람 가운데 한 명이었다. 방문단이 모두 출발하고 나는 집에 남아 있었는데 일본 경찰은 아무런 이유도 없이 내가 가지 않은 것에 분개했다. 내가 외출하고 없을 때 그들은 우리 집으로 전화를 해서 왜 내가 일본에 가지 않았는지, 그 이유가 무엇인지를 따져 물었다고 한다. 내 비서가 대답하기를 '영감님(아버님)

이 편찮으셔서 이 박사가 자리를 비울 수 없다'고 설명했다. 가친께서 위중하셔서 본인이 외유할 수 없었던 것이 사실이었고, 그렇지 않다 하더라도 나는 가지 않기로 마음을 정했었다.

한국 기독교계의 저명한 인사들과 전국 YMCA의 지도자들이 대부분 참석한 방문단은 일본에 도착했다. 첫 도착 시간부터 마지막 떠나는 순간까지 그들은 아름다운 경치 관광, 유명한 사찰과 신사 방문, 오래된 유적지와 현대식 건물들을 둘러 보며 즐거운 시간을 가졌고. 그들이 참석한 만찬과 연회 등, 공적인 모임 때마다 신문 기자들이 다가와서 인사하며 그들과 인터뷰를 했다고 한다. 그리고는 그 다음날 신문에 인터뷰 기사가 나왔는데, 아무개 목사, 아무개 박사, 아무개 님이라는 이름을 인용하면서, 그들은 한 목소리로 일본이 위대한 나라이며 한국은 일본의 지배하에 있는 것이 더 낫다는 주장을 했다는 내용의 각색되고 편집된 기사가 보도되었다.

이런 방법으로 일제는 한국 사람들로 하여금, 일본제국주의가 이 지구상에서 가장 위대하고 강력한 국가임을 선전하는데 동원하고, 그리하여 다시는 한국이 일본으로부터 독립하겠다는 꿈을 갖지 못하도록 세뇌하는데 이용하려 했다.

뿐만 아니라 일본은 한국 교회 지도자들의 비리를 한국 교회에 공개함으로 해서 그들에 대한 교인들의 신뢰가 떨어지도록 만들려는 계략도 사용하였다. 만약 한국의 크리스천들이 자기들의 교회 지도자들이 말한 인터뷰 기사를 읽는다면 한국의 독립이 절망적이라고 믿게 되고 그것은 불가능한 꿈에 지나지 않는다는 사실을 인정하기를 기대한 것이다. 그와 동시에 한국 교회의 지도자들이 일본에서 발설한 비애국적인 발언을 공개함으로 해서 그들을 깎아내리고 불신하도록 노력하였다. 이런 일이 있은 후 젊은이들이 교회를 떠나는 등 한국 교회들은 많은 어려움을 겪었다. 그러나 답답하게도 교회 지도자들은 무엇이 진실인지 변명할 수도 없었고 그 사실을 설명하고 밝힐 방법도 없었다.

어느 날 저녁 한국 교회 지도자들은 일본 수상을 포함한 여러 고위공무원들이 참석하는 연회에 초청을 받았는데, 일본 수상이 어느 분이 이상재 선생이시냐고 물었다. 그 중에 있던 사람이 대답하기를, 이상재 선생은 우리 중에서 가장 평범하고 서민적으로 생긴 분이라고 했다. 사실, 그 분이 한국 교계에서도 가장 유명한 분이셨고 미국의 크리스천들에게는 한국의 톨스토이라고 불리는 어른이었다.

그분은 젊었을 때 워싱턴 주재 한국 공사관의 초대 서기관이었으며 한국 정부의 고위 공직을 두루 역임한 분이었다. 그 분이 공직에 있을 때 대중 앞에서 보인 재치와 유머 감각은 이미 많은 사람들의 입에 회자되고 있었다. 일본 내각의 각료들은 그 분이 손님 중에 있다는 사실을 알고는 그분의 인품을 가까이에서 보고 싶어 하는 사람들이 많았다.

일본 수상도 그 분을 익히 알고 있던 터라 연회를 주관하는 사람에게, 존경하는 이상재 선생을 단상으로 모셔서 잠깐이라도 그

분의 말씀을 듣자고 제안했다. 연회의 주최측은 최상의 예의를 갖추어 이상재 선생을 소개했고 모든 참가자들은 한국에서 오신 귀한 연사의 말씀을 듣기 원한다고 하며 즉석 연설을 부탁하였다. 그러자 이상재 선생은 조용히 앞으로 나가서 바로 이렇게 말했다.

"당신네들 일본 사람들은 일본이 전 세계에서 가장 강력한 두세 나라 중에 하나라고 생각하고 그래서 일본은 무슨 일이든지 다 할 수 있다고 생각합니다. 그러나 잊지 마시기를 바랍니다. 태초부터 또 하나의 위대한 나라가 있었다는 사실 말입니다. 그 나라의 임금이 정말로 화가 난다면, 그 임금은 이 일본의 육군과 해군을 포함한 모든 군대를 한 순간에 다 부수어 버릴 수 있는 위대한 분이십니다. 그래서 만약 일본이 이 사실을 잊지 않고 기억하며, 언제나 그 강력한 힘을 가진 임금님을 기쁘시게 해드린다면, 일본은 영원히 그리고 진정으로 위대한 나라가 될 것입니다. 왕 중의 왕, 그 위대한 임금은 바로 하늘에 계신 하느님이십니다."

일본 장관들은 서로 쳐다보면서 고개를 끄떡였고 '맞는 말씀이야'하고 동의하였다. 다음날 이 연설의 내용은 일본의 모든 주요 신문들에서 보도하였고, 다시 여러 차례 많은 신문들이 앞다투어 게재하였다. 이 내용을 읽은 독자들도 역시 똑 같이 그 연설의 내용에 동의했을 것이다. 그들이 다 이렇게 이 말을 수긍했다면 일본이 한국과 중국에서 범한 나쁜 짓들에 비추어 볼 때에 그들의 행동은 자기네 나라 일본이 위대한 나라가 될 수 없다는 사실을 스스로 증명해 보인 것이 아니면 무엇이랴? 즉, 일본은 존경 받는 강대국이 되지 못할 것이라는 말에 스스로 동의한 꼴이 되고 만 셈이다. 이런 관점에서 보면 그들이 이번에 주선한 일본 여행을 통해서 한국 크리스천들을 외국 선교사와 떼어 놓고 분열시키려고 의도했던 계획과 목적은 결코 성공적이었다고 말하기는 어렵다고 본다.

이러한 실패들로 인하여 테라우치 마사타케(寺内正毅) 총독은 평화적인 문화통치를 중단하고 무단통치로 그 수단과 정책을 바꾸게 되었다. 그와 그의 하수인들은 곧이어 1911년 크리스천 음모 사건(소위, 105인 사건이라고 불린다. -역자주)이라고 알려진 저질적인 음모를 꾸미고 조작하였다.

한국의 크리스천 지도자들은 일본이 어떤 일을 꾸미고 있다는 것을 감지하고 있었다. 일본 경찰과 일제의 앞잡이 노릇을 하는 한인들이 교계 지도자 한 사람 한 사람을 철저하게 감시하며 따라붙었기 때문에 우리는 아무도 그들의 감시망을 피할 수가 없었다. 본인은 한국인 첩자, 윤평희의 이름을 지금도 기억하는데 그는 가장 악명 높은 일본의 앞잡이였다. 우리들은 그런 첩자들을 일본 놈의 사냥개들이라고 불렀는데, 이런 이름은 한국 사람들이 배신자들에게 붙여주는 호칭이었다.

그 자에게는 윤치호와 본인을 감시하도록 임무가 주어졌다. 우리는 서울 중앙 YMCA 일을 함께 하고 있었으므로 우리 두 사람을 동시에 감시하도록 임무가 주어졌던 것이다. 이런 첩자들은 온갖 악랄한 소문들을 퍼트리도록 교육을 받았는데, 가령 예를 들자면, 우리들을 지하 감방에 쳐 넣을 것이라는 소문과, 거기서 죽을 때까지 고문당하다가 비참하게 죽을 것이라는 내용 등이었다. 그런 자들은 공포감을 퍼트려서 우리가 자기들에게 항복하기를 바라며 그런 못된 소문들을 퍼트렸던 것이다.

당시에 나는 YMCA에 작은 옥탑방을 하나 가지고 있었고 때때로 거기서 자기도 했다. 어느 날 밤, 거기에서 나를 돕는 인길이라는 소년과 함께 폐기할 서류를 태우면서 필요한 자료들은 지붕 아래에 숨기는 일을 했다. 왜냐하면 일본 경찰이 내 자료 모두를 압수하려고 했기 때문이다.

그 다음날 이른 아침, 나의 아버지께서 눈물을 흘리며 YMCA 건물로 나를 찾아오셨다. 아버지는 만나는 사람들에게 이렇게 물으며 다니셨다.

"혹시 내 아들에게 무슨 일이 일어났는지 아시오? 윤평희가 말하기를 내 아들이 고문을 당해서 다리가 부러지고 거의 죽게 되었다는데……"

나를 만난 가친께서는 내가 무사한 것을 아셨고, 나의 작은 옥탑방에서 대화를 나누시면서 세상에서 가장 행복한 사람처럼 기뻐하셨다.

아마도 수 백이 넘는 사람들이 정도의 차이는 있겠지만 나와 비슷한 이런 경험들을 가지고 있었으리라 생각된다. 우리는 위험한 일들을 당했고 또 앞으로 더 극한 상황이 다가 올 수 있다고 예상하고 거기에 대비하였다. 만약 내가 몇 달 더 한국에 머물러 있었더라면, 나도 어두운 지하 감방에 던져져 거기서 살아서 나오지 못했을 것이다.

　내가 한국에 있을 때 생명의 위협을 느꼈던 기가 막힌 상황과 위태로운 위기에서 놀라운 기적의 연속으로 살아 남고 목숨을 연장하게 된 이야기들만 모아도 재미있는 한 권의 책이 되고 남을 것이다. 의심할 여지없이 그때 그때마다 보이지 않는 손길이 역사하셨다. 그리고 그런 일들이 인간적인 방법으로는 도저히 설명될 수 없다는 사실을 솔직히 고백하지 않을 수 없다. 특별히 내가 이 책을 통하여 밝히고 싶은 점은 한국 땅에서 일제의 악랄한 박해에 의해서 목숨을 잃은 수 많은 숭고한 크리스천 순교자들이 있었다는 사실이다. 그럼에도 불구하고 본인에게는 그 조국을 떠나서 이처럼 자유가 넘치는 미국으로 오는 길이 주어졌다는 사실에 대하여 감사한 마음을 가눌 길이 없다.

　그 즈음에 전국적 규모로 존경받는 대부분의 크리스천들을 검거하는 일이 벌어졌다. 일제는 그들에게 조선 총독을 암살하려는 음모를 했다는 억울한 누명을 씌워서 체포하였다. 그들은 기초적인 조사를 받을 때부터 심한 고문을 당했고 거짓 자백을 하도록 강요당했다. 진술서는 이미 일본 경찰이 만들어 놓았고 간수들은 크리스천들에게 서명만 하라고 윽박지르며 강요했다. 만약 교회들이 들고 일어나서 이들의 무죄함을 지지하며 일본 경찰이 사건을 조작했다고 강력하게 저항하지 않았더라면, 총독 암살 미수사건은 강제로 서명한 서류들이 유죄를 증명하는 증빙서류로 악용되어 역사 속에 묻혀 버렸을 것이다. 그러나 이러한 음모는 일제의 의

도대로 쉽게 조작되지 못했다. 불같이 일어나는 전체 한국 사람들의 거대한 반대여론에 부딪혀서 법원은 공개된 장소에서 다시금 재판하지 않으면 안되게 되었다.

재판을 받으면서 피고들은 자기들의 서명이 강제로 한 것이고 자의적인 것이 아님을 밝혔다. 기소된 9명은 재판도 없이 추방되었고 3명은 고문 후유증으로 죽은 것으로 밝혀졌다. 나머지 123명은 1912년 6월 28일에 재판을 위해서 서울지방법원으로 이첩되었다. 이렇게 열린 우스꽝스러운 재판에서 피고측에는 어떤 증언도 허용되지 않았으며, 판사의 최종 판결은 고문에 의해서 조작된 그 이전의 자백에 기초하여 내려졌다. 결국 9월 26일에 열린 재판에서는 126명의 피고 전원에게 각각 5년 혹은 6년 형이 선고되었다.

이로써 일제는 불굴의 의지로 믿음을 가진 강인한 정신력의 소유자들인 한국 크리스천들을 제압하는 일에 일단 성공했다고 생각했다. 그러나 그것은 그들의 착각이었으며 끝이 아닌 시작에 불과하였다. 일본은 다음과 같은 사실을 알아야만 한다. 한국 사람들로부터 존경 받는 미국인 선교사들 – 한국인들은 그들을 자기들의 수호자라고 여겼다 – 은 한 사람도 일본에 굴복하지 않고 떠났지만, 한국 사람들 중에서 그 자리를 채웠고, 그렇게 세워진 새로운 지도자들이 옛 선교사들의 자리를 메웠다. 그래서 어쩌면 지도력 이양이라는 측면에서 미국 선교사들이 떠나는 것조차 오히려 한국인들에게는 유익이 되었다.

그러자 일제는 또 다른 비밀스러운 음모를 꾸미고 있었으니,

서양 선교사들

호레스 언드우드(Horace Underwood)박사와 다른 여러 미국 선교사들을 엮어서 일본 총독 암살 음모의 공범자로 만들어 재판에 회부하려는 계획이었다. 이미 그 이전에 일본 경찰의 심문을 받다가 고문으로 죽은 사람 가운데는 미국 선교사들 중에도 총독 살해 음모에 가담했다는 거짓 자백을 강요 받았으나 끝까지 서명을 하지 않고, 오히려 죽음으로 순교했던 사람도 있었다.

미국 언론사들은 이 사건의 진실을 밝히기 위해서 적극적으로 나섰다. 여러 교단의 선교본부들은 뉴욕 동경 서울을 연결하여 이 사건에 대한 상세한 내용을 요구하였다. 미국 장로교 해외선교국 총무인 브라운 박사(Dr. Arthur J. Brown)는 '한국인 음모 사건'이라는 보고서에서 어떻게 이 사건이 조작되었는지의 전모를 밝혔고, 북경 주재 뉴욕 헤럴드(New York Herald) 특파원 올(J. K. Ohl) 기자를 한국으로 즉각 파견하여 재판을 취재하도록 한 이유를 설명했다. 올 특파원 역시 이 사건은 일본 경찰과 법정에 의해서 완전히 조작되고 날조된 것이라는 사실을 만천하에 폭로하는 글을 연재했다.

미국 남 감리교회 총무인 핀슨(W. W. Pinson) 박사도 이 사건의 실상과 진실을 밝히는 한 가지 목적을 위해서 한국으로 급파되었다. 하버드 대학의 명예총장인 엘리오트(Charles W. Elliot) 박사는 그 때 동경을 방문 중이었는데, 그는 만약 일본이 문명국에 속한다고 자부한다면 적어도 발표된 범죄 사건에 대해서 조사하는 모든 과정이 투명하도록 공개해야 하고, 또 재판절차가 수정, 보완되게

일본의 침략근성 - 그 실체를 밝힌다

더욱 발전시켜 나가야 한다고 일본에게 공개적으로 요구했다. 미국에 있는 많은 교회들은 박해 받는 한국의 크리스천들을 위한 특별 기도회를 열고 있다고 전해졌다.

이러한 일련의 사건들은 일본이 스스로 세계인들의 눈에 자기들이 선량하고 양심적인 행동을 하는 나라라는 사실을 선전하고 싶어서 안달을 하던 때였으므로, 미국 내에서 점점 편만해져 가는 반(反) 일본 정서의 분위기를 무시할 수 없는 난처한 상황으로 만들어 버렸다. 그 당시 일본은 무력을 통치의 수단으로 하는 무단통치를 채택하였던 때였지만, 이 한국인 피고들의 항소 건에 대해서는 재심을 수용하지 않을 수 없었다. 그리고 통치의 방법을 유화정책으로 즉각 수정할 필요를 느끼게 되었다. 결국 재판을 다시 하게 되었고, 그 결과 여섯 명의 가장 유명한 크리스천 지도자들을 제외한 나머지 피고들 전원에게는 석방 조치를 내렸다. 나머지 여섯 명의 피고들 중에서도 5명에게는 징역 6년을, 나머지 1명에게는 징역 5년으로 형량을 낮추어 주었다.

이것은 결국 왜 이 사람은 석방되고 저 사람은 구속되는지를 설명하지도 못하는 부끄러운 결정이었다. 뉴욕에 있는 미국 장로교 해외 선교부는 워싱턴 주재 일본 대사관에 항의서를 제출하여 그 한국 사람들에게 유죄가 내려진 이유가 무엇인지를 답하라고 독촉했다. 얼마 후, 일본 대사관에서는 반(半)공식적인 대표자를 은밀하게 장로교 선교부로 보내어 조만간 일본 정부가 그들 모두를 특별히 배려하여 무죄를 선언할 예정인데, 미국 장로교 해외 선교부에서 그들의 과오를 인정하고 사면을 요청하는 서신을 보내면 좋을 것이라고 설득하였다. 이 제안을 들은 장로교 본부는 그 자리에서 일언지하에 거절했다. 그 피고들은 새로운 천황의 즉위를 기념하는 특별 사면이 이루어질 때까지 어둡고 축축한 지하 감방에 수감되었다. 이로써 소위 한국인 크리스천 음모 사건으로 알려진 105인 사건은 종결되었다.

그러나 이것이 한국인 크리스천들에 대한 박해가 종식되었다는 말은 결코 아니다. 1919년 한국에서 만세운동이 있던 해, 모든 기독병원들은 일본의 대검과 총칼에 부상당한 사람들로 가득했다. 치료를 받는 동안에도 많은 사람들은 생사의 경계를 오가고 있었다. 문명국라고 자처하던 일본은 위독한 환자들을 병원에서도 체포하여 강제로 데려갔다. 그들을 옮긴다는 것은 곧 죽는다는 의미인데도 일제는 그런 짓을 저질렀던 것이다. 한국 사람들은 이런 사실을 뉴스 매체를 통하여 미국에 알리려고 노력했지만, 이를 보도하면 일본에 대해서 악선전으로 간주 되었다. 또 그 당시는 미국인들 중에서도 그런 보도를 반일 감정으로 여기고 올바른 사실로 믿지 않는 사람들이 많았다. 그러나 이제 세상이 많이 바뀌었고 일본의 실체가 널리 알려져서 이런 이야기들이 거짓이 아니라고 믿는 미국인들이 더 많아지게 되었다는 사실은 참으로 다행이다.

이 사건이 있은 후, 한국, 길림(吉林), 칭타오(靑島)와 시베리아 국경에 이르기까지 광범위한 지역의 수많은 크리스천들이 이유 없이 대학살을 당하고, 교회들이 불타고, 마을 전체가 파괴되는 일들이 빈번하게 일어났다. 그런 박해의 주된 이유는 전에 있었던 전국 규모의 비폭력 무저항 운동에 기독교인 외에도 전 국민, 곧 불교도, 유생들, 그리고 천도교 교인들이 참석했다는 이유였다. 그러나 유독 크리스천들이 온 나라를 대신해서 더 많은 책임을 지고 십자가에 달린 셈이다.

그 당시 일본이 범한 수많은 극악무도한 범행 가운데서도 가장 악랄하고 비인도적인 사건은 화성의 제암리 학살이다. 이 사건은 원체 악명 높았던 학살사건이었기 때문에 미국에도 전해졌다. 그러나 한국 사람들은 자기 나라에서 일어난 이 사건을 잘 알지 못한다. 왜냐하면 한국에는 이 엄청난 학살 만행에 대한 기록이나 자료들은 하나도 없었으며, 이런 대량학살을 직접 본 증인을 만나거나 접촉하는 것이 허락되지 않았기 때문이다. 또 관련자들이 모두 전멸했기 때문에 전해 줄 사람도 없었던 형편이었다.

어쩌다가 그렇게 잔인 무도하게 죽었는지 그 사건에 대해서 물으면, 그 희생자의 친지들조차도 아무런 대답을 하지 못하고, 그저 눈물을 흘리거나 고개만 절레절레 흔들 뿐이다. 그래서 죽임 당하고 파괴된 것에 대한 어떤 기록 문서도 한국 사람들은 보관할 수 없었다. 죽은 자는 말이 없고 산 사람들은 감히 입을 열어 말할 용기가 없었던 것이다.

지금 여기에 언급된 내용들은 주로 외국인들이 본 사실을 기록한 자료들을 인용한 것이다. 여기 나오는 사실들은 이미 책으로 출판되거나 보고서로 인쇄되어 미국의 도서관과 여러 공개된 모임에서 발표된 내용들이다. 지금도 몇몇 자료들은 보고되지 않고 잠자고 있는 자료들도 있다. 왜냐하면 일본은 지금도 아주 체계적이고 조직적으로 이런 자료들을 발견하는 대로 수거해서 없애버리려는 노력을 미국에서도 하고 있기 때문이다. 그러나 당시 신문들이나 미국 의회 기록보관소에 있는 자료들은 일본이 손대지 못하고 있기 때문에 거기서 많은 사실들과 이야기들을 발견할 수 있다. 필자는 그곳에서 많은 자료들을 수집했고, 지금까지 조심스럽게 그 기록들을 보존하고 있다.

다시 1919년 4월 15일에 일어난 제암리 교회 대학살 사건으로 돌아가 보자. 제암리는 서울의 남쪽, 수원에서 약 17마일 떨어진 마을이다. 하루는 일본 순경들이 마을에 와서 모든 크리스천 성인 남자들은 강연을 들어야 하므로 교회로 모이라고 명령했고, 29명의 남정네들이 모이자 일본 군인들이 교회를 포위하고 창문 안으로 총을 쏘아 죽였다. 대부분이 그 자리에서 죽거나 중상을 입었는데 일본 순경들은 거기에 다시 불을 질렀으며 살려고 빠져 나오는 사람들을 향해서 또 총을 쏘거나 대검으로 질러 죽였다. 두 아낙네가 죽어가는 자기 남편들이 있는 곳으로 달려가자 그 여인들도 총과 대검으로 그 자리에서 죽였다. 대검에 찔려 죽은 여인은 19살 앳된 새댁이었고, 소총에 맞아 죽은 여인은 40대였다. 그들은 모두 크리스천들이었는데 교회가 다 타자 군인들은 마을 전체에 불을 지르고 그 마을을 떠나버렸다.

어떤 선교사의 부인은 자기 남편이 경험한 이야기를 이렇게 기록하였다. 선교사인 남편은 1919년 3월 4일, 만세(장수를 빈다는 한국어로 승리를 기원하는 한국 말, 역자 주) 소리를 듣고 시내로 나가 보았다. 약 한 시간 반 후에 돌아와서 남편은 '오 하느님, 어째서 이런 일이!'라는 말만 큰 소리로 반복했다. 일본 경찰들은 총검으로 무장하고 곤봉을 들고 비무장의 한국 사람들을 때리고 찢고 무참히 도륙하였다. 두 일본 순경이 한 사람을 끌고 가는데 그의 두개골은 깨어져 버렸고 다리는 부러져 있었다고 한다.

더 참혹하고 몸서리치게 끔찍한 이야기들이 있지만 문서로 남기기에는 가슴이 저려오고 메스꺼워지는 내용들이다. 이러한 일본의 야만성과 대량 학살은 일찍이 투르크(Turk)족이나 흉노(Hun)족의 역사에서도 찾아 볼 수 없는 만행들이었다. 만약 이런 일이 어떤 나라나 그들의 깃발 아래서 자행되었다면, 전 세계는 그 깃발과 그 민족을 혐오하며 고발할 뿐만 아니라 짓밟아 버렸을 것이다. 그러나 이런 일들이 소위 떠오르는 태양을 상징하는 욱일승천기 아래에 숨겨져서 자행되었으니 전 세계의 모든 나라들은 알지도 못하고 이 동양의 야만적인 흉노족의 공격이 두려워 귀머거리, 벙어리가 되고 말았다.

일본이 한국의 크리스천들에게 했던 동일한 짓들을 지금 중국의 크리스천들에게도 하고 있는 것이다.(리더스 다이제스트 1938년 7월, '난징 약탈'과 1938년 10월, '우리는 난징에 있었다'를 참조하라) 이런 고통을 당하는 것은 현지인 중국 성도들만이 아니다. 선교사들도 동일한 아픔과 고통을 겪고 있다. 중국 교회와 성도들은 이미 일본에 의해서 많은 박해를 받아왔지만 이것은 단지 시작일 뿐이다. 아마도 더 극심한 고통과 박해가 그들 앞에 놓여 있을 것이다. 지난 날 있었던 일들을 잊지 않고 기억한다면 앞으로 어떤 일이 있을 지를 예측하는데 도움이 될 것이다. 1919년 한국에서 일어난 독립만세운동이 있은 후, 선교사들에게 일어난 기가 막힌 이 한 두 가지 사건은 훌륭한 참고가 될 수도 있겠기에 아래에 적는다.

가장 악명 높은 사건은 오하이오(Ohio)주 맨스필드(Mansfield) 출신의 모리(Ely M. Mowry) 목사에게 일어났던 일이다. 그는 서울에 있던 기독 대학의 교수였고 평양의 남녀고등학교 교장을 지낸 분이다. 모리 목사는 범죄자들에게 은신처를 제공했다는 죄목으로 자기 집에서 체포 당했다. 그 범죄자들이란 자기 대학의 학생들 다섯 명과 자기의 한국인 비서였다.

그가 체포된 다음날 일제는 그에게 변호사를 선임할 시간을 주지 않기 위해서 재판을 끝내버렸다. 일사천리로 재판이 끝나고 선고가 내려진 후에야 그의 동료들에게 재판 연기원을 신청할 수 있다는 사실을 알려 주었다. 그에게는 6개월의 징역과 강제 노동형이 내려졌다가 그 후에 4개월로 감형되었다. 그리고 최종적으로 고등 법원에서 100엔의 벌금형으로 재판은 끝났다. 일본 경찰은 모리 목사에게 수치와 모욕감을 주려고 그가 형무소를 나올 때 그의 머리에 어릿광대의 모자를 씌워서 출옥시켰다.

또 다른 사례가 영국인 목사이며 선교사인 토마스(John Thomas)의 경우였다.

한국에서 충청남도의 한 마을을 여행 중이었던 3월 20일, 토마스 목사가 길 옆에 가만히 쉬고 있는데 아무런 예고 없이 갑자기 일본 군인들이 그를 습격하였다. 그가 자기 여권을 보여주자 군인들은 그의 여권을 빼앗아 땅바닥에 던지고 밟아 버렸다. 거기에는 일본 정부가 허락한 설교할 권리를 인정받은 도장까지도 찍혀 있다. 그렇게 멋진 영국 신사가 아무런 이유 없이 만신창이가 되도록 두들겨 맞아서 나중까지도 그의 몸은 회복되지 않았다. 돌아와 기독교병원에서 검사를 받았더니, 29군데나 상처가 발견되었다. 결국 그는 육체적 쇠약으로 말미암아 더 이상 사역을 계속할 수 없어서 한국 땅을 떠나고 말았다.

　　서울 주재 영국 총영사는 즉각 일본 정부에 이 문제에 대해서 항의하며 경위를 밝혀 줄 것을 요구하였다. 일본은 영국에게 수모를 준 데 대해서 정식으로 사과하는 내용과 함께 손해 배상금으로 5,000엔(약 2,500달러)를 지불했다. 이것은 토마스 목사가 영국 국적을 가진 사람이었으므로 받은 최상의 예우였다. 미국인인 한 여성이 일본 군대에게 수모를 당한 후, 의례적인 사과 한 마디도 받지 못했던 것에 비한다면 파격적인 경우였음을 알 수 있다.

　　재팬 크로니클(Japan Chronicle)에서 게재한 '토마스 씨에 대한 공격'이라는 제목의 글은 주목할 만한 가치가 있다.

　　"선교사들의 잘못에 대해서는 아주 적극적으로 보도하던 한국 주재 일본 특파원들이 3월 20일에 있었던 동양 선교회(The Oriental Missionary Society) 소속의 존 토마스 목사를 공격한 사건에 대해서는 전혀 침묵하고 언급이 없었다. 그를 풀어주면서 일본 말로 된 문서에 서명할 것을 요구했으나, 그는 그것이 분명 예민한 사항일 것이고 그 내용이 무엇인지를 알지 못하기 때문에 서명할 수 없다고 주장하면서 끝까지 서명하지 않았다. 그 문서는 자기들의 범죄 사실을 면책 받으려는 목적의 내용이 분명했다.”

　이런 방식의 일 처리는 이와 같은 일이 중국이나 다른 곳에서 일어난 경우와는 확연히 달랐다. 이런 일에 일본 신문 기자들이 이상하리만큼 침묵을 지켰다는 것은 상상이 되지 않는 일이다. 만약 이런 일이 영국인이 아닌 일본인에게 일어났더라면 노도풍파와 같이 일어나 물고 늘어졌을 게 분명하다. 더욱이 놀랄 일은 서울에 있는 신문사들 조차도 토마스 목사의 사건을 전혀 보도하지 않았다는 점이다.

　선교사들도 보통 사람들과 꼭 같은 평범한 인간들이다. 그토록 악랄하고도 조직적으로 공격해 오는 일제의 탄압을 견디기가 힘들었을 것이다. 그들은 일본에 굴복하든지 아니면 한국 땅을 떠나지 않으면 안 되었다. 사실상 어떤 선교사들은 자발적으로 떠났고 또 일부 선교사들은 쫓겨났고 추방되었지만, 많은 선교사들은 일본의 친구로서 남아 있었다. 남아 있는 사람들은 일본에 대해서 좋은 말만 했고 협조적이었다. 그것은 어쩔 수 없었고 당연했다.

　그러나 떠난 선교사들도 일본에 대해서 강경한 발언을 하지 못했다. 그것은 일종의 두려움 때문이었는데, 그것은 남아 있는 동료 선교사들이 혹시라도 어려움을 당할까 하는 두려움이었다. 서양 선교사들이 잠시 중국을 떠나 있는 한이 있더라도 선교사들 중에서 중국에 대한 사랑을 저버리거나 배반하는 사람이 한 명도 없기를 소망하는 바이다. 그 동안 서양 선교사들이 중국에 보여준 신뢰가 계속되고, 마치 한국이 어려움에 처해 있을 때 선교사들이 그들과 연대했듯이, 중국에서도 대중적 정서가 신뢰 속에 지속되기를 바란다.

아직도 미국은 다른 대륙과의 사업이나 상업적인 거래 혹은 무역에서 마찰이 없다고 생각하는 사람들이 많다. 많은 사람들은 여전히 미국의 전쟁 준비는 국가 방위를 위한 목적이고, 미국인이 공격을 받을 때만 스스로를 위해서 방어하는 것이라고 믿고 있다. 아직까지도 이렇게 생각하는 사람들은 이미 미국이 공격을 받고 있다는 사실을 모르는 사람들이다.

만약 여러분이 1937년 12월 12일, 미 군함 파나이(U. S. S. Panay)호에 승선했고 거기서 가까스로 살아 났다면, 일본이 당신의 생명을 의도적으로 공격했었다는 사실을 잊을 수 없을 것이다. 그리고 만약 여러분들이 중국 땅에 있던 미국인이 소유로 되어 있는 대학과 선교본부들, 그리고 미국이 세운 선교병원들이 일본군의 포격을 받아서 지금 난민이 되어 있으면서도 아직 미국이 공격을 받지 않았다고 말하는 것은 바보 같은 짓임을 알게 될 것이다. 아직 적국, 일본의 폭격기가 우리 미국 땅 위를 날지 않기 때문에 우리의 자랑인 예일 대학, 하버드 대학, 프린스턴 대학에 폭탄을 투하하지 않았으므로, 그리고 발터 리더 병원(Walter Reed Hospital, 미국국군병원)이 아직 폭격을 받지 않았으므로 미국이 공격을 받은 것이 아니라고 말할 수 있을까? 오직 한 가지 다른 점은 중국은 수 천 마일 멀리 떨어져 있고, 하버드, 프린스턴, 예일 대학, 그리고 발트 리드 군인병원은 우리 땅에 있다는 차이뿐이다. 아직도 많은 미국인들은 우리가 그렇게 멀리 떨어진 곳에서 일어나는 일에 관심을 가질 필요가 없다고 생각한다.

그러나 중국에 있는 미국 사람들은 아주 멀리 있기 때문에 미국 국민이 아니고 미국 땅에 있는 미국 사람들만이 미국 국민이라는 주장은 설득력이 떨어진다. 미국 사람은 그들이 어디에 있다 하더라도 미국 국민임에 분명하다. 만약 적들이 저기 있는 미국 사람을 공격한다면, 여기 있는 우리를 공격한 것과 꼭 같은 공격이다. 그러므로 미국이 아직 공격을 받지 않았다는 말은 거짓말이고 아직 미국은 일본과 평화롭게 지내기 때문에 저 멀리 동양에서 일어나는 일에 우리가 관여할 필요다 없다는 말은 진실이 아니다.

미국인들이 자기 나라를 전쟁으로부터 보호하기를 원하면서 전쟁의 기운이 점점 미국 본토에 가까이 다가오는 것을 방관하면서 자기들의 해안선만 지키겠다고 하는 것은 얼마나 어리석은 생각인가? 어째서 미국인들은 미국이 지금 할 수 있는 모든 방법과 자원을 총동원하여 일본의 공격으로부터 한국과 중국을 돕는 것이 바로 일본으로 하여금 미국을 공격하겠다는 야욕을 잠재우는 가장 좋은 방법이라는 사실을 아는 지혜가 없을까?

수년 전에 미국은 일본이 한국을 침략할 때 아무런 반대도 표명하지 않았다. 몇 년 후에 일본이 만주를 공격할 때도 공격을 중단시키지도 않았다. 이제는 그 일본이 중국 땅을 노략하고 있다. 일본이 이러한 침략 야욕과 모험을 계속하는 것은 전 세계가 손 놓고 아무런 제재를 가하지 않고 그냥 바라만 보고 있기 때문이다. 오늘날에 이르러서 세계는 일본의 정복 야욕을 알게 되었지만, 아무런 조치를 취하지 못하는 형편이다.

미국이 보따리를 싸서 중국을 떠나면 중국에서만 떠나는 것이 아니라, 차차 필리핀, 괌, 그리고 다른 태평양의 여러 군도들에서도 보따리를 싸서 떠나야 할 때가 올 것이다. 그렇게 되면 미국의 서부전선은 하와이 열도와 미국의 서부 해안으로 줄어들게 된다. 이런 후퇴를 당신들은 평화라고 부를 것인가? 아니다, 이것은 일본으로 하여금 더 큰 모험을 하도록 유혹하는 꼴이 되고 말 것이고, 스스로 천하무적이라고 생각하는 일본을 눈먼 장님이 되게 돕는 꼴이 되고 말 것이다.

중요한 기로에 선 지금 미국이 취해야 하는 참된 평화 정책은 모든 가능한 무기와 물질을 지원하여 유럽에 있는 나라들이 자국의 독립을 쟁취하도록 돕는 일이고, 동양에서는 중국과 한국을 도와 그들이 독립된 국가가 되도록 지원을 아끼지 않는 일이다.

1940년 10월 7일 일본 정부는 서울과 동경에서 동시에 중대한 발표를 하였는데, 한국과 일본의 모든 기독교 교회들은 해체되고 일본 정부의 통제 하에서 하나의 교단으로 통폐합하게 되었다는 내용이었다. 소위 양국의 모든 교회들은 그리스도교 총연맹이라는 새 이름으로 합병되었다. 이 통합의 주된 목적은 모든 외국의 영향을 없애버리고, 공산주의와 개인주의를 척결하며, 일본 정부의 시책*과 상충되는 모든 교리들을 제거해 버리겠다는 의도였다. 이제 머지 않아 중국에 있는 교회들도 이와 비슷한 일본 정부의 간섭과 통제를 받게 될 것이다.

---

* 연합통신이 1940년 10월 7일, 대한민국 서울 발로 송출한 내용이다.
"지난날 각각의 교단 조직 하에 있던 약 60,000명의 한국 크리스천들은 오늘부터 일본의 정책에 충실히 따르는 종교단체로 거듭나고 일본 정부의 통제 하에 머물기로 결의하며 모든 외국의 영향권에서 벗어나 새로운 연맹을 결성하였다. '그리스도교 총연맹'이라는 새 이름으로 결성된 조직은 모든 외국 선교사의 영향에서 벗어날 것이며 공산주의와 개인주의, 민주주의와 일본의 정책과 일치하지 않는 모든 교리를 척결하기로 결의하였다. 모든 학교들은 해체되고 다시 결성될 것이며 앞으로는 군사 훈련이 모든 학교와 크리스천들에게도 의무적으로 시행될 것이며 일본이 위기에 처하게 된다면 그들은 일본군에 자원 입대하게 될 것이고, 일본의 국가적 의례인 신사참배도 정례화 할 것이다."

---

* 워싱턴의 이브닝 스타(Evening Star) 지는 다음과 같이 보도하였다.
"1940년 10월 8일, 캔자스 시티에서 열린 미국 성공회교회(The Protestant Episcopal Church)의 대회 개회 전날 저녁, 정책협의회에서는 일본이 교단들을 해체하고 통합한 건에 대해서 준비회의에서 다루기로 하였다. 협의회는 다음과 같은 건의안을 상정하기로 했다. (……) 이러한 재 통합은 바람직하지 않은 것으로 사료된다. 그리고 현재 뉴욕 시티 은행에 있는 기금 420,000달러는 동경에 있는 성 루가 병원(St. Luke International Hospital)을 위한 재원으로 일본 성공회 교회로 보내질 예산에 대하여는 일본 성공회로 직접 입금이 될 경우에만 송금을 허락하기로 한다. 만약 일제가 자기들이 만든 새로운 그리스도교 총연맹에 미국이 세운 60여 교회들과 미국 선교사들, 그리고 병원 종사자들을 강압적으로 통제한다면, 여러 기관을

위해서 지원하는 연간 500,000달러의 예산은 중단하기로 한다."
대회의 보고서에 의하면, 성 루가 병원을 포함한 교회 기관들의 운영이
일본 정부의 손에 넘어가는 것은 의심의 여지 없이 당연한 일이다. 그러나
터커 주교(Bishop Tucker)와 일본 교구의 여러 사제들은 그럼에도 불구하고
현재 교회 기관에서 일하는 약 800명의 직원들에게 지급할 재정은 당분간
자체적으로 수급될 수 있다는 낙관적인 희망을 전해왔다는 것이다.
"일본 정부는 10월 17일부터 외국으로부터의 재정 지원을 금지한다고
발표했고, 모든 교회들은 일본인 재무 담당관을 임명해야 한다고
명령했다."

7

레 이 디 버 드 호 와
파 나 이 호 피 습 사 건

중일 전쟁이 발발한 지 약 6주가 지난 후, 일제 침략자들은 점령지 안에서의 기반을 견고히 하려고 그곳에 거주하는 모든 외국인들을 향한 집중적인 공격을 전개하였다. 중국에 거주하는 모든 외국인들 중에서 가장 다루기 힘들고 복종시키기 어려운 사람들은 미국인과 영국인들이었다. 다른 외국인들은 스스로 알아서 별다른 저항 없이 순종하였다. 그러나 영어를 사용하는 두 강대국의 사람들은 달랐다.

이 두 나라의 시민권을 가진 사람들은 그 동안 높은 사회적 경제적 특권을 누리며 살았으며, 중국 사람들도 이 두 강대국 사람들에 대해서는 일본이나 동양의 어느 민족보다 우월한 사람들로 우러러 보았다. 이처럼 중국사람들이 영미인(英美人)들을 우러러 보는 것을 배 아프게 생각한 일본인들은 그 열등감을 감추기 위해서 모든 외국인들을 더욱 거칠게 다루고 자기들에게 굴복시켜서 야마토(大和)의 후예인 자기들은 백인들보다도 더 위대하다는 사실을 보여주고자 했다. 더 나아가서 중국 내의 점령지를 완전히 마음대로 통치하기 위해서는 그 점령지구 안에서 저항하는 세력들을 완전히 추방하여야만 했다. 그러므로 지난날 일본을 위대한 제국으로 만드는데 도움을 준 영국이라 하더라도 이제는 일본으로부터 쓰디 쓴 약을 받아 먹어야만 했다.

그 동안 일본이 감행한 외국인들에 대한 공격 중에서 다음의 세 가지는 가장 배은망덕하고 몰상식한 사건들이다. 첫 번째는 주중 영국 대사 피습 사건, 두 번째는 영국의 포함 레이디 버드(Gunboat Ladybird, 무당벌레라고 불리는 영국 군함) 호 공습 시건, 그리고 마지막은 미국 군함 USS 파나이(USS Panay) 호 격침 사건이다.

1937년 8월 26일 주중 영국 대사 휴 내처벌-휴거센(Sir Hugh Knatchbull-Hugessen) 경은 상하이 근교의 대로에서 대사 전용 차량에 영국의 국기인 유니온 잭을 달고 이동하는 도중, 일본 공군기로부터 자동 소총 공격을 받고 심각한 부상을 입었다. 영국 정부는 강경한 태도로 사과와 보상, 그리고 다시는 이런 일을 재발하지 않겠다는 확답을 요구했다.

일본 측의 첫 번째 중간보고는 변명과 부정뿐이었다. 일본의 두 항공기는 이동하는 두 대의 차량을 공격하였는데, 그것은 군사용 차량과 중국 군인들을 이동시키는 대형 트럭으로 오인한 과실이었다는 변명이었다. 더 어처구니 없는 일은 '영국 대사의 부상이 일본군의 폭격에 의한 것이었다는 확실한 증거가 있느냐'는 주장이었다. 상하이에 주둔하는 일본군부 관계자의 통지문에는 앞으로 이런 위험한 전쟁 지역을 통과할 때는 사전에 일본군 최고사령부의 허락을 받아서 이와 같은 불미스러운 사고가 생기지 않게 하도록 협조해 달라는 괴변뿐이었다.

말 할 것도 없이 런던에 있는 영국 외무부에서는 이런 답변에 만족 할 리가 없었다. 두 번째 영국의 요구는 동경 주재 영국 대사 크레이기(Sir Robert L. Craigie) 경을 통해서 일본 정부에 전달되었는데 영국은 일본 정부의 무책임한 답변에 깊은 유감과 불만을 표하며 일본의 답변 전문을 그대로 인쇄하여 팜프렛으로 배포할 것이라는 내용이었다. 당시 일본에 대한 런던의 여론은 실망과 분노로 들끓고 있었다. 그러자 일본 외무부는 두 번째 답변서에서 다음과 같은 내용의 깊은 유감을 담아 보냈다.

"지금 현재의 정황으로는 귀국의 대사께서 사고를 당했던 그 장소에서의 현장 조사가 어렵습니다. 대사께서 탑승하고 계시다가 부상을 당한 그 당시 차량 위치에 대해서도 다른 보고들이 있었는데, 그 내용이 서로 일치하지 않고 약간씩 차이가 있습니다. 처음 대사께서 부상을 당하셨다고 보고를 받았을 때, 그 주변에서 일본 항공기에 의한 기관총 발사나 폭탄 투하가 없었다는 것이 정확한 정보였습니다. 그러나 일본과 영국의 책임 기관에서 면밀히 조사한 결과, 두 기관은 일본 항공기가 귀국 대사님의 차량을 군용버스나 혹은 군용 트럭으로 오인하여 폭격한 실수가 있었다는 결론에 이르게 되었습니다. 그런 와중에 귀 대사께서 일본 비행기에 의한 고의적인 공격은 아니었지만 그럼에도 불구하고 일본항공기에 의한 과실로 부상을 당하신 것으로 사료되는 바, 일본 정부는 영국 정부에 깊은 유감과 심심한 사과의 말씀을 전하는 바입니다. 사고를 낸 항공기에 대한 처벌 문제는 말할 것도 없습니다. 본 일본 정부는 제 3국에 속한 민간인 피해까지 포함하여, 그것이 고의적이든 부주의에 의한 것이든지 간에 항공기 폭격에 의해 죽거나 다치게 되는 경우에는 적절한 처벌과 조치를 해 왔습니다."

이 답변으로 런던의 분노와 경직된 분위기는 어느 정도 진정되었다. 영국 정부는 일본 정부의 답변을 수용하기로 하고 일단 이 문제에 대해서 종결을 선언하였다.

일본이 보낸 이 사과 내용은 전형적인 일본 사무라이식의 사과 방식이었다. 일본의 봉건시대 전기에 사무라이들은 하루 동안에 세 명의 적을 죽일 수 있는 세 자루의 칼을 소지할 권리가 있었다. 어느 날, 사케(일본 소주)를 마시고 그윽하게 취한 어떤 사무라이가 길을 가다가 아직 술기운이 가시지 않은 상태에서 자기에게 오고 있는 적을 발견했다. 사무라이는 칼 한 자루를 뽑아서 적이 다가올 때까지 숨어서 기다리다가, 그 사람이 나타나자 달려가 찔러 죽였다. 그리고 죽은 자의 얼굴을 자세히 내려다 보았더니 그는 적이 아니고 모르는 사람이었다. 세상에 이럴 수가! 아무런 죄도 없는 사람을 찔러 죽이다니! 사무라이는 죽은 사람에게 정중히 절하며 '진심으로 사죄합니다. 용서해 주시오!' 하며 사과했다고 한다.

이런 사무라이의 이야기를 자랑스럽게 말하는 바보 같은 일본인들은 옛날 사무라이들이 한 짓을 세계 여러 나라들도 이해해 주기를 바라는 듯, 하루에 세 명의 적을 죽이는 것을 특권이라고 착각한다. 그리고 그것이 잘못이라고 말하고 항의하는 사람에게만 입에 발린 말로 미안하다고 사과하는 것으로 끝낸다.

일반적으로 평화시대에 이와 같은 국제적인 범죄가 일어났다면, 더구나 감히 영국 국민이나 재산에 대해서 피해를 주는 대규모의 공격이 있었다면, 영 연방의 모든 나라들이 즉각 들고 일어나 전쟁은 아니라 하더라도 강력한 보복과 응징을 가했을 것이다. 그러나 이상하게도 영국 역시 이번 사건에 대해서 일본에 강경하게 대처하거나 보복하지 않자, 일본은 오히려 이 사건을 자기들의 군사력을 만천하에 과시하는 호기로 삼았다.

영국 포함 레이디버드 호 사건

1937년 12월 6일과 13일에 난징(南京)과 우후(蕪湖)에 공습이 있었다. 일본의 폭격기들은 난징으로부터 약 50마일 떨어진 양자강에 정박되어 있던 영국의 군함 레이디버드 호에 포탄을 투하했다. 이 일로 한 명의 영국 수병이 죽고 발로우(H. D. Barlow) 함장과 오도넬(George O'Donnel) 대령을 포함한 세 사람이 부상을 당했다. 일본 해안 포대는 또 다른 세 척의 영국 군함들, 버터필드(Butterfield), 크리켓(Criket), 그리고 스카렛(Scarat)에게도 동시에 포격을 퍼부었다. 뿐만 아니라 영국인 소유의 세 척의 상선들, 타퉁(Tatung), 턱코우(Tuckow), 그리고 쉬스(Suiws)도 일본의 포격과 폭격기의 공격을 받았다.

미국 펜실베니아 주 알렌타운 출신으로 우후에 있는 미국 병원의 간호사인 메이(Wilma May) 양은 그 때의 장면을 다음과 같이 설명한다.

"몇 대의 비행기가 내 머리 위로 지나가는 소리를 들었지만 나는 병원 일이 바빠서 거기에 신경 쓸 겨를이 없었습니다. 잠시 후 포탄이 떨어지는 소리가 들렸고 나는 창 쪽으로 달려갔습니다. 하늘에는 네 대의 일본 폭격기들이 한 대 씩 순서대로 폭탄을 떨어뜨리고 돌아갔습니다. 나는 상선 턱코우 호에 폭탄이 명중 하는 것을 직접 보았고 공포에 질렸습니다. 배의 뒷부분이 불에 탈 때는 거대한 화염이 솟아올랐고 폭발도 있었습니다. 적어도 16발 이상의 폭탄이 강에 떨어졌고 정크 선과 소형 선박을 명중시켰습니다.

그리고 이어지는 광경은 도저히 글로 표현할 수 없는 비참한 장면들이었습니다. 폭격 맞은 사람들은 병원과 불과 네 블록 밖에 떨어지지 않은 강물 속으로 뛰어들었고, 어떤 사람들은 그들을 구하려고 강물로 뛰어들어 갔습니다. 폭격 맞은 배들은 모두 눈에 띄는 곳에 선명하게 유니온 잭(영국 깃발)이 그려져 있었습니다. 이런 중에도 가장 비참한 장면은 잃어버린 부모를 찾아 헤매는 아이들과 잃어버린 자식들과 가족을 찾는 어른들이 부둣가까지 이어져 득실거리는 장면이었습니다. 우리 병원은 하루에 70명의 환자들을 받고, 30건의 수술을 했는데, 그 중에는 수족을 절단하는 수술이 3건이나 되었으며 수술실들은 아직도 대기하는 응급환자들로 득실거립니다."

이 일은 앞에서 설명한 주중 영국 대사 차량 폭격이 있은 다음, 영국과 일본 사이에 재발 방지를 위해서 노력하겠다는 약속이 있은 바로 직후에 일어난 사건이다. 일본은 지난 번 같이 변명하고 회피하는 동일한 수법으로 자기들의 군사작전을 정당화했다. 미 군함 파나이(USS Panay) 호 폭격 때 미국이 강경하게 대처했던 것처럼 영국도 강력한 내용의 각서를 일본측에 전달하였다. 영국은 일본의 폭격에 대해서 상황의 심각성을 강조하며 즉각적인 재발 방지를 위한 모든 조치를 요구했다. 영국 외무장관 에덴(Anthony Eden)은 흥분한 영국 의회에서 '영국은 지난 번 일본이 한 사과의 수준에 만족하지 않습니다. 일본의 설명은 불충분하고 부적절했습니다. 지금까지 일본이 저지른 사건들에 대한 영국의 입장을 내일 신문에 그대로 공개하겠습니다'라고 보고했다. 영국 국민들의 감정이 고조되자 영국 정부는 그런 것이 결코 바람직하지 않다고 생각하여 국민들에게 자제해 줄 것을 당부하였다.

영국 외무장관이 사용한 표현, 즉, 일본의 설명이 불충분하고 부적절했다는 표현에 대해서 12월 15일 일본의 히로타(廣田) 외상은 영국의 입장에 반발하는 연설을 했고, 그날 동경의 신문들은 일제히 다음과 같이 보도했다.

"본인은 지난 12월 12일에 우후와 난징 외곽에서 일어난 일본군의 오인으로 인한 폭격과 발포로 영국 전투병과 영국 군함 레이디버드 호, 크리켓 호, 그리고 스카렛 호가 입은 피해에 대해서 일본 정부의 심심한 사의를 표한 바 있습니다. 본인으로서는 본국 정부를 대신하여 이미 깊은 사과를 귀국에 충분히 전달했다고 생각하는 바입니다."

일본으로서는 이런 사과 정도면 충분하다고 생각했던 것이다. 스스로를 태양의 후예, 곧 천자(天子)라고 생각하는 고귀한 천황(Mikado)을 대신해서 제국의 황제께서 영국 수군이 몇 명 죽고, 배 몇 척이 부서진 일, 하찮은 중국인 70여 명이 다친, 별로 대수롭지 않은 일, 그것도 완전히 실수에 의해서 생긴 조그마한 일에 그토록 정중하게 사과를 했으면 오히려 지나친 겸손이었다고 생각했던 것이다. 그러나 영국의 입장에서는 당연히 그보다 더 정중한 사과가 필요했다.

이 문제로 인한 대립은 계속되었고 12월 28일에 또 다른 사과문이 일본 외무상 코기 히로타로부터 주일 영국 대사인 로버트 크레이기 경에게 전달 되었다. 정통한 소식통들은 이 사과문 역시 변명을 위한 변명을 담고 있으며, 얼마 전 파나이 사건 때 미국에 보낸 내용과 비슷한, 지극히 형식적이고 상투적인 답변서였다고 논평했다. 같은 날 일본 해군의 콘도(近藤) 대좌는 영국 해군 무관 로링스(H. W. Rawlings) 대령을 예방하여 양자 강 유역에서 일어난 공습에 대한 상황 설명을 했다. 동시에 일본 외무부 고위 관리는 영국 군함을 향한 폭격은 전적인 실수였음을 거듭 강조하면서, 일본군 부의 주장대로 영국과 미국의 배들이 그 위치에 있을 것이라는 사실을 일본 고위층에서는 상상도 하지 못했다고 변명했다. 폭격이 일어난 그 위치는 중국 군함들이 포위되어 있던 곳이었으므로 그 지역 안에 외국 선적들이 정박해 있으리라고는 예상하지 못했노라고 책임을 회피했다.

영국의 다른 지역에서 레이디버드 호 폭격 사건보다 더 심각한 일들이 일어나게 되면서 영국 수상 챔버린(Neville Chamberlain)의 소위 '유화 정책'으로 사태는 마무리 되었다. 영국민들 사이에 들 끓던 사건에 대해서 정부는 아무런 공식적인 발표나 성명서 하나도 없이 애매하게 종결시켜버린 것이다. 이것은 일본에 대한 영국의 또 하나의 친화 제스처였다.

파나이 호 사건

일본식 군사 규율과 상명하복(上命下服)의 체계, 즉, 상관에게는 무조건 복종해야 하는 일본의 정신을 잘 아는 사람 중에는 미국 군함 파나이 호가 우연한 사고로 침몰되었거나 혹은 그 사건 자체가 실수였다고 믿을 사람은 하나도 없다. 처음에 일본은 파나이 호 사건을 전혀 없었던 일처럼 사건 자체를 전면 부인하였다. 만약 미국이 이전처럼 대충 넘어갔다면 일본은 시치미를 떼고 그 사건을 완전히 소설처럼 실제로 발생하지 않았던 일로 만들어 버렸을 것이다. 그러나 이 사건에 대해서 미국은 전례 없는 단호함을 보였고 모든 증거를 공개하였으며 현장에서 찍은 사진 자료까지 제시하는 등, 일본으로 하여금 변명이나 빠져나갈 구멍을 하나도 허락하지 않았다. 한 단계 한 단계 사실이 드러날 때마다 일본은 승복하지 않을 수 없었고, 결국 자기들의 과오를 시인하고 손해배상을 하지 않을 수 없게 되었다.

1937년 12월 12일 일본 군대는 거대한 포들을 양자 강 하구로 이동시켰고, 얼마 후 난징 수비군을 향해서 지옥도를 방불케하는 함포 사격을 퍼부었다. 수 많은 포탄들은 강 위로 떨어졌고, 일부는 강변에 정박중인 영국과 미국의 군함들 근처에 떨어졌으며, 그 중에 몇 발이 USS 파나이 호 가까이에 떨어지기도 했다. 파나이 호의 함장인 휴즈(J. J. Hughes) 대령은 포탄이 비오 듯 쏟아지는 하구로부터 군함을 보호하기 위해서 배를 강 안쪽으로 움직이도록 명령하였다.

군함이 서서히 강 안쪽으로 움직이는 동안, 신문 기자와 유니버설 기록 영화사 기자, 그리고 무비톤(Movietone) 카메라 기자를 포함한 일곱 명의 미국 사람들은 작은 배에서 함정으로 옮겨 탔다. 영국의 군함들도 포격의 사정거리로부터 멀어지려고 서서히 이동하기 시작했다. 잠시 후, 미국과 영국 군함이 항진하는 방향 바로 앞에서도 포탄이 쏟아지기 시작하였다. 양국 군함이 이동하는 바로 앞, 강 위에 포탄이 떨어져 거대한 물기둥을 이루었다. 계속해서 포탄은 매 15초 간격으로 함정의 좌우측, 강 위로 떨어졌다.

그러나 파나이 호가 천천히 계속해서 진행하자, 마치 함대의 이동을 멈추라고 경고라도 하듯 일본기들은 함정 바로 앞으로 폭탄을 떨어트렸다. 그 배에 승선한 대부분의 승객들은 전투 지역을 피해서 나온 미국 사람들이었는데, 모든 승무원들과 승객들은 놀라울 정도로 침착하고 여유 있게 대처했으며 당황하지 않으려고 노력하였다. 그러나 휴즈 함장과 그의 참모들은 모두 긴장했다. 기록 영화사 기자만이 우스개 소리를 섞어가며 말했지만 긴장감이 전체적으로는 가득한 분위기였다.

파나이 호는 미국 시민들을 보호하기 위한 임무를 합법적으로 수행하고 있었으며 난징에 있는 미국 대사관과 한커우(漢口)에 머물고 있는 미 대사와 교신을 유지하며 정상적인 임무를 수행하는 중이었다.

아침 9시 45분경, 강의 오른 쪽 둑에 있던 일본 군대가 파나이 호를 향해서 멈추라는 사인을 보냈고, 총검으로 무장한 해군들을 대동한 장교 한 명이 파나이 호에 승선하였다. 일본군 장교는 서툰 영어로 많은 질문을 퍼부었다. 휴즈 함장은 미국은 오래 전부터 두 나라, 중국과 일본의 우호국이었음을 설명하고, 난징에서 28마일 떨어진 곳에 있는 스탠다드 석유(Standard Oil) 회사의 유조선을 보호하는 임무를 수행 중이라는 점을 자세히 설명하였다. 이런 짧은 대화가 있은 후, 일본군 장교는 가상되는 공격과 폭격에 대한 아무런 경고도 없이 돌아갔다.

파나이 호는 사고를 피하기 위해서 강에서 시야가 확보되는 넓은 공간, 즉, 강 양쪽 수 마일 떨어진 어느 장소에서도 잘 보이는 곳에 자리를 잡았다. 오후 1시 20분경 경계병이 보고하기를, 약 4,000피트 상공에서 급강하하는 폭격기를 발견했다는 내용이었다. 포격이 시작된 1시 27분과 2시 25분경에 폭격기들은 약 100 혹은 200피트 저공으로 돌진했다. 두 대의 폭격기는 급강하하며 세 발씩의 폭탄을 투하했는데 두 발은 군함 옆 강물로 떨어지면서 파편이 튀어 배 아래에 구멍이 생겼고, 나머지 한 발은 정확히 파나이 호의 선두에 있는 3인치 포를 직접 강타하여 파손하면서, 포 바퀴가 휴즈 함장에게 날아와 그의 다리가 부러졌다. 이 충격으로 배 안에 있던 사무실의 책상이 넘어졌고 사무관이 심각한 중상을 입었다.

그러나 당시 배에 승선했던 많은 사람들은 이 폭격은 실수였을 것이라고 생각했다. 갑판 앞 뒤에는 큰 성조기가 선명하게 그려져 있었을 뿐 아니라 그 배에는 모두 일곱 개의 성조기가 펄럭이고 있었던 것이다. 그날 날씨 또한 청명하여 그렇게 많이 걸려 있는 성조기 중 한 두 개를 발견하는 것은 전혀 어려운 일이 아니었기 때문이다. 잠시 후 일제의 폭격기는 다시 돌아왔고 파나이 호를 향해서 급강하하며 폭격을 개시하였다. 귀청이 찢어질 듯한 폭발이 연쇄적으로 일어났고, 유리조각, 목재, 쇠붙이 들이 사방에서 쏟아졌다. 파나이 호를 향한 직접적인 폭격이 적어도 20여 차례 계속되는 동안에 갑판으로는 기관총 사격이 이어졌고, 이로 인해 수많은 희생자가 생겨났다.

휴즈 함장은 다리에 부상을 입고 한참 동안 의식 없이 쓰러져 있었다. 앤더스(A. F Anders) 대위는 포탄 파편으로 목에 심각한 손상을 입어 말을 할 수 없었다. 그 사이 더 많은 폭격기들이 맹렬한 폭격에 가담했고, 군함에 남아 있던 미 해군 병사들도 재빨리 기관총으로 달려가 공격하는 일제의 폭격기들을 행해 사격을 퍼부었다. 앤더스 대위를 포함한 두 장병은 날아오는 유도탄 공격에 맞아 기관총 옆, 바닥으로 나가떨어졌다. 그 이후 저공으로 비행하며 공격을 퍼붓던 일본 폭격기들은 파나이 호에서의 대응 사격을 알아차리고 적당한 높이의 고공 비행을 하면서 30분 이상 계속 공격해 댔다.

휴즈 함장은 그때까지도 일어나지 못하고 계속해서 엄청나게 많은 출혈을 했으며 앤더스 대위는 목에 입은 부상으로 명령을 하달할 수 없었다. 배가 점점 침몰하고 있을 때 앤더스 대위는 피로 물든 바닥에 흔들리는 필체로 글씨를 써서 배를 포기하고 탈출하라는 명령을 내렸다. 함대에 있던 동력이 달린 구명정을 내려서 가장 심한 부상을 입은 병사들을 먼저 옮겨 싣고 신속하게 강변으로 이동시켰다. 그런 중에도 일본 폭격기 한 대가 이 작은 구명정을 향하여 기관총을 쏘면서 돌진했다. 그 첫 번째 구명정에 의해서 옮겨지고 있던 부상병 한 사람이 그 기관총에 맞아 죽기도 했다. 이 작은 구명정 한 척이 유일한 이동수단이었으므로, 이 배가 침몰해 가는 파나이 호와 강변을 수십 번 오가며 사람들을 옮겨 날랐다.

마지막 한 사람까지 모두 강변으로 실어 나르자 파나이 호의 제일 상단 갑판이 강물 속으로 흔적을 감추었다. 파나이 호가 강물 속에 완전히 침몰할 때까지 일본 폭격기 두 대가 하늘에서 계속해서 큰 원을 돌며 감시하고 있었고, 해군 병사들을 가득 태운 일본 군함이 전속력으로 다가오고 있었다. 생존자들은 일본 폭격기와 해군들이 자기들을 추격하고 있다고 생각하여 갈대 속으로 몸을 숨겼고 폭격기와 군함이 돌아갈 때까지 나오지 않았다. 숨어 있던 생존자들은 자기들의 군함이 배꼬리 부분부터 양자 강 물결에 소용돌이를 만들며 사라져 가는 모습을 허무하게 바라보고 있었다. 수장되어 가는 파나이 호에는 여전히 색상이 분명한 미국 성조기가 펄럭거렸다. 이 일로 세 명이 죽고 열여덟 명이 부상을 당했으며, 그 중에 열한 명은 중상이었다.

미국은 파나이 호의 진상을 밝히는데 필요한 모든 자료를 포함한 구체적인 증거들을 수집하는 일에 총력을 기울였다. 네 명으로 구성된 법정 조사단이 만들어졌고, 그들은 1937년 12월 17일에 첫 모임을 가진 후, 어그스타(USS Augusta) 호에 승선하여 더 정확한 자료들을 수집하기 위해 현장으로 갔다. 조사단은 할 수 있는 대로 더 많은 생존자들을 만나 직접 증언을 들었으며, 필요하면 증인을 소환할 수 있는 권한도 부여 받았다. 어느 누구라도 파나이 호를 공격한 죄목이 드러나면 야르넬(Yarnell) 해군 제독에게 즉시 보고하도록 되어 있었다. 모든 증인들은 일본의 공격에 비난 받을 만한 요소가 있으면 모두 다 즉각 보고하도록 요청을 받았다. 조사단의 활동은 모두 비밀에 붙여졌으나 해군본부가 자료를 일반에게 공개하기로 결정만한다면, 미국은 모든 경위를 있는 그대로 발표하기로 했다.

일본측의 해명

일본은 먼저 상황을 어지럽게 하기 위해서 날짜부터 다르게 말함으로 혼란을 유도했다. 일본 해군의 공식발표가 상하이에서 있었는데, 그 자료에 의하면 폭격은 12월 12일 일요일이 아니라, 토요일인 11일부터 있었고 미국 스탠다드(Standard) 회사 소속의 선박 세 척을 중국 배로 오인하여 일본제국의 항공기가 폭격을 가했다고 변명했다. 다음 날 일본 정부는 자기들이 한 거짓말에 스스로 걸려들고 말았다. 일본이 중국에 있는 미국 시민들과 미국의 재산을 공격한 가장 근본적인 이유는 미국과 전면적인 대결을 하지 않고 교묘하게 그들을 쫓아버리려는 목적이었다.

일본측 대변인은 이번 폭격에는 전혀 고의성이 없었으며 완전히 실수였다는 발표만 내놓았다. 그런데 상하이에 주재한 한 정부 대변인이 심각한 비밀을 우연히 누설하고 말았는데 '우리는 이미 미국과 영국 정부에 파나이 호 폭격과 같은 불행한 사건이 재발하지 않으려면, 모든 제 3국의 군함과 함대를 양자 강으로부터 철수시키라고 경고했었다'는 말을 발설하였다. 이런 경고가 있었다는 말을 폭로함으로 해서, 파나이 호를 폭격한 일본의 숨은 의도가 무엇이었는지가 만천하에 명백히 드러나고 말았던 것이다.

만약 미국 해군이 이 경고를 받고 양자 강에서 모든 병력을 조용히 철수시켰다면 이 대변인은 말 한 마디로 승리를 얻었다고 훈장을 받을 뻔 했는데, 불행하게도 그의 어리석은 말은 일본의 거짓과 흑심을 폭로하는 꼴이 되어 버렸다. 야르넬 제독은 일제의 음모와 이중성을 간파하고 즉각적으로 성명서를 발표하여 중국 해역에 있는 미 해군 군함들은 미국인들의 재산과 생명을 보호하기 위해서 필요할 때까지 주둔할 것이라는 분명한 의지를 밝혔다.

이 일로 일본은 불리한 입장으로 몰렸고, 도메이(東明) 뉴스의 인터뷰 기사에서 그 대변인은 자기가 그런 말을 한 적이 없다고 부인했다. 그는 자기가 한 말을 극구 부인하면서 '만약 내가 그런 느낌을 주는 표현을 했다면, 그 느낌을 준 것은 제 잘못입니다'라고 변명했다. 그러면서 자기가 그 이전에 발표한 성명의 내용을 하나도 기억하지 못하는 듯이 변명했지만, 이미 그 사람이 발표한 성명서는 원문이 그대로 세상에 돌아다니고 있었다. 얼마 후 일본 당국은 모든 외신 기자들에게 전화를 해서 그 성명서 원문을 없애버리라고 요청했다.

며칠 후에 일본 해군의 부제독 하세가와(長谷川) 해군중장은 공식 발표를 통해서 파나이 호 폭격 후 구명정에 옮겨 탄 생존자들을 향하여 기관총을 발사한 일은 전혀 사실 무근이라고 부정하였다. 이런 부인은 일본이 책임을 회피해 버리는 전형적인 방법이었다. 침몰하는 배에 기관총을 쏘아대고 구명정을 향해서 폭격을 퍼부은 자기들의 행동이 문명국 국민들에게는 충격이고 따라서 일본을 야만인으로 볼 것임을 일본 스스로 잘 알고 있었다.

지난 40년 동안 일본의 국가적 야망은 자기들을 문명국의 대

열에 올려 놓고 싶은 것이었는데, 이번 기관총 난사로 말미암아 자기들의 평판이 세계 최하위의 야만족으로 폭로되는 것을 일본은 두려워했던 것이다. 이런 이유로 동경의 군국주의자들까지도 이 사실 자체를 부정하기에 급급했고, 국내에도 이런 사실이 알려지지 않도록 단속했다. 일본인들은 천황의 명예가 걸린 일이면 무슨 말이든지, 거짓말이라도 그대로 믿는 사람들이다.

12월 20일에 하라다 후미키치(原田態吉) 제독의 보고서는 자기 참모들의 조사를 종합한 것으로 이 사건을 종결하는 것이라고 발표했다. 이 보고서는 상하이에서 발표되었는데, 워싱턴 해군 사령부의 발표를 조목조목 반박하기 위한 것이었고, 공격에 대한 자기 변명을 하기 위한 내용들뿐이었다. 미국의 주장과 정면으로 대치되는 눈에 띄는 부분은 다음과 같은 것이다.

"일본은 침몰되는 파나이 호를 폭격하지 않았다. 파나이 호가 강변에 있던 일본대포 3문을 향해서 공격을 가했다. 파나이 호 공격에 가담한 일본 폭격기는 단 3대뿐이다. 폭격 당시 파나이 호는 계속해서 이동 중이었다."

이런 발표를 하는 동안 일본군 제독은 확신이 없었고, 외신 기자들이 곤란한 질문 세례를 퍼붓자 자기 스스로 앞뒤가 맞지 않는 말들로 횡설수설하기만 했다. 결국 자기는 난징에서 이 보고서를 준비하라고 명령만 내렸고 현장에는 가 본 적도 없었다는 사실을 인정하지 않을 수 없었다. 그는 자기 부하인 조사관 장교들에게 기본적인 확인도 하지 않고 그들이 하는 말을 그대로 앵무새처럼 받아 읽기만 했다는 사실을 시인할 수밖에 없었다.

결국 그는 일본군이 강의 양쪽에 포진해 있었던 사실, 그리고 동력선을 띄워 두었던 점을 인정하지 않을 수 없었다. 이런 시인은 그 전에 발표한 보고서의 내용과 전적으로 모순되는 것들이었다. 그는 또 거리가 너무 멀어서 파나이 호에 새겨진 미국 성조기의 별과 줄을 알아 볼 수 없었다고 말했다가, 나중에는 일본 군인들이 가라앉는 파나이 호 선상에까지 올라갔다는 사실을 인정하는 모순을 스스로 범했다.

다음 날 제독은 그 전날에 발표한 보고서를 보완한다고 하면서 또 다른 보고서를 발표했다. 바로 전날 밤 상하이로 돌아온 니시 요시아키(西吉秋) 중좌의 보고에 의하면, 확실하지는 않지만 실제로 기관총 발사가 있었을 가능성도 있다고 하면서 전날의 성명과 모순되는 말로 얼버무렸다. 그러나 니시 중좌도 하라다의 성명과 같이, 일본군은 파나이 호나 미군들을 구출하던 구명정에 대해서는 발포하지 않았다는 주장을 되풀이 했다.

더 이상의 다른 증거를 제시할 필요조차 없었다. 일본은 과오를 바로 잡기 위한 사실 인정조차 하지 않고 거짓말만 해 댔다. 일본은 자기들이 하는 말이 곧 법이며 세계 모든 사람들은 자기들의 말을 그대로 믿어줄 것이라는 착각에 빠져 있었기 때문에 어떤 말을 하더라도 상관이 없었다. 어떤 거짓과 부정직에도 양심의 거리낌이 없는 사람들이 바로 그들, 일본인들이었다.

영화 필름

유니버설 기록 뉴스사의 앨리(Norman W. Alley) 기자와 파라마운트 영화사의 메이얼(Eric Mayell) 사진 작가는 파나이 호에서 살아남은 생존자들인데, 두 사람은 실제 폭격 장면을 그대로 촬영할 수 있었다. 그들의 최대 관심사는 어떻게 하면 일본의 삼엄한 검열을 피해서 이 사진자료들을 미국으로 보낼 것인가였다. 두 사람은 이 문제를 함께 고민하기 시작했다. 파나이 호가 침몰되고 엿새 후, 앨리가 상하이에 도착하자마자 모든 필름에 대한 검열을 하겠다는 통지가 일본군 측으로부터 도착했다. 일본 해군 대변인은 바로 그날 밤, 앨리를 케세이 호텔(Cathay Hotel)에서 만나자고 했지만, 그들의 의도를 알아차린 앨리는 약속 날짜를 지키지 않았다.

이틀 후인 12월 20일, 일본 전투기 한 대가 네 척의 미군 소 함대 위에서 원을 그리며 감시하고 있었다. 사실 그 함대 중 배 하나에는 앨리가 타고 있었고 그의 영상 자료들을 싣고 마닐라로 향하고 있었다. 그러나 더 이상 다른 사태는 벌어지지 않았다.

마닐라에 도착하자 앨리는 중국 항공기로 바꿔 타고 사흘 후 호놀룰루에 도착했고, 그 자료들은 곧 바로 진주만으로 급송되었다. 미 해군이 이 자료를 유나이티드 항공사의 특별 전세기로 바로 캘리포니아로 공수하였고 거기서 다시 뉴욕으로 보냈다.

파나이 호 피격 영상과 사진 자료들이 백악관에 전달되었다는 보도가 뉴스로 나올 때까지 앨리 기자는 호놀룰루에 머무르고 있었다. 이 필름 보따리들이 워싱턴으로 전달되는 모든 과정은 다음과 같았다.

　두 명의 사진 기자들은 그 지옥 같은 폭격에서 살아남아 겨우 겨우 상하이에 도착할 수 있었다. 그들은 그런 절박한 순간에도 현장 필름들을 결코 포기하지 않았다. 일본도 이런 영상 자료들이 있다는 사실을 눈치 챘고 그들을 체포하려고 노력하였다. 이 사진 기자들은 외국인 거주지역의 지상군 사령관인 미군 대위에게 자기들의 신변 안전을 요청했고, 대위는 그 영상 자료들을 야르넬 제독에게 바로 전달했으며, 제독은 그 자료들을 광동으로 보내서 제일 먼저 출발하는 항공편으로 미국으로 공수한 것이다.

　이렇게 신속하게 미국 정부에 전달된 것이 미국으로 하여금 그 영상 자료를 통해서 폭격의 상황을 정확히 판단할 수 있게 했으며, 일본이 아직도 그 자료들이 태평양을 건너고 있을 것이라고 짐작하던 그 시간에 미국 정부는 그 필름을 충분히 검토할 수 있었다.

　정확한 사실을 알고 싶어하던 미국 국민들에게 이 영상 자료들은 일본이 미국을 공격했던 당시의 생생한 상황을 그대로 보여줄 수 있었다. 친 일본적인 인사들은 이 폭격에 대한 영상 자료들이 대중 앞에 공개되는 것에 대해서 전쟁 열기를 자극할 수 있다는 이유를 들어가며 결사적으로 반대했다. 그러나 그와 같은 반대가 검열을 거치지 않은 영상 자료를 볼 권리가 있다는 대통령의 주장을 바꾸지는 못했다. 친일 인사들의 노력과 시도는 실패로 돌아갔다. 대통령은 사실을 있는 그대로 국민들에게 알리는 것은 정부가

해야 하는 일이고, 국민들이 스스로 판단하도록 해야 한다고 생각했던 것이다.

일본은 손해 배상을 해야 한다.

처음에 일본은 완강한 입장을 고수했다. 일본은 폭격과 기총난사 등, 자기들에게 불리한 모든 사실을 부인했다. 그리고 자기 변명에만 몰두했다. 그들은 비난 받을 사람들은 바로 중국 사람들과 미국 사람들이라고 주장하며 책임을 전가했다. 이런 수법으로 미국 사람들을 속이려고 시도하였던 것이다.

만약 미국이 파나이 호 사건을 예전처럼 조용 조용히 극비에 붙여서 평화적인 방법으로 유화정책을 썼다면, 일본의 수법은 통했을 지도 모른다. 그러나 이번에는 워싱턴이 우물쭈물하며 시간을 끌지 않았다. 미국은 즉각 휴즈 제독의 공식 보고서를 그대로 신문에 공개하였고, 그리하여 모든 미국 국민들이 사건의 전모를 알 수 있는 기회를 제공했다. 이 사건에 대한 일본의 답변서에 관하여 미 국무부는 해군 법정에서 조사된 보고서의 사본을 그대로 첨부하여 보내면서, 미국은 해군 법정의 채택된 진술들을 전적으로 신뢰한다고 밝혔다.

12월 13일, 미국 대통령은 주일 미국 대사에게 보내는 지침을 미 국무장관 코델 헐(Cordell Hull)에게 직접 받아 쓰게 하였다.

"대사는 일본의 외무장관을 만나서 직접 이 말을 전하시오. 미 합중국의 대통령은 양자 강에서 미국과 외국 선박들에게 일본군이 가한 무차별 폭격에 대한 뉴스를 듣고 큰 충격과 깊은 유감의 뜻을 가지고 있다는 사실을 히로히토 천황에게도 그대로 전달하도록 요청하시오. 미국은 이에 관한 모든 증거 자료들을 수집하고 있으며 조만간 일본 정부에도 전달할 것이니, 일본은 그 동안의 모든 잘못에 대해서 사과와 함께 손실에 대한 전면적인 보상을 충분히 하겠다는 내용을 담은 확실한 답변을 주어야 하며, 그와 함께 앞으로 다시는 이와 같은 불미스러운 사건이 재발하지 않도록 조치하겠다는 보증을 미국 정부에 약속하기를 기대한다고 전하시오."

며칠 후, 국무장관은 법정 조사단의 공식 발표 내용과 언론에서 공개한 기관총 공격 사실이 일치한다는 것을 확인해 주었다. 새로운 사실들, 즉, 일본이 쏜 기관총의 총알 구멍이 구명정에서도 발견되었으며, 파나이 호가 침몰하기 전 두 척의 일본군 동력 선이 침몰하는 배에 접근하여 기관총을 쏜 사실이 새롭게 밝혀졌다. 미국은 이런 모든 새로운 사실들까지 일본에 보내는 공식 항의문 속에 삽입하였다.

동시에 미 국무장관이 세 번째로 일본에 대해서 강한 분노를 표출한 이유는 일본이 입에 발린 상투적인 언어로 다시는 이런 일이 재발하지 않도록 조치하겠다는 변명을 했기 때문이다. 국무장관은 이번에는 절대로 그렇게 넘어 갈 수 없으며 미국은 이번 사건을 대단히 중요하게 생각하며 일본 정부가 직접 공식적인 사과와 용서를 구할 것을 요구했다. 아울러 미국이 납득할 수 있도록 완전하고 충분한 손해 배상을 지불할 것, 그리고 앞으로는 절대 중국 내에 있는 미국의 재산과 이권에 관하여 일본이 공격이나 어떤 불법적인 행동을 하지 않겠다는 확실하고 구체적인 증거와 답변을 내놓으라고 요구했다.

일본은 비로소 이 사건을 거짓과 기만으로 속이려던 자기들의 수작이 잘못되고 헛된 일임을 깨닫게 되었고, 12월 15일, 자국의 외무상 히로타 코키(廣田弘毅)로 하여금 그류(Grew) 주일 미국 대사에게 다음과 같은 사과문을 직접 전달하도록 했다.

"일본 정부는 미국의 손해와 손실에 대해서 전액 배상할 것과 이 사건에 책임 있는 모든 사람들을 문책하고 적절하게 조치할 것을 약속 드립니다. 더 나아가서 일본 정부는 이미 이와 같은 불미스러운 사건이 재발하지 않도록 엄중한 명령을 시달했습니다. 우리 일본 정부는 이번의 불행한 사건으로 말미암아 일본과 미국의 우호관계에 아무런 영향이 없기를 충심으로 바라는 바입니다. 일본 정부는 스스로의 잘못을 솔직하고 정중하게 뉘우치며 사과를 드리고 귀국의 혜량하심을 간구하는 바입니다."

이 사과문에서 일본은 미국이 발표한 모든 주장이 정확한 사실이었다는 점을 솔직하게 인정하지 않았다. 일본의 주장이 미국 측의 주장과 너무나 달랐기 때문에, 빠른 시간 내에 일본 사람들의 기억에서 그 차이들이 잊혀지기를 바랄 뿐이었다. 그런 수법으로 자국민에게는 체면을 유지하면서 미국과의 우호 관계도 지속하기를 바라는 것이 일본의 희망이었다.

　어떻게 그런 일이 가능할 수 있을까? 최근에 일어난 일들에 비추어 본다면 양국의 친선과 우호는 결국 일본이 미국의 뺨을 때리면 미국은 다른 뺨을 일본에게 다시 돌려대 주는 이런 류의 상호 이해가 전제될 때 가능하다는 뜻이었다. 그러나 미국은 일본에 성명서나 외교 문서를 보내는 따위의 일을 중단하고 1938년 3월 23일까지 일본에 배상을 요구하는 청구서를 보냈다.

　미국의 모든 피해, 즉, 사상자에 대한 보상, 재산 피해, 미국 군함 파나이 호를 비롯한 세 척의 유조선에 대한 보상을 포함하는 전체 피해액 2,114,007 달러를 청구했다. 피해액을 항목별로 살펴보면, 물적 피해액이 1,945,770달러였고, 사상자에 대한 배상액은 268,337달러였다. 이 청구서는 다음과 같은 헐(Hull) 국무장관의 편지와 함께 일본 외무성에 전달되었다.

　"이와 같은 액수는 신중히 검토하여 산출한 인적 물적 피해 배상입니다. 이 액수는 아주 실제적인 재산상의 손해와 사상자에 대한 최소한의 배상을 청구한 것입니다. 여기에는 예상되는 정신적 고통에 대한 피해는 포함하지 않았습니다."

　4주 후, 일본 외무부 대변인은 폭격과 관련되어 청구된 배상금 전액을 담은 수표가 미국 대사관에 전달되었다고 발표하였다. 이로써 심각하고 불미스러운 사건은 일단 종결되었다.

　이 모든 것보다 더 중요한 한 가지 사실은 이런 불상사가 다시는 재발되지 않도록 보장하는 일이었다. 날로 고조되어가는 미국 국민들의 분노를 염려한 일본은 다시 한번 아주 엄숙하게 앞으로 다시는 이런 일이 재발하지 않도록 최선의 노력을 경주하겠노라고 약속했다. 그러나 어디 이런 약속들이 지켜졌던가?

미국에 대한 일본의 무례함과 오만은 날로 더해 갔고, 그때 이후 중국에 있는 미국 국민들에 대해서 일본이 범하는 피해와 사고는 이미 전 세계가 알고 있는 사실 그대로이다. 일본의 배상과 사과가 있은 후, 상황은 점점 점 더 나빠져 갔고, 급기야 미 국무부는 미-일간의 모든 통상 조약의 폐기를 선언하기에 이르렀다. 여기서 다시 한번 더 강조하지만, 일본을 다루는 유일한 방법은 힘의 논리를 보여주는 것 말고 다른 방법은 없다는 사실이다.

해리 E. 야르넬(Harry E. Yarnell) 제독

일본의 오만을 어떻게 다루어야 할지를 아는 백인 중 유일한 사람은 야르넬 제독뿐이라는 말은 사실이다. 만약 그에게 지난 번 사태에 대해서 모든 것을 지휘할 수 있는 전권이 주어졌었더라면, 의심할 여지 없이 그는 가용한 모든 병력을 투입해서 상황을 완전히 바꾸어 놓았을 것이다. 그러나 미국 정부는 그에게 모든 결정권을 줄 준비가 되어 있지 않았고, 당시에 그 사건에 대한 정확한 상황 파악도 되어 있지 않았으므로, 그의 노력과 권한은 지극히 제한적일 수밖에 없었다. 그러나 그는 순전히 그 자신의 용기와 판단, 그리고 과감한 행동으로 여러 차례에 걸쳐 미국의 이익을 보호하였다.

독일과 이태리를 제외한 모든 서방 국가들은 자국의 이권을 지키기 위해서 많은 노력을 기울였으나 별 소득이 없었다. 서방 세계들은 자기들의 약점이 무엇인지를 잘 알지 못했다. 그것을 일본은 일찍 파악했는데, 그것은 군사력, 즉, 힘이 정의라는 사실이다. 일본이라는 나라는 스스로 강력한 군사력을 가지기 전에는 외교적인 항의나 엄중한 반성의 각서를 보내곤 하였지만, 이제 일본에게 그런 시절은 끝났다. 서방 국가들 보다 더 우세한 군사력을 가진 일본에게는 힘이면 못할 일이 없는 세상이 온 것이다.

비록 서구 열강들이 일본에게 개방 정책에 동의하게 만들었지만, 이제는 양국 모두에게 실제적인 유익이 되도록, 상호 균등한 선을 추구한다는 말이 아니다. 서구 열강들 중에서 어떤 나라도 일본과 같이 표리부동한 이중적인 나라를 상대로 싸워서 이길 나라는 없다. 샌프란시스코에 있는 아름다운 차이나 타운을 그 한 예로 들 수 있다. 이곳은 전적으로 법의 보호를 받으며 미국의 개방 정책의 일환으로 만들어진 곳이다. 그러나 이 차이나 타운의 85%의 상권을 일본 사람들이 차지하고 있다. 일본 사람들은 어디에 있든지 모두 다 좋은 의미로는 민족주의자들이고, 극단적으로는 자기 민족 밖에 모르는 국수주의자들이다. 왜냐하면 그들은 하나같이 일본제국주의의 팽창이라는 목표만을 위해서 사는 사람들이기 때문이다.

억지 같이 들릴지 모르지만 이 말은 사실이다. 만약 일본 사람들이 자기들의 앞길을 가로 막는 사람을 만날 때, 그 사람이 자기

권리를 지킬 용기와 강력한 힘을 가졌다면 그들은 그 사람을 존경한다. 일본인들의 영웅 숭배는 위대한 전통이다. 일본 사람들이 서양의 군사력을 물리치려고 무력을 행사하기 시작했을 때, 자기들이 존경할 만큼 강력한 지휘관을 발견했으니, 그가 바로 야르넬 제독이었다. 야르넬 제독은 당시 중국에 주둔한 미국 해군 아시아 함대의 사령관이었다. 그에게 임무가 주어지면, 그는 적과 동지를 불문하고 그 임무의 완수를 위해서 물불을 가리지 않고 무섭게 싸우는 제독으로 유명했다. 그래서 일본은 그가 자기 임무를 완수하기 위해서 필요하다면 본국의 결정이나 상부의 명령을 기다리지 않고 즉각 자신의 아시아 함대를 전쟁에 투입시킬 것이라고 예상했다. 이것이 바로 일본 군대들이 그를 존경했고 두려워했던 이유였다. 다른 사람들을 얕잡아보고 교만한 일본 사람들이지만 야르넬 제독만큼은 무서워했고 오히려 우러러 보았다.

전쟁이 끝난 다음에는 많은 장애물들과 방해들이 자기들 앞에 있을 것을 알기 때문에 일본 사람들이 지금 전쟁 중에 무슨 일이라도 저질러서 빨리 해결해 버리려고 하는 건 어찌보면 당연하다. 이런 까닭에 일본 육군이나 해군이 어느 지역을 점령하게 되면 제일 먼저 그 지역 안에서 자기들이 나쁜 짓을 하는데 방해가 되는 외국인들, 외국 국적의 민간 선박뿐만 아니라 해군 함정까지 몰아내는 것이다.

이런 요구들이 처음에는 경고의 형식으로 구두로 전달된다. 표면상으로는 외국인의 안전의 문제에 대해서, 특히 당신들의 생명이나 재산이 위험에 처했을 때 우리가 보장해 줄 수 없다는 식이다. 다른 사람의 말을 그대로 잘 믿는 사람들은 일본의 이런 경고를 우정으로 생각하고, 혹은 위험으로부터 자기를 보호하기 위해서, 혹은 침략자들의 요구를 거부할 수 없음으로 자기들의 집이나 사업장들을 포기하고 떠나는 사람들이 있었다.

그러나 외국인들 중에는 그렇게 순진하지 않은 사람들도 있었다. 그들은 오랜 동양에서의 경험에 비추어 보아서 일본이라는 침략자들이 그렇게 박애주의자들이 아니며, 그들의 명령을 한번 들어 주면 그들은 어떤 상황에서든지 계속해서 자기들의 명령에 복종하라고 집요하게 요구하는 사람들이라는 사실을 알고 있었다. 그리고 해군의 경우는, 일본군이 위험한 지역이라는 이유로 자기들이 지정한 소위 안전한 지역으로 배를 옮기게 되면 다시는 그 지역으로 돌아갈 수 없고, 전쟁이 끝난 다음에도 다시는 그 지역에 돌아오지 못할 것이라는 사실을 너무나 잘 알고 있었다.

여러 다양한 요구들이 있었는데 그 중에서 한번은 일본 해군이 모든 외국 선박들에게 자기들이 지시하는 한 가지 색깔로 모든 배들을 똑 같이 도색하라고 명령을 내린 적이 있었다. 이유는 일본 해군 폭격기가 공격할 때, 그 배가 어느 나라 국적인지 구분할 수 없기 때문에 적국의 배로 오인 받지 않으려면 자기들이 지시한 색으로 도색을 하라는 것이었다. 그리고 양자 강이나 다른 내륙으로 강을 따라 입항하기를 원하는 모든 외국 선박들은 일본 정부의 허락을 사전에 받아야 한다는 것이었다.

여기에 숨겨진 일본의 의도는 모든 사람들이 자기들의 명령에 따르도록 만들려는 것이었고, 그 대상은 군대뿐만 아니라 모든 민간인들에게까지 동일하게 일본에 순종하게 만들려는 계획이었다. 물론 야르넬 제독은 일본의 이런 흑심을 정확히 꿰뚫고 있었다.

일본이 한커우(漢口) 진격을 위해서 양자 강 지역의 모든 선박의 철수를 요구하자, 1938년 6월 13일 야르넬 제독은 일본에 보낸 답변으로 미국의 군함은 '위험에 처한 미국 국민이 있는 곳은 어디든지 간다'는 말로 답했다. 그가 발표한 미 해군 아시아 함대의 작전 원칙의 내용은 다음과 같다.

1. 미국 함정은 양자 강에서의 이동의 자유를 온전히 유지하며, 미국 국민이 위험에 처해 있는 곳은 어디든지 찾아간다.

2. 일본이 지시한 색으로 미국의 선박이나 함대는 도색 하지 않는다.

3. 미국은 일본이 미리 경고를 했다고 해서 미국 배에 대해서 끼치는 '어떠한 작은 손해나 파손의 책임'을 경감시켜 주지 못함을 분명히 밝힌다.

해군 선박의 도색에 대해서는, 양자 강 유역에 있는 모든 미국 해군 함대는 흰색을 유지할 것이며, 갑판의 차일에는 대형 미국 성조기를 그려 둘 것이므로 어느 나라의 항공기 조종사라 할지라도 쉽사리 선박의 국적을 식별하게 해 줄 것이라고 답했다.

일본 해군은 야르넬 제독의 이러한 발표로 인해 몹시 불쾌했

일본의 침략근성 - 그 실체를 밝힌다

다. 이런 공개적인 선언 후, 야르넬 제독은 일본에 양자 강의 수로를 열어 달라는 요청도 없이 양자 강 유역의 전체 상태를 조사하기 위해 항진하겠다고 발표하였다. 그러자 일본 해군당국은 신경을 바짝 곤두 세울 수밖에 없었다. 아무도 우리를 간섭하지 못한다고 공개 천명한 일본의 발표를 무색하게 만들어 버린 것이다. 당시에 카이펑(開封) 서쪽 약 30 마일 지역에 일본의 폭격에 의해서 강둑이 무너져서 큰 홍수가 났을 때인데, 엄청난 물이 유입되어 위험함에도 불구하고 그런 지역을 항해한다는 것은 미국 사람의 용감함을 여실히 증명해 준 사건이었다.

이처럼 긴장이 감도는 때에 야르넬 제독이 보여준 영웅적인 책임 완수에 대하여 미국 정부가 깊은 사의와 찬사를 보낸 것은 미 본토와 해외에 흩어져 있는 많은 미국 사람들뿐만 아니라, 극동에 있는 모든 외국인들에게는 큰 기쁨이 아닐 수 없었다.

로저(Edith N. Roger) 하원 대표는 야르넬 제독의 헌신적인 임무수행과 용맹을 칭송하며 표창 결의안을 제안하였고, 미 해군 총장인 클라우드 스완슨(Claude Swanson)은 마음 깊은 곳에서부터 전폭적인 지지를 보내며 동의하였다. 그의 임기가 1938년 10월 1일로 끝이 났을 때, 미 국무부는 그 지역의 외교적 중요성이 계속되는 한 제독에게 임기를 연장시켜 아시아 함대를 계속해서 맡도록 하기를 바란다는 공식 발표를 하였고, 해군 고위층도 제독이 복무기간 만료 후에도 아시아 함대의 지휘관 직에 그대로 유임될 것이라는 보도를 확인해 주었다.

8

미국 국민과 그들의 권익

　　미국을 떠나 외국에서 살아보지 않은 사람이라면 패트릭 헨리 (Patrick Henry)의 그 유명한 명언 '자유가 아니면 죽음을 달라'는 말을 완전히 이해하기는 어려울 것이다. 오늘날에도 세계 도처에서 자유 없이 죽음보다 못한 삶을 살고 있는 사람들이 많이 있다. 미국보다 더 풍성한 자유를 누리며 사는 민족은 없다. 미국의 국기에 새겨진 별들과 줄무늬는 이 나라가 위대한 자유를 향유하는 땅임을 상징한다. 이 깃발 아래에서 미국 시민으로 특권을 누리며 살아가고 있는 모든 사람들은 이 위대한 자유의 축복을 향유하기 위해서 이 나라 건국의 아버지들이 지불한 값비싼 대가를 잠시도 잊어서는 안 된다.

　　미합중국 건국의 기초를 놓은 분들의 숭고한 희생과 이 나라를 참 자유가 넘치는 나라로 만들기 위해서 건국의 아버지들의 위대한 행적을 따라 살았던 수 많은 애국지사들, 선남선녀들의 거룩한 희생을 언급하지 않더라도, 지난 세계 제1차 대전 동안 유럽의 전장에서 이 세계에 자유 민주주의를 꽃피우기 위한 희망을 간직하고 이름도 없이 기꺼이 목숨을 바친 무수한 미국의 젊은이들이 있었다는 사실을 회상하는 것은 결코 무의미한 일이 아니다. 그 전쟁은 목적을 이루지 못했다고 평가 받을 수는 있어도, 전쟁을 전쟁으로 종식시키지 못할 것이기 때문에, 혹은 민주주의의 가치는 싸움으로 얻어지는 것이 아니기 때문에 잘못된 전쟁이란 평가를 받아서는 안 된다.

제 1차 세계대전은 연합국들이 더 이상 전쟁이 계속되는 것을 원치 않았기 때문에 실패한 전쟁으로 평가 된다. 연합국들은 이 세계가 한 사람에 의해서 무법천지로 변하는 데에도 그 사람을 엄벌하지 못했고, 법을 어기는 범법행위가 결코 묵과되지 않는다는 것을 확실하게 보여주는 일에도 실패했다. 그래서 독일이 다시 힘을 결집하기 위해서 잠깐 숨을 돌리고자 휴전 의사를 타진해 오자, 평화를 갈망하던 연합국들은 덜컥 휴전에 동의하고 전쟁을 끝내버렸다. 독일은 부득불 이 굴욕적인 기간을 수용하지 않을 수 없었지만 결국 얼마 후에 또 다시 재무장을 준비하였다. 독일은 이 평화기간을 또 다른 전쟁 준비의 기간으로 이용했으며 연합국들의 예상을 초월할 정도로 신속하게 재무장에 성공하였다.

이러한 독일의 철저한 전쟁준비와 재무장의 책임은 바로 연합국들의 몫이다. 평화의 시대가 도래했다고 선포되자, 연합국들은 서로 시기하고 반목하기 시작했으며, 서로를 의심하였고 공동의 목표였던 자유 민주주의를 꽃 피우는 꿈을 망각해 버렸다. 연합국들이 함께 회복하기 원했던 평화는 어설픈 임시변통이 되고 말았다.

반면에 독일은 모든 필요를 총동원하여 국가적 목표가 한낱 꿈이 되지 않기 위해서 일치단결했다. 독일의 바이마르(Weimar) 공화국은 극심한 산고를 겪으며 다시 거듭났다. 그렇게 본다면 사실 베르사이유(Versailles) 조약에서 패배한 쪽은 오히려 연합국들이었다. 용맹스런 병사들의 숭고한 죽음은 모두 물거품이 되었고, 세계는 민주주의를 다시 꽃 피우는 일에 실패하고 말았던 것이다.

연합국들은 악당들은 처벌을 받고 완전히 제거되지 않으면 반드시 다시 돌아온다는 사실을 까맣게 잊어버렸다. 연합국들은 서로 힘을 합쳐서 공동의 이상을 추구하면서 독일을 경계하기 보다는 서로서로 경쟁하기에 바빴다. 전비로 인한 부채 문제가 사회 이슈화되면서 미국 내에서는 미합중국이 전쟁에 개입한 것은 잘못이었다는 주장들이 점점 고개를 들고 일어나기 시작했다.

이런 상황은 깡패 나라들인 전범국들이 원하던 바였다. 악의 축인 세 나라는 연합국들이 이렇게 분열되기를 조장했고, 민주주의를 신봉하는 나라들은 이에 대한 아무런 대비를 하지 못했다. 추축국가 중 하나였던 일본은 아시아 전체를 통치하려는 야심을 가졌으며 공산주의나 민주주의에 상관없이 모두를 쓸어버려야 할 대

일본의 침략근성 - 그 실체를 밝힌다

상으로 삼기에 이르렀다.

　우리는 이미 일본이 외신 기자들과 서양 선교사들을 어떻게 다루었는지에 대해서 살펴보았다. 이런 일들이 상식이 통하는 일반적인 때에 일어났다면 일제의 그러한 극악 무도한 행태들에 관한 보도는 평화를 사랑하는 미국 사람들을 분노하게 만들었을 것이고, 그런 악행에 대한 끓어오르는 감정을 잠잠케 할 수 없었을 것이다. 그러나 제1차 세계대전에 대한 반감이 작용하면서 생겨난 반전 사상과 강렬한 친일 정서가 결합되면서 오히려 일본에 대해 경계해야 한다는 반일 감정을 잠재워 버렸다. 이러한 잘못된 동정심은 결국 일본으로 하여금 언론의 자유와 종교의 자유까지도 파괴하는 방종을 누리는 결과를 낳게 만들었다.

　중국은 많은 미국 사람들이 마치 자기들의 제 2의 고향처럼 느끼며 일하던 나라였다. 미국 사람들은 중국에서 자기들 본국 정부의 보호를 받으며 온 가족이 함께 살았고, 자기들의 사업을 일구었으며, 그 노동의 대가를 즐기는 만족한 삶을 살고 있었다. 이런 모습은 중국 내의 다른 외국인들도 마찬가지였다. 중국에는 국가 간에 맺은 상호 개방조약들, 통상조약들, 그리고 다양한 합의문들이 존재하지 않았던가! 일본이 해적과 같은 약탈과 급습을 준비하며 노리고 있을 때에도 미국 정부는 이런 사실을 눈치채지 못했고, 미국 시민들은 정부가 여전히 자기들의 재산과 안전을 굳건하게 보호해 줄 것이라고만 믿었다.

　그러나 갑자기 이 섬 나라 해적들이 기관총과 총검과 포탄을 가지고 나타나 육지 해상 공중에서 자기들이 가는 곳 마다, 도시든 시골이든 작은 마을이든 구분 없이, 처참한 살육과 파괴로 생지옥을 연상케하는 폐허를 만들며 진격해 들어갔다. 중국에서 일어난 이 전쟁은 중국에 대한 침략이면서 동시에 백인들에 대한 선전포고이기도 했다. 일본 사람들은 미국 국민들을 손으로 때리고, 발로 차고, 폭탄을 던져서 죽였는데, 비단 미국 남자들에게만이 아니라 미국 여자들에게도 그런 짓을 서슴없이 저질렀다. 일본은 새로운 범-아시아 정책으로 '아시아 먼로 독트린(Asiatic Monroe Doctrine)'을 발표하면서 이 지역에서 모든 서양인들을 추방하겠다는 결의를 다졌다. 이런 상황에서 미국 사람들이 할 수 있는 가장 당연한 조치는 본국 정부로부터 보호를 요청하는 것이다.

"미국이 우리 미국인들을 위해서 해 줄 수 있는 일이 무엇인가?"

이런 물음들이 가는 곳마다 들려왔다. 사실상 워싱턴의 행정가들은 자국민을 위해서 무슨 일을 해 줄 수 있을지 잘 알지 못한다. 오히려 현지에 있는 교민들이 자기들의 필요를 더 잘 알고 있다. 일반적인 외교 절차에 따라 계속되는 만행에 대한 항의가 일본 정부에 속속 전달되었다. 일본은 거듭하여 사과와 보상을 약속했지만 그런 것들은 아무런 소용이 없었다. 정말 필요한 조치는 이루어지지 않고 매번 말로만 반복되는 이런 약속은 오히려 수치스러운 모욕일 뿐이었다. 비록 한 때이지만, 일본은 워싱턴 미 국무부의 요구와 항의에 만족스러운 답을 하려고 진심으로 온갖 수단과 방법

일본의 침략근성 - 그 실체를 밝힌다

을 다 동원하며 노력했던 때도 있었다.

그러나 이제는 상황이 완전히 달라졌다. 오만한 일본군군주의 자들은 그런 항의서 따위는 책상 서랍 안에 집어 넣은 채 거들떠 보지도 않고 외무부 대변인을 통해 '대일본제국의 정부가 조사해 보고 밝혀지는 대로 답변할 것이다'라고 발표할 뿐이다. 1940년 2월 15일 일본 외무상 아리타(有田)는, 현재 일본은 미국인에 대한 손해 청구서 중 232번째 사건의 피해를 조사 중이라고 답변했는데, 워싱턴의 미 국무부는 600건이 넘는 조사를 일본에 의뢰했고 일본 정부의 답변을 기다리고 있었다.

이런 문제에 관하여는 다시 독립된 주제로 더 자세히 다룰 것이다. 여기서 분명하게 밝힐 수 있는 것은 적어도 미국 대통령과 국무장관은 외교적으로 할 수 있는 모든 수단과 방법을 동원하여 최선의 노력을 다했다는 사실이다. 그들은 대외적으로 맹렬히 항의하지 않는 한 아무런 소용이 없음을 깨닫고는 이렇게 상습적으로 국제규약을 무시하는 일본에 대해서 공개적으로 불만을 터트렸다.

그 결과 어떤 반응이 일어났을까? 많은 국민들은 용기를 얻어서 미국 정부의 입장을 지지하며 전폭적인 찬성을 표하였던 반면에, 또 일각에서는 반대자들이 일어나 대통령과 국무장관이 미국을 전쟁으로 몰아 넣는다고 비난했다. 이런 상황에서 미국이 고려할 수 있는 조치 중 하나는 경제적인 제재였다. 결국 헐 국무장관이 이미 경고했던 미-일 통상조약 파기를 1940년 1월 26일에 공식적으로 발표하였으니, 이것이 미국이 일본에 대해서 사용한 첫 번째 경제적인 공격이었다.

일본은 평화로울 때와는 달리 지금은 전쟁 중이므로 자기들의 변명이 통할 줄로 알았다. 모든 가능한 수단과 방법을 총동원하여 반증할 수 있는 이유와 핑계를 만들고 둘러댔지만, 사실 어떤 사건들은 군사적인 필요에 따라 고의로 저지른 일들도 많았다. 이유야 어떻든 간에 이번에는 자기들이 행한 대로 불신의 대가를 톡톡히 지불해야만 했다. 전시가 아닌 평화 시에 외국인들의 재산에 피해를 주고, 상대국 대표들을 무례하게 대한 일본은 이제 더 이상 변명의 여지가 없게 되었다.

적어도 문명국가라면 상대국에 대해서 언제든지 외교적 예의를 지키고 해외에 주둔한 해군에 대해서 상호 존중과 보호를 하는 것은 당연한 일이다. 소위 스스로 문명국이라고 자처하는 일본은 국제관례에 따라 외국 외교관들에게 일정한 예우와 특권을 존중해야 한다는 사실을 기억해야 한다. 그건 국제법까지 거론하지 않더라도 너무나 당연한 국가 간의 불문율이다. 만약 서구 열강들이 일본에 대해서 객관적으로 법을 엄격하고 편견 없이 집행할 수 없었다면, 일본은 그들을 향해서 전쟁을 선포하고 그런 이유를 들어 정당한 요구를 할 수 있었을 것이다. 그러나 일본은 중국에 대해서 전쟁을 선포하지도 않은 채 전면전에 돌입하여 해적 같은 약탈을 광범위하게 자행하였던 것이다.

일본은 지금 자기들이 저지르는 모든 짓들이 이미 지켜져야 하는 국제군사규약에 위배된다는 사실을 알고 있었다. 그래서 한편 자기들에게 유리할 때는 이런 규정을 내세우며 서구 열강들에게 평화시의 특권을 요구하였고, 반면에 또 다른 때는 자기들이 알고 있는 모든 지식을 동원해서 불공평하고 이상한 방법으로 해석한 것을 내세워 백인들의 업적과 영향력을 파괴하고 그 위에 자기들의 성과를 세우기 위해서 혈안이 되었다.

만약 두 강대국인 미국과 영국이 연합하여 일본의 약삭빠른 공격을 적극적으로 저지했거나 아니면 미국 국민 전체가 한 마음이 되어 강력하게 일본을 제재했더라면, 오늘과 같은 그런 행동들을 일본이 하지는 못했을 것이다. 그러나 눈치 빠르고 교활한 일본인들은 이번에도 그런 제재가 없을 줄로 알고 지금이야 말로 백인들을 걷어 찰 수 있는 절호의 기회라고 여긴 것이다.

만약 중국이 아편전쟁에서 유럽제국의 침략을 용서했거나 잊어 버렸다면, 일본은 자기들이 중국을 대신해서 복수해 주어야 할 '거룩한 사명'이 있노라고 말했을 것이다. 일본이 오랫 동안 가슴에 품고 있던 야욕, 즉, 서구를 단번에 그리고 영원히 잠재워 버리고 원한을 갚겠다고 나섰을 때, 사실 일본은 대단히 강할 것으로 기대했던 서구의 군사력이 실제로는 자기네들 예상치의 절반에도 미치지 못한다는 사실을 알고는 스스로 놀라지 않을 수 없었다.

일본이 중국을 공격해 들어가자 서양의 경제적, 정치적 영역들, 외국인 거주지, 치외법권지역, 외국인의 영향력과 세력의 범위 등, 지금까지 신성불가침으로 여겨져 왔던 모든 것들이 추풍낙엽처럼 힘없이 우수수 떨어지고 말았다. 우리가 태양신의 아들이 아니었던가? 우리가 바로 태양신의 후손인 까닭에 마치 유럽에서는 히틀러나 무솔리니가 했던 것과 동일한 역사가 동양에서는 일본을 통하여 일어나도록 하늘이 돕는 것이 아니고 무엇이랴!

파나이 호 폭격사건 이후 가장 심각했던 사건은 주중 미국 대사관의 외교관 존 앨리슨(John Allison)이 일본 초병에게 뺨을 맞은 사건이었다. 중국이 난징에서 임시정부를 한커우(漢口)로 이전하면서 주중 미국 대사 존슨(Johnson) 씨도 거기에 머물러 있었기에, 그는 그 기간 동안 난징에 있는 미국 대사관 전체를 책임지고 있던 3등 서기관이었다. 그런 위치 때문에 앨리슨 서기관은 외교관으로 양 교전국들에 의해서 적절한 외교적 예우와 면책특권을 받을 권한이 있었다. 서양은 물론이고 동양을 포함한 전 세계 외교계는 1938년 1월 27일 미국 외교관 앨리슨이 일본군 초병으로부터 뺨을 맞았다는 소식을 듣고 경악을 금치 못했다.

앨리슨은 다음과 같은 정식 보고서를 미 국무부로 보냈다.

"본인은 두 명의 미국인 교수들, 베이츠(M. S. Bate) 씨와 릭스(Charles Riggs) 씨와 함께 한 여성을 만나려고 그녀가 있는 곳으로 가고 있었습니다. 그 여성은 과거 사제관이었던 곳을 알고 있는 사람입니다. 그 지역을 지금은 일본군이 점령하고 있으며 그 여자도 거기서 붙잡혔습니다. 일본 경찰의 안내를 받으며 그 지역에 들어가는 동안, 갑자기 일본군 보초 한 사람이 달려오면서 영어로 '돌아가! 돌아가!'라고 소리쳤습니다. 그는 우리가 미처 돌아설 시간도 없이 달려오더니 우리들의 얼굴 양쪽을 손바닥으로 때렸습니다. 일본 경찰이 그에게 우리가 미국사람들이라고 말했지만, 더욱화가 난 그는 릭스 교수에게 다시 달려들려고 했습니다. 그 와중에 릭스 교수의 셔츠를 찢었고 교수의 단추가 몇 개나 떨어졌습니다. 본인은 이 사건을 일본 대사관에 항의했고 다음과 같은 내용의 답변을 일본 관리로부터 받았습니다.

"미국 사람들이 그 지역으로 들어가는 것은 잘못한 일이고, 일본 군인은 분명히 '나가라!'는 명령을 내렸으므로, 그는 당신들의 뺨을 때릴 권리가 있다."

앨리슨의 보고처럼 일본 대사관 역시 일본군 보초의 행동을 지지하고 있었다는 내용은 틀린 말이 아니었다. 일본의 외교부 당국까지도 자기 나라 병사의 편을 들어준다면 군부야 오죽하겠는가! 동경의 일본 육군성 대변인은 이렇게 논평 했다.

"존 앨리슨의 뺨을 때린 초병은 자기의 임무를 정확히 수행했다. 그는 아무 잘못이 없으며 그에게는 어떤 처벌도 없을 것이다. 지위 고하를 막론하고 누구든지 일본군 병사의 명령에 불복종하는 자는 총살을 당해야 한다. (……) 앨리슨에게 전달된 유감 표현은 단지 관례적일 뿐이다. 군당국은 과거 앨리슨 씨의 행적을 면밀히 조사해 보았다. 지난 화요일, 군 헌병이 앨리슨 씨의 자동차 발판을 밟고 올라타려고 했을 때, 앨리슨 씨가 그를 밀어내며 그에게 '바보'라고 소리쳤다고 한다."

이런 경우와는 너무나 다르게 미국에 거주하는 일본인들에게는 완전한 자유가 주어졌으며, 재미 일본인들은 사업에 있어서도 아무런 제재나 제한이 없었고, 어디에서 무엇을 하든지 모든 행동에 자유가 보장되었으며, 일본인들이 보복을 당했다는 보도는 단한 건도 없었다. 여기서 우리는 미국 사람들의 변함없는 신뢰성에 대해서 말하지 않을 수 없다. 지난 봄 기독교 사회운동가인 카가와 토요히꼬(賀川豊彦) 씨가 미국을 방문했을 때, 미국 사람들이 그를 따뜻하게 영접하고 환대하여 준 것은 크리스천의 정신과 품격을 보여준 행동이라고 생각된다.

다시 앨리슨의 이야기로 돌아가자면, 미 국무장관이 보고서를 받은 후, 이 문제를 가지고 대통령과 두 시간 동안 회의를 했으며 거기에는 전권 대사인 데이비스(Norman Davis)와 국무차관인 웰스(Sumner Welles)도 동석했다. 회의의 결과는 강력한 항의문을 일본에 보내기로 하는 것이었고, 항의문의 내용은 밝힐 수 없지만 충분히 짐작할 수는 있다. 즉, 미국은 이 사건에 대하여 일본이 발표한 내용은 절대로 용납할 수 없으며, 만약 일본 쪽에서 미국이 제시한 질문들에 즉각적이고도 충분히 납득할 수 있는 답변을 보내지 않는다면, 파나이 호 침몰 사건까지도 다시 문제 삼고 연계할 것이라는 내용을 담고 있었으리라고 짐작된다.

이것은 외교적으로 절묘했으며 성공적인 사례로 기억된다. 동경에 있는 고위층들은 이것이 무엇을 의미하는지 그 뜻을 잘 알고 있었다. 만약 미 국무부가 파나이 호 사건을 다시 들고 일어나서 공개되지 않은 비밀들까지 다 폭로한다면 미국의 국민 여론은 완전히 뒤바뀌어 반일감정으로 변할 것이다. 그렇게 되면 일본으로서는 이 문제를 도저히 수습할 수 없게 될 것이라는 사실을 너무나 잘 알고 있었다.

미국의 질문서가 1938년 1월 29일에 전달되었다. 바로 다음 날, 일본 정부는 태도를 완전히 바꾸어 고개를 숙였다. 일본 외무성 차관은 당장 다음과 같은 공식 성명서를 발표하였다.

"이유 여하를 막론하고, 어떤 설명으로도 일개 일본군 병사가 미국 영사의 뺨을 때린 사건이 일어났다는 것은 있을 수 없는 극도로 불행한 일입니다. 난징에 주둔하는 일본 장교, 혼고(本鄕) 소좌가 미국 대사관을 방문하여 난징 최고사령관을 대신하여 깊은 사죄와 용서를 표했습니다. 동시에 일본 정부로서는 심심한 유감의 뜻을 표하며, 이 사건에 대해서 엄밀한 조사를 거쳐서 당사자에게 엄중한 책임을 물을 것이고, 적절한 처벌을 내릴 것을 확실히 밝히는 바입니다."

1938년 1월 31일 미 국무부는 일본의 사과와 일본 외무성의 약속을 받아들인다는 성명을 발표하였고, 이로서 앨리슨 사건은 일단락되었다.

지난 일련의 사건들을 되짚어 보면 오히려 파나이 호 사건의 전모는 물론, 미국과 일본의 관계를 더욱 긴장으로 몰고 갈 모든 정보들이 공개되어 미국 국민에게 일본의 정체가 드러나는 것이 더 유익하지 않았을까 하고 생각하는 사람들도 있다. 신문 기자들은 의심 없이 이런 일련의 사건들은 일본 사람들이 고의적으로 미국 국민들의 인내를 시험하기 위해서 만든 일이라는 사실을 알고 있었다. 만약 미국이 이런 까닭 없는 모욕과 불상사에 대해서 외교적인 명예회복이나 보상만을 요구했다면, 일본은 미국의 정신에 직접적으로 도전하고 정면승부를 걸 때가 되었다고 착각했을 것이다.

국기 사건

제일 먼저 서구의 선교사들이 들어갔고, 그 뒤를 국기가 따라갔고, 그 국기 뒤에는 무역하는 상인들이 따라갔다는 사실은 너무나 잘 알려진 사실이다. 선교사들은 복음을 전하기 위해서 자기들의 목숨을 바쳐가면서 모든 미지의 세계로 들어간 첫 사람들이다. 그 선교사들의 뒤를 국기가 따라 들어갔다. 이렇게 그 나라를 상징하는 국기가 가는 곳마다, 상인들이 뒤를 이어 자국의 보호를 받으며 교역의 길을 열었다. 그러므로 선교사들이야 말로 국제간의 관계가 가능하도록 문을 연 선구자들이었고, 그 뒤를 따라 들어간 조국의 국기가 자국의 선교사들을 보호해 주는 역할을 하게 되었다. 그러나 많은 곳에서 선교사들은 자기 조국의 보호를 받기보다 복음을 전하는 일에 목숨을 걸었으며 또 여러 경우에 선교사들은 제국주의의 앞잡이들로 간주되기도 하였다.

산동성 쟈오저우(胶州)에 있는 중국인들과 독일 선교사들 사이에 충돌이 발생하여 1897년 11월에 독일인 선교사 두 명이 죽임을 당했다. 약 한 달 후에 독일은 쟈오저우를 침공하여 그 지역이 독일의 소유가 되고 말았다.

여러 경우에 미국의 성조기는 안전의 상징이 되기도 했지만 동시에 증오의 대상이 되기도 했다. 더 크고 잘 보이게 성조기가 휘날리면 더 빈번하게 그리고 더 격심하게 일본의 공격 표적이 되었던 경우가 허다하다. 예를 들자면, 산시성(陝西省)의 펀차오(分潮)에 있던 미국 선교부(American Board of Mission)가 공습을 당했을 때, 8명의 미국 사람들과 수 천 명의 중국인들이 4시간 동안 계속되는 폭격 속에서 살아 남았다. 그들은 바로 한 달 전에 공사를 마친 방공호 속에 들어갔기 때문에 아무도 다치지 않고 모두 살아 날 수 있었다. 그런데 불행하게도 중국인 수위 한 사람이 대형 성조기 아래가 가장 안전하리라 생각하고 그 밑에 숨었다가 일본군의 총에 맞아 죽고 말았다.

일본은 외국의 국기에 대해서는 공격하거나 훼손하지 않는다는 국제 규정을 의도적이고도 무자비하게 짓밟는 반면, 세계 모든 나라들이 자기들 국기인 일장기 앞에서 고개를 숙이고 경의를 표하라고 강요할 기회를 호시탐탐 노리고 있었다. 일본은 이에 항거하는 아시아의 모든 나라와 민족들에게 천황 앞에 완전히 굴복하고 복종하도록 만들기 위해 공포와 두려움을 조장하는 정책을 폈다.

일본인들은 이렇게 소리친다.

"누가 감히 대 일본제국에 저항한단 말인가? 미국이나 영국도 함부로 우리를 대적하지 못하는데 누가 대 일본제국에게! 이미 우리는 여러 차례 서구 열강의 국기를 달고 보호받을 줄 기대하던 그들의 재산과 그 국민들의 생명에 폭격을 가하지 않았던가? 그리고 그들이 항의를 해 와도 우리는 그들을 보기 좋게 무시하며 입에 발린 외교적인 발언으로 사과하고 끝내지 않았던가? 서구 열강들은 자기들의 국기에 경의를 표하고 충성을 맹세하지만, 우리는 미국의 성조기와 영국의 유니온 잭까지도 모독하고 갈기갈기 찢어버리기도 했으며 심지어 발로 밟아버리기까지 하지 않았던가! 그때마다 우리는 육군이나 해군의 하급 장교나 외무부의 하급관리를 통하여 '미안합니다(Komenasai: 사과할 때 쓰는 일본 말)'이 단 한 마디로 문제를 해결하곤 하였다. 그러한 우리 대 일본제국의 찬란한 일장기 앞에서 어느 누가 감히 절 하기를 거부한단 말인가?"

이것이 일본이 가진 생각과 태도였다. 아무리 강대국이라 하더라도, 오늘 날과 같은 현대 사회에서 한 나라가 다른 나라의 국기를 모독하고, 무시하고, 심지어는 발로 짓밟는다는 것은 상상할 수도 없는 일이고 믿을 수도 없는 일이다. 상대가 우방국이 아니라고 하더라도 그런 일은 상상이 되지 않으며 그러면서도 자기 국기에 대해서는 강제적으로 경의를 표하고 절하라고 하는 것은 용납될 수 없는 일이다. 이것이 바로 일본이 자행했던 짓들이고 지금도 계속되는 만행이다. 수 많은 만행 가운데서 단 몇 가지만 여기에 언급하려고 한다.

1937년 11월 30일 미 국무부는 상하이 주재 미국 총영사인 가우스(Clarence Gauss)가 보고한 내용을 공개했다. 그 내용은 일본이

상하이에서 미국의 성조기에 대해서 범한 무례함이었다. 그의 보고서에 의하면 일본 수병들을 가득 태운 일본의 한 견인선이 프랑스 지역의 항구에 정박중인 미국인 소유의 견인정 훼이팅 호(Feiting)를 나포하여 끌어 당기고 있었는데, 그때 그 배에는 미국 국기가 펄럭이고 있었다. 그런데 일본인들이 미국 성조기를 끌어내려서 황푸(黃浦) 강에 던져버렸다. 그리고는 찾을 생각도 하지 않고 아주 천연스럽게 일장기를 그 자리에 게양하였다.

또 다른 예는 파나이 호 사건이 있은 지 며칠 후에 벌어졌던 일이다. 일본 병사들이 미국 병원에 속한 배를 빼앗아 미국 국기를 내려서 양자 강에 던져버린 것이다. 병원 측은 강에 버려진 미국 국기를 건져서 일본군 지휘관에게 증거물로 보냈으며 미국 정부도 강력한 항의문을 일본 정부에 보냈다.

1938년 8월 15일, 영국의 예인선 빅토리아(Victoria) 호에는 일본 수병들이 올라와서 아무런 이유 없이 그 배의 선장을 밧줄로 꽁꽁 묶고, 영국 국기인 유니온 잭을 내리고 자기들의 일장기를 걸어버렸다. 이에 영국 군함이 즉각 출동하여 사건의 전모를 조사하였다.

1938년 4월 30일 뉴욕 항에 일본의 화물선 노무라(野村丸)가 천천히 입항하고 있었는데 뱃머리에 일장기가 미국의 성조기 보다 더 위에 걸려 있었다. 국제 규약과 미국의 항만 규정에는 미국에 입항하는 모든 외국 선박들은 미국 국기를 선두에 게양하도록 명시하고 있으며 그 어느 깃발도 성조기보다 위에 다는 것을 허용하지 않고 있었다. 미 해안 경비대가 노무라 호에 승선하여 깃발의 위치를 바꾸라고 명령했다.

이런 여러 사건들은 기회가 있을 때마다 일본이 우위에 있음을 과시하기 위해서 계획적이고도 조직적으로 만든 사건들이다. 일본은 이런 일들을 개인적이고 산발적으로 일으켜서 서로 연관이 없는 독자적인 사건으로 보이도록 하려고 했다. 그러나 이 모든 사건들은 서로 관련이 있었고, 동경의 철저한 통제하에 일사 분란하게 움직이고 있었다는 사실을 부인할 수 없다.

그들은 자신들이 얻은 성공과 그들이 침략한 영토들, 이 모든 것들이 결국 일본의 자존심을 높여 주는 일이라고 생각했다. 그 방법이 평화적이건 군사적이건 일단 사건을 성공으로 이끌기만 하면, 그 사람은 훈장을 받았고 진급을 보장 받았다. 이런 이유들 때문에 일본인들은 자기 민족의 명예를 높이고 자국의 부를 축적할 수 있는 일이라면 수단과 방법을 가리지 않고 일을 저질렀다.

모든 배의 선장들은 각 나라의 항만 규정을 잘 알고 있으며 그 규정을 따라야 한다는 사실도 충분히 숙지하고 있었다. 그러나 노무라 호와 같은 무례한 행동은 기존 규정을 위반한 것이며 동시에 미국의 명예를 무시하고 경멸하는 행동이었다. 과연 이것이 사소한 일이고 부주의에 의한 일이며 일개 하급 선원이 저지른 실수라고 말할 수 있겠는가? 원래 일본 사람들은 대단히 세심하고, 작은 일에도 신경을 많이 쓰며, 항상 예의 바른 행동을 해 오던 사람들이기 때문에 그들이 그런 실수를 저질렀다는 것은 있을 수 없는 일이다.

일본의 침략근성 - 그 실체를 밝힌다

우리는 지금까지 일본이 중국과 뉴욕 항에서 미국의 성조기를 어떻게 대했는지, 얼마나 함부로 했는지에 대해서 생각해 보았다. 그렇다면 이제 우리는 일본이 미국에서, 그리고 미국 사람들에게 자기들의 국기에 대해서 어떤 요구를 했는지에 대해서 생각해 보자.

일본은 중국뿐만 아니라 다른 여러 곳에서 미국의 성조기를 고의적으로 모독했으면서도 자기들의 국기에 대해서는 미국 내에서, 심지어는 미국 국민들에게조차도 절을 하라고 강요했다.

1939년 겨울, 세 척의 일본 배가 하와이를 방문했을 때의 일이다. 그 때나 지금이나 수시로 일본 배들이 하와이를 공식 혹은 비공식적으로 방문하곤 했다. 일본 배들이 호놀룰루 항구에 도착할 때면 수 많은 일본사람들이 부두와 항구 주변에 몰려와서 인산인해를 이루는데, 그들은 대부분 미국 시민권을 가진 일본 사람들로 자기 동포들을 환영하러 나온 사람들이었다.

도착한 일본 선원들과 해군 수병들은 일장기의 물결 속에서 환영을 받았고, 만세(Banzai, 일장기를 흔들거나 반자이를 외치는 것이 지금은 금지되었다)를 부르며 열광적인 군중들은 환영의 표시로 꽃다발 세례와 오색 종이를 흩날렸다. 호놀룰루 시장을 비롯한 주 정부도 일본 사람들의 열렬한 환영에 가세하기 위하여 참여하곤 했다. 일본 영사는 방문하는 해군 장교들과 선원들을 환영하는 행사를 주관했는데, 행사장은 넓은 잔디밭에서 키가 큰 야자수와 온갖 다양한 열대 꽃들로 장식되어 있으며 여러 색깔의 조명과 휘장들로 장식되어 있었다.

거기에는 연방 정부와 주 정부의 고위 관리들, 미 육군과 해군 본부의 장교들, 그리고 상공 회의소 대표들과 지역 사회의 유지들로 가득했다. 방문자와 지역 대표들, 일본 사람들과 미국 사람들이 모두 뒤섞여서 양국의 우의와 친선을 도모했다. 내가 아는 미국 사람들 중에는 이런 행사에 참석하는 것을 거부하는 사람들이 있었는데, 나는 그들이 일본과 우의와 친선을 표할 수 없다고 직접 말하는 것을 들었다. 그들은 일본이 중국에서 미국 시민을 향해서 공격하고 미군함을 공격하여 침몰시켰는데, 그렇게 많은 중국 사람들을 죽인 사람들과 무슨 친선을 도모한다는 말인가! 라고 했다.

얼마나 많은 하와이에 사는 미국인들이 이런 생각을 하고 있는지 분명하게 알 수는 없다. 일본 영사가 주최하는 이런 환영회가 열리는 동안 때로는 식전이나 혹은 식후에 주최측은 아무 날 아무 시에 방문자들을 위해서 호놀룰루 시가 속해 있는 오하우(Oahu) 섬을 일주하는 카 퍼레이드 행사를 가진다고 알리면서, 이 행사를 위해서 자동차를 하루 종일 제공해 줄 것을 부탁한다. 그러면 미국인이나 일본인, 개인이나 혹은 가정, 기관이나 단체들 중에서 우의를 과시하기 위하여 자동차를 운전수와 함께 보내겠다는 지원자도 있고, 자동차만 제공하겠다는 사람도 있다. 이렇게 일본 배들이 들어오면 온 시가지는 흰색 일본 해군 제복을 입은 사람들과 코닥(Kodak) 카메라를 든 사람들로 인산인해를 이룬다.

이것은 비공식적인 방문 행사이지만, 태평양을 마주보고 있는 두 강대국의 친선과 우의를 돈독하게 하고 과시하는 행사임은 의심의 여지가 없다. 그러나 이것이 전부는 아니다. 일본 사람들은 전 세계를 정복하여 강력한 대일본 제국을 건설하려는 데 혈안이 된 사람들이다. 한 사람 한 사람은 조국의 정복 야욕을 이루는 하나의 역할, 즉, 하나의 부속이라고 생각한다. 한 가지 예를 들자면, 국기 모독 사건 역시 이러한 거대한 계획의 한 부분으로 짜여 진 각본에 따라 만들어진 사건이지, 우연히 일어난 돌발적인 사건이 아니다. 그런 일이 세계 어디에서 일어났다 하더라도 개별적인 사건이 아니라 조직적으로 계획된 사건이었다는 말이다. 가장 최근에 일어난 미국 성조기 모독 사건도 바로 일본 해군이 그렇게 빈번하게 방문하던 바로 이곳 하와이에서 일어났던 사건이다.

1939년 10월 22일 하와이 원주민 혈통의 미국 시민이며 호놀룰루 수도국의 책임자인 카마이(David Kamai) 씨가 급수료 징수를 위해서 일본 해군함 야쿠모(野雲)에 승선하려고 하자 탄창을 장착한 총을 든 한 일본 병사가 트랩에 서서 카마이 씨를 세워 놓고 유창한 영어로, 정복을 입지 않았기 때문에 승선하지 못한다고 고함을 질렀다. 그리고는 배에 오르려면 먼저 일장기에 고개 숙여 경례를 하라고 요구했다. 카마이 씨는 자신은 아무에게도 절하지 않는다고 거부하며 돌아섰다. 그런데 그의 뒤로는 정복을 입지 않은 여러 명의 일본 수병들이 배에 오르고 있었다. 더운 열대성 기후 때문에 하와이에서는 사람들이 셔츠 차림으로 일하고 외출하는 것이 당연하고 일상적이었다. 그러는 사이에 하와이에 사는 일본 교민 한 사람이 보초를 뒤로 불러 무어라고 말하더니 카마이 씨를 배에 오르게 허락해 주었고, 급수료와 관련된 임무를 할 수 있게 해주었다.

10월 24일자 호놀룰루 스타 블러틴(Star Bulletin) 신문은 사설에서 조용하지만 신중하게 이 사건을 언급하면서 다음과 같은 말로 결론을 내렸다.

"한 일본군 초병이 일본군함에 공적인 업무로 방문하려는 미국 시민에게 일장기에 경례하라고 명령한 이 사건을 공론화하여 국제적인 문제로 비화시키는 것은 어렵지 않은 일이다. (……) 만약 이것이 단순한 잘못이고 오해였다면, 그 배의 함장이 당사자를 적절하게 가르치고 시정하면 되겠지만, 만약 이것이 일본의 오만 방자함에 기인한 행동이라면 이 사건은 반드시 공론화하여 분명한 책임을 묻고 일본으로 하여금 충분한 교훈을 얻도록 하는 절차가 필요할 것이다."

일본 총영사는 스타 블러틴이 언급한 내용에 대해서 완강하게 거부하며, 일본 군인이 데이비드 카마이 씨에게 일장기에 절하라고 했다는 것은 있을 수 없는 일이라는 내용의 성명서를 발표했다. 그 성명서는 이는 완전히 잘못된 오보라고 말하며, '아무도 그런 신문의 사설을 믿지 않을 것이다. 왜냐하면 일본은 절대로 외국인들에게 일장기 앞에 고개를 숙이라고 강요할 나라가 아니기 때문이다'라고 반박했다.

그러나 그 다음 주, 호놀룰루를 방문했던 그 군함은 비슷한 목적으로 하와이의 섬 중에서 가장 큰 섬이며 그 섬의 수도가 있는 히로(Hiro) 시를 방문하였다. 그때 거기서도 지난번 일어났던 일과 똑같은 사건이 그대로 재발되었다. 이번에는 배에 오르도록 임시로 만들어진 출입구 옆에 영어와 일본어로 일본 국기에 절하라는 내용과 함께 거기 서 있는 일본 보초 모습을 사진으로 찍었다. 이 사진이 호놀룰루 애드버타이저(Honolulu Advertiser) 지에 게재되었다. 호놀룰루 신문에 나온 사설의 내용을 그대로 여기 다시 옮기면 그 내용은 다음과 같다.

제목은 '건방지고 오만한 일본전함 야쿠모(HIJM Yakumo)의 수병'이다.

"위대한 천자라고 불리는 일본 천황 히로히토의 사자(使者)인 전함 야쿠모가 근엄한 자태로 물 위에 떠 있다. 모든 일본 신민들은 천황에게 경의를 표하는 방식으로 고개를 숙여 절을 하든지, 모자를 벗어 예를 표하는 일본 군국주의의 전통과 예절에 따라야 한다. 이는 일본에 있는 사람들에게는 자연스럽고 익숙한 예절이다. 그러나 다른 나라 사람들에게 이런 전통은 아무런 의미가 없다.

지난 한 주간 동안 미국의 두 도시, 호놀룰루와 히로에서 일본군 병사에 의해 일본전함 야쿠모에 승선하려는 미국 사람들에게 일장기에 강제로 고개를 숙이라는 요구가 있었다. 그 요구는 두 곳에서 모두 다 거부당했다. 위에 있는 사진은 히로에서 촬영한 것으로 '보초에게 경례하는 수칙'을 영어와 일어로 적어 둔 안내문이다. 그러나 이 사진을 찍은 직후에 보초가 더 이상 사진을 촬영할 수 없도록 안내문을 돌려 놓았다."

미 국무부는 히로에서 일어난 '국기 사건'이 보고 되기를 기다리고 있었다.

히로에서 일어난 사건의 발단은 미국 세관 백인 검사관 윌슨 (Stanley Wilson)이 야쿠모에 승선하여 일본 지휘관에게 항구의 규례에 대해서 전달하려고 했을 때 일어났다. 윌슨이 배에 승선하려고 할 때, 배의 출입구 트랩에 서 있던 선원이 그의 팔을 붙잡으며 난폭한 언어로 누구냐고 신분을 밝히라고 했다. 윌슨은 본인이 세관 공무원이라고 밝히자 일본 선원은 무장한 한 병사를 가리키며 그에게 고개 숙여 절을 하라고 요구했다. 그러나 그가 거부하자 그 일본 선원은 화를 내면서 '이것은 대 일본제국의 함대이다'라고 고함을 질렀다. 결국 일본 장교가 나왔고 윌슨은 배의 트랩에서 내려와 그 장교에게 서류를 전달하고 돌아 왔다.

다음 날 히로 시의 수도국 징수관 조나 버쉬(Jonah Bursh)가 야쿠모 호에 급수 사용증을 전달하려고 갔을 때에도 배에 걸린 일장기에 절하지 않겠다고 거부하자 승선을 거부 당했다. 그 다음 히로 시의 수도국 사무국장 에밀 오소리오(Emil Osorio) 씨가 일본 사람을 대동하고 가자 아무런 요구도 하지 않았고 그냥 승선하도록 허락했다. 호놀룰루 일본 총영사 대행과 미국 세관 총 책임자가 서로 논의하여 이 문제를 조용하게 해결하였다.

체면 치례용으로 1939년 11월 10일 히로 시의 일본 해군 환영 위원회 마치무라 토모지(町村友治) 위원장이 자신의 이름으로 일장기에 경례하라는 지시를 포함한 모든 사건의 책임은 자기에게 있다는 사과 성명을 발표하면서 자신은 일본어로 쓴 게시판을 붙이라고 했지, 영어로 쓴 게시판을 붙이라고 하지는 않았다는 상투적인 변명을 했다. 그러나 게시판에는 영어와 일본어로 승선하는 자는 보초에게 경례해야 한다고 쓰여 있었다. 결국 마치무라 환영위원장은 일본 총영사를 대신해서 스스로 속죄양을 자청한 것이다.

실제로 문제의 불씨를 일으킨 사람은 일본 초병과 문제의 안내문을 사진 찍은 사람이었다. 만약 그 사진이 없었다면 일본 총영사는 사실을 부인하며 또 다른 거짓말로 위기를 쉽게 빠져 나갔을 텐데, 그 사진이 증거가 되어 엉뚱한 사람이 사과 성명을 발표하지 않을 수 없는 결과를 낳았다.

9

아 홉 강 대 국 의
평 화 회 담

중-일 전쟁으로 말미암아 미국의 입장이 난처하고 당혹스럽게 되었다. 지난 30여 년 동안 미국과 일본은 양국 간에 아무런 어려움 없이 평화적인 우호관계를 유지해 왔으며 현재와 같은 위기는 한 번도 없었다. 이제 미국은 일본의 도전을 받아 들일 것인지, 또는 모른 체 할 것인지 선택해야 할 결정적인 순간을 맞은 것이다. 불안정한 상황에는 항상 고통과 시련이 따르는 법이다.

그 뿐만 아니라 미국은 이미 아홉 강대국의 평화조약과 다른 국제 조약들에 따라서 중국의 정치적인 독립과 영토를 보전하고 지켜주어야 할 의무가 있었다. 지금 중국은 그 조약에 참여하지 않은 일본에 의해서 공격을 받고 있기 때문이다. 일본이 중국을 침략했을 때 이미 중국은 조약에 서명한 나라들이 이 문제를 의논하고

일본의 침략근성 - 그 실체를 밝힌다

적절한 조치와 행동을 보여주기를 기대했었다. 그러나 국제 조약에 가입한 나라들은 아무런 행동도 보이지 않았고 중국의 요청에 응하지도 않았다. 서방 문명 세계를 향한 일본의 겁 없는 도전은 전 세계에 대한 위협이며 특별히 미국에게는 엄청난 위협이 되리라는 사실은 의심의 여지가 없었다.

이러한 국제정세 하에서 미국 대통령과 국무장관은 미국이 서명한 아홉 강대국들의 평화조약을 존중하면서 일본에 대해서 단호한 조치를 취하는 것이 자기들의 의무임을 자각했어야 했다. 이미 미국 정부와 국민들은 중국에 차관, 시설 설비 투자, 혹은 보급 등의 명목으로 많은 물질을 지원하고 있었으므로, 처음부터 더욱 적극적으로 일본을 제재했었다면 지금과 같은 극심한 고통과 피해로부터 중국을 구할 수도 있었을 것이다. 만약 미국 국민들이 더 일찍 정부에 전폭적인 지지를 보냈더라면 유럽과 아시아 양 대륙에서 국제 사회를 무법천지로 만든 강도 떼와 같은 나라들을 훨씬 쉽게 잠재우고 세계를 전쟁으로 얼룩지지 않게 할 수도 있었을 것이다.

그러나 불행하게도 세계가 직면한 문제들을 바라보는 서로 다른 정치적인 입장과 생각의 차이를 조정하는 데는 너무나 많은 시간이 필요했다. 세계 도처에서 일어나는 사태들을 보면서 이제서야 미국 국민들은 자기들의 안전이 위협을 받고 있다는 사실을 깨닫게 되었다.

아홉 강대국의 평화 조약은 1921년 워싱턴 회담의 결과물이며 1925년에 승인되었다. 이 조약은 엘리후 루트(Eliho Root)에 의해서 발의안 형식으로 제출되어 본회의에서 받아들여졌으며, 아홉 나라들이 동의한 조항들은 다음과 같다.

1. 중국의 자주권, 독립, 그리고 영토와 자치권은 보존되고 존중되어야 한다.
2. 중국을 발전시키고 성장을 이끌 수 있는 안정적인 정부를 유지하도록 완전한 기회를 제공한다.
3. 모든 나라들은 통상과 산업에 있어서 기회 균등의 원칙을 준수하며 발전해 나갈 수 있도록 자기 나라의 영향력을 효과적으로 사용한다.
4. 현 상황에서 상대방의 국가나 국민들의 권리에 피해를 주면서까지 자국의 권리와 특권을 추구하는 일은 조심하고 삼가야 한다.

또 다른 조약, 소위 4대국 협약이라고 알려진 조약이 미국, 영국, 프랑스와 일본에 의해서 같은 회의에서 체결되었다. 조약의 내용 중에는 극동에서 조약을 체결한 네 나라들 가운데 어떤 문제로 분쟁이 생기면, 전쟁이라는 방법으로 풀기 이전에 반드시 네 나라가 모여서 회담을 통하여 서로 의논하기로 한다는 조항이 있었다. 이 두 국제 조약 중에서 아홉 강대국이 체결한 평화 조약의 목적은 중국의 영토 분할에 대한 야욕을 막기 위함이었다. 이 조약은 적어도 향후 10년 동안 강대국들이 중국을 침략하여 자기들의 영토를 넓히거나 중국 경제를 이용하여 자기들의 잉여를 늘리는 일을 하지 않기로 엄중하게 서약하고 있기 때문에 중국에게는 대단히 유리한 조약이었다.

이런 내용 때문에 일본은 중국에 대한 '21개 조항의 악랄한 요구 조건*'을 포기하지 않을 수 없었다.

사실 이 조약으로 말미암아 가장 많은 이익을 챙긴 나라는 두말 할 것도 없이 일본이다. 문호개방 정책이 일본으로 하여금 만주를 차지하게 하고 일본의 1차 군비확장을 돕는 것이었다면, 아홉 강대국 조약은 일본의 2차 군비확장을 비약적으로 돕는 반면, 중국에게는 아무런 대비를 하지 못하도록 만드는 족쇄였던 것이다.

1931년 일본은 충분한 군사력을 확보하자 문호개방 조약을 휴지조각같이 찢어버리고 만주를 침략하여 차지하고 다른 열강들이 들어오지 못하도록 문을 닫아 버렸다. 영국 외무장관 사이몬 경(Sir John Simon)은 아무런 조치도 취하지 못했고, 미국 국무장관 스팀슨(Henry Stimson)은 일본의 만주 침략을 즉각 중단할 것을 요구했지만 첫 번째 법적 조치를 취할 수 있는 기회를 놓치고 말았다. 이로써 일본은 모든 회원국들이 보는 앞에서 당당히 회의장을 걸어나가므로 국제연맹(League of Nations)을 탈퇴했다.

이제 일본은 대륙 침략을 위해서 힘차게 전진하고 있으며, 다른 나라들은 뒤늦게서야 일본의 행보를 막아보려는 노력을 하고 있는 것이다. 1937년 9월 20일 제네바에서 영국 대표가 중-일 사변에 아홉 강대국의 평화조약을 적용할 것을 제안했다. 당시 분위기로는 미국이 평화를 정착시키는 일에 전적으로 협력하고 일본도 그 조약에 서명한 나라이므로 불참하지는 않을 것으로 예상했다.

아홉 강대국 회담에 대한 일본의 태도

일본은 아홉 강대국의 평화조약에 서명을 할 때만 해도 자기들의 군사력이 충분히 강하지 못했다. 그러나 이제 일본은 스스로 중국을 정복할 만큼 군사력이 강해지자 아무런 거리낌 없이 침략을 감행했다. 당연히 회원국들은 일본으로 하여금 회의에 참석하여 국제여론에 답할 것을 요구했다. 1937년 10월 30일에 브뤼셀에서 열릴 예정인 9개국 회담에 참석해 달라는 공식 초청장이 10월 21일 동경에 도착되었다.

그러나 약 3주 전에 아사히 신문(朝日新聞)은 사설에서, 아홉 강대국의 협약은 그것이 통할 수 있을 때나 유효한 것이지 사실상 이제는 죽은 문서나 다름이 없으며, 오늘날 극동의 상황은 그 조약의 내용과는 맞지 않는다고 밝혔다. 이 사설은 일본 정부의 공식적인 입장을 대변하는 것은 아니었지만 결국은 그 내용이 사실임이 그대로 증명되었다.

10월 27일 회의 개최를 앞둔 사흘 전, 일본 정부로부터 초청에 대한 공식적인 답변이 전달되었다. 그 내용은 회의에 참석할 수 없다는 내용이었다. 즉, 방어적인 전쟁을 치르고 있는 일본이 중-일 사이의 갈등을 정의롭고 올바르게 해결하려고 노력하고 있는데, 국제연맹이 의도적으로 일본의 노력에 방해를 놓으려고 하고 있기

일본의 침략근성 – 그 실체를 밝힌다

때문에 일본은 회의에 불참할 것이고, 이미 아홉 강대국의 평화 조약은 사문서가 되었기 때문에 효력이 없다는 말이었다. 오쿠가이 쇼고(屋外諸行) 신문은 11월 5일자 사설에서, 일본은 극동에서의 성전(聖戰)을 통하여 위대한 승리를 거두었고 정치적 우위를 장악했으므로 일본의 동의 없이 그 어떤 나라도 동 아시아의 문제에 개입할 자격이 없다는 주장이었다. 이런 일이 있은 지 며칠이 지나지 않아서(11월 12일), 일본 내각은 회의 참석을 요구하는 두 번째 초청을 또 다시 거부하였다.

다음 날, 브뤼셀에 모인 각국 대표들은 다음과 같은 내용의 최후 통첩을 동경에 보내기에 이르렀다.

(1) 즉각적인 휴전에 동의할 것.

(2) 조정을 통한 안정을 수용할 것.

(3) 아홉 강대국의 평화 협약의 원칙이 평화를 위한 노력의 기초가 되도록 할 것.

최후 통첩의 내용들은 평화적인 방법으로 평화를 달성할 수 있는 가장 완벽한 제안이었다. 그러나 한 가지 부족한 것이 있다면 그것을 어길 경우 받게 될 불이익에 대한 조항이 빠져 있었다. 즉, 핵심이 없었다는 말이다. 그것이 바로 동경에 있는 일본 외교부가 야릇한 미소를 지으면서 국제연맹을 향하여 '바보 같은 놈들'이라고 비웃은 이유였다.

일본은 아홉 강대국의 평화조약을 사문서(死文書) 혹은 쓸데없는 종이 조각이라고 불렀고 독일은 휴지조각이라는 표현을 사용했다. 중요한 차이는 미국이 독일의 협박에 대해서는 그 위험성을 충분히 인식했으면서도 아시아의 패권주의자인 일본의 협박에 대해서는 대수롭지 않게 생각했다는 점이었다. 이 작은 차이에 얼마나 큰 위험이 도사리고 있는지는 아무도 몰랐다. 어느 나라든지 심지어는 미국이라 할지라도, 이런 나라들과 조약을 맺는다는 것은 파멸이요 재앙을 초래하게 될 따름이다.

일본은 스스로 변명하기를, 자기들은 정당방위 전쟁을 치르고 있으며 거룩한 전쟁(聖戰)을 수행하고 있다고 했다. 여기서 '거룩한'이라는 표현을 사용하는 것은 참 이해하기 어려운데, 일본이 스스로 내세우는 주장, 즉, 천황이 태양 신의 아들이라는 주장과 결부시키지 않는다면 납득하기 어려운 말이다.

일본 사람들의 사고구조는 서양 사람들의 그것과 전혀 다르다. 예를 들자면, 만약 당신이 힘으로 이웃 사람의 집에 쳐들어 갔다면, 그 이웃은 당연히 사력을 다해서 당신을 쫓아 내려고 달려들지 않겠는가? 그러한 경우 당신은 두 가지 중에 하나를 선택해야 한다. 그 집에서 쫓겨 나든지, 아니면 자기를 방어하기 위해서 싸워야 한다. 후자의 경우가 바로 일본이 주장하는 '방어적인'이라는 주장의 배경이다. 즉, 침입자의 입장에서 부르짖는 '정당방위'라는 개념인 셈이다.

일본이 아홉 강대국의 회의에 초청되었을 때, 그들이 표현한 '이 어려움은 우리 두 나라끼리만 해결할 수 있다'고 말 한 것이 바로 이런 이유였다. 총을 가진 강도와 그 강도의 발 앞에 엎

드려 있는 희생자, 이 두 사람의 문제는 둘이서 해결해야지 아무도 여기에 개입하면 안된다는 뜻이었다.

미국의 외교관들이 공식적인 성명서에서 얼마나 말을 조심했는지, 혹시라도 미국을 제3국의 문제에 끌어 들이려고 한다는 비난을 받지 않기 위해서 얼마나 신경을 썼는지를 주목할 필요가 있다. 그러나 동시에 미국의 외교관들은 가장 크고 강한 나라이며 또한 영향력도 큰 나라인 자기들의 조국을 향해서 부르짖는 온 세계의 비명과 구원의 갈망에 대해서 귀를 막을 수 있는 입장도 아니었다. 이 뿐만 아니라 중국의 주권과 영토의 보존을 위해서 아홉 강대국의 조약에 서명한 나라의 하나로서, 중국을 돕는 일에 앞장서서 노력을 하는 것은 당연히 도덕적인 책임임과 동시에 법적인 책임이기도 했다. 이러한 이유 때문에 다른 나라들은 어떠하든지 상관 없이 미국만이라도 일본의 공격을 중단시키는 일을 위해서 어떤 행동을 취해야만 했던 것이다.

그러나 미국이라는 나라는 국내외의 문제를 민주적인 절차에 따라 결정하는 민주주의 국가이며, 그 국민들은 기본적으로 평화를 사랑하는 사람들이다. 또 지난 1차 세계대전의 경험 때문에 그들은 다른 나라의 분쟁에 휘말리는 것을 적극적으로 반대해 왔다. 이러한 국민적 정서와 여론을 잘 알고 있던 미국 정부는 대단히 당혹스럽고 곤란한 입장에 직면하였다.

일본이 무고한 시민들의 주거지역까지 공습을 퍼붓는 잔인함에 대하여 헐(Hull) 장관이 거듭하여 규탄 성명을 내자 국제연맹은 자기네들 주도의 대 일본 압박에 미국이 동참한다는 희망을 갖게 되었다. 헐 국무장관이 9월 22일에 일본 정부에 보낸 각서는 미국의 입장을 분명하게 밝히고 있다.

"평화적으로 살아가는 사람들이 밀집하여 있는 대도시 광범위한 지역에 일본이 폭격을 한 행위는 어떤 이유로도 절대 용납될 수 없으며, 법의 정신과 인류애라는 관점에도 반대되는 행위이다."

일본은 이 각서에 대해서 아무런 논평을 하지 않았다. 일 주일이 지난 다음, 헐 국무장관은 국제연맹을 직접 언급하지는 않은 채로 일본이 무고한 시민들에게 폭격한 것을 비난하는 국제연맹의 결의를 간접적으로 지지하는 방식을 취하여 일본을 압박하였다. 미국은 국제연맹의 회원국이 아니었으므로 공식적으로 국제연맹과 행동을 같이 할 수는 없었던 것이다.

주 스위스 미국 대사인 해리슨(Leland Harrison)은 국제연맹의 소위원회에 참석하여 국제연맹 본회의가 소집될 때 미국이 참석하지 못하는 이유를 설명하였다. 그래서 브뤼셀 평화회담이 국제연맹의 지원과 관심을 받으며 개최하게 된 것이었다. 세계의 열강들은 미국의 참여와 협력 없이는 회담이 성공할 수 없다는 사실을 인식하고 있었으며, 동시에 미국 역시 조약에 서명한 책임이 있는 나라로서 참석을 거부할 수 없었다.

이제 미국의 중요성이 분명해 졌으며, 헐 국무장관은 미국의 전권대사인 데이비스(Norman Davis)가 미국의 대표로 본회의에 참석하게 될 것이라고 발표했다. 데이비스 특사는 미 국무부의 극동 문제 전문가이며 극동분과 책임자인 혼벡(Dr. Stanley K. Hornbeck) 박사와 펠(Robert Pell) 공보관, 그리고 보렌(Charles Bohlen) 비서관을 대동했다. 이 대표단은 별다른 의욕도 없이 브뤼셀로 향했다.

성공을 얻기 위해서는 국제적인 협력이 절실히 필요했음에도 불구하고 세계는 아직 진정한 국제적인 연합과 연대를 위한 준비가 되어 있지 않았다. 켈로그-브리얀트 평화조약(Kellogg-Briand Pact)의 공동 발의자이며 전직 미 국무장관이었던 프랭크 켈로그(Frank Kellogg)는 이 시대를 정의하면서 다음과 같은 자신의 생각을 피력하였다.

"이러한 국제적 의무의 신성함을 존중하는 국가들은 이 조약의 원칙들이 효과를 발휘하도록 하는 조치들을 신중하게 고려해야 합니다. 1928년 평화조약의 서명자 중 한 사람으로서, 본인은 지금도 세계평화는 여전히 그때 합의한 조약의 문구와 원칙들을 존중함으로 유지된다고 믿습니다. 본인은 중국에서 보인 일본의 현 정책은 파리 평화회담의 내용이나 정신에 정면으로 위반된다고 생각합니다. 어떤 한 나라가 스스로 합의한 조약을 무시한다는 것은 실로 수치스러운 일입니다. 이는 조약을 파기했다는 측면뿐만 아니라, 국제사회가 존속하기 위해서 꼭 필요한 상호 신뢰를 깨뜨렸다는 점에서 더욱 그러합니다. 이런 신뢰가 깨어진 이후에 남는 것은 국제간의 무정부 상태뿐입니다."

브뤼셀 평화회담에 기대를 걸고 좋은 소식이 있기를 희망하던 전 세계의 평화를 사랑하는 모든 사람들에게 11월 4일 첫 회담은 실망과 좌절을 가져다 주었다. 첫 번째 회담에서부터 일본의 회의 참석 거부로 맥이 빠져버리자 영국 대표는 '일본에 놀아난다'는 소리를 듣지 않으려고 체면치레에만 신경을 썼다. 이 회담이 있은 바로 다음, 주 벨지움 영국 대사인 클리버 경(Sir Robert Clive)은 주 벨지움 일본 대사와의 만남을 통하여 일본이 광범위한 차원에서 중국-일본의 안정을 위한 논의를 하기 위해서 별도의 회담을 원하는지를 타진하였다. 브뤼셀 회담에 참가한 다른 나라 대표들은 영국의 이런 제안은 일본에 대해서 강경한 조치를 취하는 것에 반대하여 피할 길을 열어 주는 행위라고 생각하여 영국을 공개적으로 비난했다.

이 회담에 미국 대표로 참가한 노만 데이비스는 짧은 회담 연설을 통해서 분쟁의 중단이 세계평화를 위해서 가장 기본이라는 점을 분명히 밝혔다. 데이비스의 연설에 이어서 델보(Yvon Delbos) 프랑스 외무 장관은 아홉 강대국의 평화협정의 중요성을 강조하였다. 이태리 대표인 마레스코투 백작(Count Luigi Aldrovando Marescottu)은 회담에 중국과 일본을 참가시키지도 못했다고 지적하는 발언을 하면서 불협화음을 만들었다. 여기서 그는 '이 회의에서 일본을 고립시켜서는 안 된다'는 발언을 했는데, 이 말은 1937년 루즈벨트 대통령이 시카고에서 행한 연설을 그대로 인용한 표현이었다. 첫 회담에 참석한 대표들은 모두 대단한 실망과 함께 속은 기분으로 회의장을 떠나지 않을 수 없었다.

회담은 1937년 11월 20일까지 계속되었다. 영국과 프랑스 대표단은 미국이 일본의 침략 야욕을 중단시키는 일에 적극적이지 않다는 사실과 함께, 회담에 참석조차 성실하게 하지 않는다는 사실을 분명히 알게 되었다. 이런 와중에 본 회의에서 다룬 중점적인 의제는 ① 어떻게 일본을 견제할 것인가? ② 일본의 침략을 저지시킬 최후의 수단으로 회담에 참가한 나라들은 어떻게 중국에 무기를 차관으로 제공할 것인가? 하는 두 가지 내용이었다.

첫 번째 의제가 상정되자 이태리 대표단은 무솔리니와 일본의 우의를 내세우면서 퇴장하였다. 이태리의 반발이 강경했음에도 불구하고 회담에서는 평화를 위한 노력과 극동 아시아에서 계속된 유혈사태의 책임이 일본에 있다는 성명서를 채택하게 되었다.

두 번째 의제에 대해서는 평화 회담에 서명한 강대국들이 군수물자 차관을 통하여 중국에 원조하자는 제안에 동의하였다. 회담은 11월 20일로 무기 연기되었다. 회담에 참가한 미국을 제외한 다른 나라 대표들은 미국의 엄정 중립정책이 극동 아시아의 갈등을 중재하려는 국제적인 노력을 무산시킨다며 공개적으로 성토하였다.

참으로 이해할 수 없는 사실은 아홉 강대국의 평화회담을 제안한 나라도 영국이었지만, 일본의 만주 정복을 반대하고 그 갈등의 땅 만주에 대한 일본의 통치권을 인정하지 않겠다는 미국 무장관 스팀슨(Stimson)의 제안을 반대한 나라도 바로 영국이었다는 점이다. 이것이 흥미롭고도 복잡한 힘의 역학관계이다.

그럼에도 불구하고 미국 역시 비난으로부터 자유로울 수가 없었다. 만약 미국 정부가 침략국인 일본에 대해서 강력한 조치를 취하거나 주도적인 역할을 할 의사가 없으면서도 이 평화회담에 대표를 보냈다면 그것은 잘못이었다. 만약 미국의 평화회담 참석이 그저 단순한 우의를 보이기 위한 것이었다면, 이 평화회담은 개회하기도 전에 이미 실패할 운명이 결정지어진 불행한 회담이었다.

사실상 미국을 제외한 어떤 나라도 일본에게 압력을 주고 도덕적으로 경제적으로 충격을 줄 수 있는 나라는 없었다. 이것은 예나 지금이나 동일하게 전 세계가 미국에 거는 유일한 희망이다. 그러나 동시에 우리가 기억해야 할 것은 미국 사람들은 어떤 분쟁에도 개입하기를 꺼려한다는 사실이다. 미국 사람들은 지금도 여전히 자기 나라가 어떤 복잡한 일에 연루되지 않기를 바란다. 아마도 이런 이유 때문에 미국 대표가 더 깊이 개입하기를 꺼려했던 것이 아닌가 싶다. 그래서 평화회담은 그렇게 종결되었다.

회담의 결렬에 놀라거나 실망할 이유는 없다. 사실상 회담은 시작부터 그렇게 희망적이지 못했기 때문이다. 참가한 아홉 강대국들도 준비되지 못한 상태에서 회담에 나왔다. 분과위원회의 회의록에 의하면 일본을 침략국으로 비난하는 문제에 대해서 3개국의 대표들은 왜 일본이 비난을 받아야 하는지 그 이유를 몰라서 표결에 부쳤을 때 모두 기권해 버렸다. 마치 일본의 기분을 상하게 하지 않으려고 표결을 포기해 버리는 듯한 분위기였다.

만약 약소국들에게 영향이 크다면 분명히 강대국들도 비슷한 영향을 받을 것이다. 앞에서 언급했듯이 대영제국도 회담에서 체면을 구기지 않고 도망가기에 바빴던 나라 중 하나였다. 다르게 표현하자면, 강대국이든 약소국이든 모두 살얼음 위를 걷듯이 조심하며 몸을 사리기에 바빴다는 말이다. 만약 악의 축이 된 악동들의 나쁜 짓을 즉각 중단시키지 못하면, 머지않아 자기들이 그 악의 축의 희생물이 될 것이라는 사실을 모든 나라들이 동시에 함께 충분히 자각했었더라면 상황은 완전히 달라졌으리라. 그러나 각각의 나라들은 너무나 이기적이었으며 생각의 폭이 좁았기에 큰 이상을 품고 어떤 장치를 만들려는 의사가 없었다.

서구 열강들은 일본의 군사력을 과소평가하였다. 서구 강대국들은 여전히 일본을 2류나 3류 국가로 평가절하했으며 30년 전의 일본으로 생각하였고, 일본이 전 세계를 향해서 감히 도전장을 던질 만큼 강한 나라라는 사실을 인식하지 못했다. 그들은 아직도 일본이 서구의 눈치를 보며 자기들 만큼은 존경할 것이라고 착각하고 있었다. 서구는 일본이 평화조약의 내용에 고분고분 복종하고 자기들이 우호적으로 설득하면 전쟁을 멈출 것이라는 확신을 가지고 회담장에 모였다. 물론 서구 강대국들은 결코 힘의 논리를 펴야 한다든지, 경제적인 압박을 가해야 할 상황 같은 것은 지금까지 한번도 고려해보지 않았다.

평화회담에서는 일본에 대해서 경제 제재를 가할 것인지, 아니면 평화조약에 서명한 강대국들이 중국에 차관으로 무기를 팔거나 군수물자를 제공하여 중국이 스스로 자주 독립을 하도록 할 것인지의 두 가지 안건이 논의 되었다. 그러나 이 두 안건 중 어느 것도 현실적으로 통과가 불가능했다. 왜냐하면 일본이 '만약 미국뿐만 아니라 그 어떤 나라도 일본에 압력을 가하고 또 다른 요구를 강요한다면, 우리 일본은 그들에게 분명히 책임을 추궁할 것이다'라고 맞섰기 때문이다.

일본은 회의에 참석하지 않겠다는 거부의 뜻을 분명히 밝힘으로 해서 브뤼셀 회담에서 추구해 온 다른 나라들의 모든 평화 노력에 찬물을 끼얹었다. 반면에 일본제국주의자들의 해군과 육군은 타나카의 예언을 실현시키기 위하여 중국과 전 세계의 도처에서 끊임없이 진군하고 있었다.

---

* 일본에 의해서 1915년 1월 18일에 작성된 21개 조항의 요구조건의 내용은 다음과 같은 다섯 가지의 요구로 나누어 진다.
1. 산둥(山東)성에 대하여, 중국은 독일의 소유였던 일체를 최근 통치자인 일본에게 전부 양도할 것을 동의한다. 중국은 이 지역 내에 있는 어떤 것도

일본의 침략근성 - 그 실체를 밝힌다

제 3자에게 양도할 수 없다. 중국은 몇 개의 항구를 추가로 개방하는데 동의하고 철도에 관한 권한을 일본에 허락하는 성명을 발표한다.

2. 남만주와 내몽고 동부에 대하여, 여순항과 대련항 임대와 이 지역의 철도의 사용권을 99년으로 연장한다. 이들 지역에 대해서 일본인의 토지 소유, 거주, 그리고 여행의 자유를 보장할 뿐만 아니라, 일본에게 광산과 철도 부설권을 허락하며, 차관을 관리하고 결정하는 일, 그리고 일본인을 고문으로 채용하는 것을 허락한다.

3. 중국 최대의 철광, 제련회사인 한예핑 주식회사를 중-일 합작회사로 전환하며, 일본의 허락 없이는 중국이 독자적으로 이 회사의 이권을 매각하지 못한다.

4. 중국은 본토와 해안선에 연한 어느 항구, 항만, 그리고 어느 섬도 제 3국에 양도하지 않을 것이며 임대하지 않을 것을 약속해야 한다.

5. 중국은 중앙 정부에 일본인 간부를 고문으로 두어야 하며, 지역에 따라서 경찰은 일본과 중국이 합동으로 운영해야 한다. 중국은 모든 군수물자의 50%, 혹은 그 이상을 일본으로부터 구매해야 하며, 중-일 합작 군수 물자 공장을 세우고 공장의 운영은 일본인이 책임지고 관리하며 모든 원자재는 일본으로부터 공급받아야 한다. 일본인이 중국 내에서 학교나 병원, 혹은 교회를 짓기 위해서 필요한 대지를 매입할 때는 특혜를 제공받으며 양자강 유역에서 철도를 부설할 때도 동일한 특혜를 제공해야 한다.
푸킨(福建)성의 광산을 개발하기 위해서 들어오는 모든 외국 자본을 일본이 조사 검토하는 권한을 가진다.

10

일본의 정복야욕과
그 반향

일본이 중국의 나머지 영토를 전부 정복하려고 몸부림치고 확장된 제국의 범위 안에 있는 모든 것을 닥치는 대로 수탈하는 동안, 일제의 군사적 영향력에 반대하는 거대한 저항이 세계 도처에서 감지되었다. 제2차 세계대전을 일으킨 추축 국가들끼리의 연합을 통하여 일본은 동양에 있는 영국, 프랑스, 네델란드의 식민지를 무력화시켰고, 대서양 지역에서는 나치 독일이 미국에 대한 위협을 증대시킴으로 해서 간접적인 압박을 가했다. 중국에 있는 엄청난 지하 자원과 인적 자원을 손아귀에 집어 넣고 해외시장의 독점을 모색하려고 하는 한편, 태평양 전 지역에 대한 통제권을 주장하는 일본의 행보는 미국과 전 서방 세계를 향한 평화와 안전을 위협하였다.

상하이

프랑스의 조차지와 외국인 거주지역을 접수하려던 일본의 음모는 미국이 조약상의 모든 권리를 포기하면서까지 반대하자 궁지로 몰리게 되었다. 미국은 신속하게 하와이 만으로 해군 함대들을 집중시킴으로 해서 자국의 방위를 위한 준비에 총력을 기울였다. 미국이 이처럼 태평양에 군사력을 집중시키자 일본은 중국에 대한 군사력의 증강 속도를 늦출 수밖에 없었다.

동경의 전쟁광들에 의해서 만들어진 조약이 기대했던 미국의 반응을 끌어내지 못하자, 일본은 당분간 온건한 태도를 취하지 않을 수 없었다. 그러나 이것이 장차 일본의 무력 침략을 단념하거나 포기하게 만들었다는 말은 아니다. 임기응변에 능하고 무자비한 일본은 자기들의 육군과 해군이 힘의 우위를 점할 때까지 인내심을 갖고 기다리기로 했을 뿐이다. 그들은 한 가지 방법을 포기하면 즉각 다른 방법을 사용하여 잡음이 덜 나면서 효과를 낼 수 있는 음모를 꾸민다. 일본은 지난 몇 달 동안 상하이 현지 신문들을 동원한 선전활동을 통하여 여론조성작업을 은밀하게 추진해 왔다.

1940년 9월 하순에는 대규모의 파업과 폭동이 외국인 주거지 주변에서 일어났다. 버스와 전차 종업원들이 파업에 돌입했고 여러 날 동안 시내 교통이 마비되자 도시 전체가 혼란의 도가니에 빠졌다. 이 파업은 도시의 모든 산업을 마비시킬 정도로 위협적이었다. 쓰레기를 수거하는 환경미화원들도 파업에 동조했고, 선동가들은 가스와 전기, 상수도국에서 일하는 노동자들에게 일주일 이 내에 파업에 동참하지 않으면 그 가족들을 해치겠다고 위협했다.

일본의 신문들은 이런 소식을 곧바로 전했고 택시 운전수들도 곧 파업에 동참할 것이라는 소문을 퍼트리면서 마치 이런 일이 기정사실인양 보도했다. 더 나아가서는 '미국 해병대는 치안을 유지하기에는 병력이 너무 적어서 조만간 떠난다'는 소문도 퍼뜨렸다. 외국 관측통들은 일본이 프랑스 조차지와 외국인 거주 지역을 점령하고 위기를 조장하려고 하는 동태를 염려하며 주시하고 있었다. 일본에 의해서 조작되고 만들어진 이런 상황은 지방 행정력을 회복하고 강화한다는 거짓 명분으로 지방자치 단체들을 장악하려는 의도였다. 전기와 가스, 수도국의 책임자들은 소요가 있는 동안 테러를 당할까 두려워서 집 밖으로 나오지 않으려고 했고 다른 사람들과의 접촉도 하지 않으려고 했다.

지금으로부터 약 30여 년 전, 이러한 음흉한 정책이 한반도에서 효과를 보았던 적이 있었으며, 그때도 일제는 이와 같은 방법으로 모든 외국인 사업가와 투자자들을 서울과 인천 그리고 부산과 여러 다른 도시들에서 쫓아버린 경험이 있었다. 당시 한국 사람들은 친구인 미국인들에게 이런 문제를 조작하고 선동하는 사람들은 한국 사람들이 아니라 일본인들이라고 설명했지만, 그 말을 믿는 외국인들은 많지 않았다. 미국 사람들은 자기들에게 그렇게 예의 바르고 우호적인 일본인들이 그런 이중적인 짓을 할 것이라고는 상상하지도 못했다. 물론 그 당시에 일본인들이 그런 일을 선동하고 추진하던 수법은 지금보다도 더 교묘했었다. 미국 사람들은 이제와서야 지난 30여 년 동안 한국 땅에서 일어난 모든 폭력과 불법적인 일들의 대부분이 일본인들에 의해서 만들어지고 조작되었다는 사실을 알게 되었다.

상하이에 긴장감이 날마다 점점 더 고조되던 어느날, 일본이 직접 지명하여 세운 꼭두각시 상하이 시장 후 샤오엔(福少恩)이 자신의 관사에서 살해 당했다. 일본군부는 즉각 계엄령을 내리고 살해범을 찾기 위해서 전 구역을 샅샅이 뒤졌지만 범인은 찾을 수가 없었다. 의심할 여지 없이 이 사건은 군부가 문제를 유발시키려고 스스로 만든 자작극임이 분명했다. 그 즈음에 일본군 장교가 외국인 거주지 근처에서 총격을 받아 중상을 입었다는 보도가 나돌았다. 이 사건은 긴장을 한층 고조시켰고, 도시 사람들 전체를 마치 바늘 방석에 앉아 있는 것 같은 불안에 휩싸이게 만들었다.

결과적으로 워싱턴의 미 국무부는 또 다시 모든 미국인 여성과 어린이, 꼭 필요한 일이 아니면 모든 남성들까지 포함하여, 미국 시민권을 가진 사람들은 가급적 빠른 시일 안에 중국, 일본, 그리고 한국을 떠나서 미국으로 돌아올 것을 권면하였다. 반미 감정은 전역으로 퍼져 나갔고, 이런 험한 분위기는 어떤 서구인들도 동양이 안전하다는 느낌을 갖지 못하게 만들었다.

미국으로 돌아올 수단이 부족했으므로 미국 정부는 동양에서 빨리 출발할 수 있도록 두 대의 증기 여객선, 마리포사(Mariposa) 호와 몬트레이(Monterey) 호를 추가로 배치시켰다. 그 해 10월 10일 현재, 상하이에는 여전히 4천 명이 넘는 미국인들이 남아 있었고,

그들 중에는 떠날 준비가 되었지만 여객선의 좌석을 예약할 수 없어서 몇 달씩을 기다려야 하는 사람들도 있었다. 그러나 중국 북부지방이나 인도차이나 반도에 흩어져 있는 수백 명의 미국인들은 교통수단이 없어서 떠나려고 해도 떠날 수가 없었다. 그러자 미국은 얼마 뒤에 맨하탄 호와 워싱턴 호를 급파하여 동남 아시아에 남아 있는 미국 시민들을 미국으로 귀환시키도록 결정하였다.

인도차이나 반도

1940년 9월 중순을 보내는 동안 인도 차이나 반도에 사는 모든 사람들은 전쟁이 곧 터질 것만 같은 조짐을 느끼며 불안에 떨고 있었다. 그러나 처음에 일본은 평화적인 방법으로 목적을 달성하려는 것 같아 보였다. 히틀러의 명령대로 따르던 비치(Vichy)에 머물던 프랑스 임시 정부처럼, 일본은 인도 차이나 반도에 있던 프랑스 총독 정도는 자기들의 강압적인 명령에 고분고분하게 순종하도록 만들 수 있다고 생각했다. 만약 '칼을 뽑지 않고도 날아가는 모기를 잡을 수만 있다면' 일본으로서는 그 이상 더 바랄 게 무엇이란 말인가?

반면에 독일에 대한 영국의 성공적인 방어와 하와이에 포진하고 있는 미국 해군함대는 일본이 결코 마음을 놓을 수 없는 불안요소였다. 비치에 있던 프랑스 임시 정부는 마음이 내키는 일은 아니었지만, 통킹에 있던 세 개의 공군기지를 일본군들이 사용하도록 동의하였으며 중국 국경까지 2만여 명의 일본군 병력을 이동시키는데 프랑스 철도의 사용을 허락하지 않을 수 없었다. 그러자 일본은 4만여 병력을 이동시키는 일과 싱가포르와 가까운 사이공의 프랑스 해군 기지를 무상으로 사용하도록 허락해 줄 것을 요구했다. 일본의 판단으로는 이런 요구 사항을 비치에 있는 프랑스 임시 정부와 협상하기보다는 인도 차이나 반도에 있는 프랑스 총독에게 직접 요구하는 편이 수월할 것이라고 생각했다.

9월 어느 날 깊은 밤, 인도차이나 반도의 프랑스 총독 쟝 드꾸(Jean Decoux) 제독이 총독 관저에서 잠자리에 들어 있는데 니시하라 잇사꾸(西原一幸) 소장이 찾아와서 지금 당장 만나자고 면담을 요구했다. 일본의 이런 무례함에 분노한 총독이 화가 나서 '나는 일어나지 않는다. 만약 일본이 선전 포고를 하려면 내일 아침에 하라고 해!'하며 고함을 질러댔다. 일본군 소장은 겁 없이 소리쳐대는 프랑스 총독의 격노에 적지 않게 당황하였으리라. 이 일이 있은 직후 프랑스령 인도차이나 군의 르네 마르탱 장군은 만약 임시정부가 더 이상 일본의 요구에 굴복한다면 자기는 사표를 내겠다고 선언하였다. 그러자 일본은 평화적인 방법으로 인도 차이나를 차지할 수 없다는 생각을 하게 되었다.

9월 말까지 일본군용기들은 프랑스군 지역과 하노이의 일부 지역에 폭탄을 쏟아 부어 수많은 사상자를 속출시켰으며 하노이의 동북부 80마일에 걸쳐 방위군들을 포위하고 공격을 감행하였다. 그 중 약 50마일에서는 치열한 전투가 벌어지기도 했다. 프랑스 군대는 최전방에 자동화기와 대포를 정렬하여 일본군에 포격을 쏜

아 부었고, 이로 인한 일본군 사상자와 피해가 엄청났다는 보도가 있었다. 그럼에도 불구하고 프랑스 군대는 하노이를 철수하지 않으면 안 되었다.

프랑스 군대는 자국 정부로부터 증원군 지원이나 정신적 지지조차 받지 못하는 상황에서 자체적인 단독 결정으로 침략자들과 전투를 시작했다. 반면에 침략자 일본군은 3만여 명의 완전 무장된 정규군들로 거침없이 공격해 왔다. 이런 상황을 겪으면서 프랑스 군대는 사태를 비관할 수밖에 없었다.

프랑스 군대는 비로소 니시하라(西原)를 앞세운 일본의 협상단에 자신들이 기만당했다는 사실을 깨닫게 되었다. 이 전투가 터지기 불과 일 주일 전 하노이에서 양국이 협상할 때, 니시하라는 프랑스-일본의 인도차이나 협약 조건에 일본군의 숫자를 6천 명으로 제한한다는 조항에 동의하고 서명했었다. 이 조항을 믿었던 프랑스 군대는 일본의 병력이 서명한 그 숫자 이상이 되리라고는 상상을 하지 않았던 것이다.

이렇게 불리한 상황임에도 불구하고 프랑스 군대는 용감히 싸웠다. 프랑스 군이 상대한 일본군이 6천 명이 아니라 3만 명이었다는 이 기가 막힌 이 사실을 알게 된 것은 전투가 거의 끝날 즈음이었다. 이런 거짓은 일본과 협상할 때마다 재현되었던 일이었으므로 아무리 중요한 문구를 삽입한다 하더라도 그것을 믿으면 안된다는 사실을 프랑스는 모르고 있었던 것이다. 프랑스군은 공군장교 한 사람을 포함한 수 많은 희생자들이 발생하자 결국 하노이에 인접한 항구 도시인 하이퐁으로 부녀자들과 어린 아이들을 급하게 철수시키지 않을 수 없었다.

정치적 힘과 외교적인 노력이 결합하여 인도 차이나 당국에 압력이 가해지자 프랑스군은 더 이상의 저항을 포기하고 비치 정권의 명령에 따라 후퇴할 수밖에 없었다. 1940년 9월 26일에 인도 차이나 반도에 추가 배치된 일본군 병력 2만이 도착하였을 때, 프랑스 군대는 아무런 저항도 하지 않았고 일본군은 조용히 하이퐁을 점령하였다. 그럼에도 불구하고 일본 군용기들은 폭탄을 투하하여 많은 건물들을 파괴하였는데, 이 와중에 무고한 시민들 15명이 죽고 18명이 부상을 당했다.

그러나 언제나 그러하였듯이, 일본군 대변인은 민간인에 대한 폭격은 우발적인 실수였다고 발표했다. 왜소한 황갈색의 동양 군인들이 승리감에 도취되어 행진하며 시가지로 입성하는 동안, 프랑스 식민지의 최정예 대대병력은 마치 장송곡을 들으며 퇴각하는 것 같은 장면을 연출하여 두 나라의 군대가 묘한 대조를 이루었다. 이렇게 불패의 군대라던 프랑스군도 총알 한 발 쏘아 보지 못하고 적군들에게 진지를 양보하지 않을 수 없었다.

미국 사람들은 일본이 인도 차이나 반도를 차지하든지 말든지 우리와는 아무런 관계가 없다고 말할 것이다. 그러나 인도 차이나 반도는 미국 사람들에게도 아주 중요한 곳이다. 왜냐하면, 미국은 인도 차이나 반도에서 자동차 산업과 다른 여러 산업에 절대로 없어서는 안 될 자재인 고무 원료의 대부분을 공급받고 있기 때문이다. 1940년 10월 13일 일본의 경제 실무자들이 하노이를 방문하기로 되어 있었는데, 그 목적은 일본 군수산업에 필요한 고무 공급의 전량을 장악하기 위한 것이었다. 이것은 미국이 기간 산업에서 필요한 중요한 원료 중 하나를 탈취당했다는 아주 심각한 문제이다.

홍콩

서구를 향하여 열렸던 중국의 관문에 이제는 빗장이 채워졌다. '아시아 사람들을 위한 아시아'라는 구호는 이제 '일본을 위한 아시아'로 바뀌었다. 서양인들이 주장하는 중국 안의 재산은 영국 식민지인 홍콩과 외국인 거주지역뿐이었다. 프랑스의 패배 이후 프랑스가 통치하던 지역은 모두 자연스럽게 일본으로 넘어갔다. 그러나 외국인 거주지역은 아직 일본의 손아귀에 들어가지 않았는데 그 이유는 미국이 확고한 입장과 태도를 취하고 있기 때문이었다.

서양인들의 거점들이 급속히 번지는 불길 앞에 장난감 집 같이 무너지고 있을 때 백인들은 도망치기 바빴지만, 왜소한 갈색 인종 사람들은 흡족한 표정으로 바라보고 있었다. 1940년 6월부터 영국 육군과 해군의 가족들이 철수하기 시작했다. 그럼에도 불구하고 사태의 심각성을 깨닫지 못한 다른 외국인들은 정부 관리들의 가족들이 떠날 때까지 돌아가지 않으려고 하였다. 그러나 점차적으로 집과 남편들만 남겨두고 부녀자들과 아이들은 마닐라로 떠나기 시작했다.

대부분이 여자들과 아이들인 미국 사람들 약 300명이 피난길

일본의 침략근성 - 그 실체를 밝힌다

에 올랐을 때 영국은 약 900명의 여자들과 약 1,000명의 아이들을 철수시켰다. 이런 피난민들의 이동은 10월 말까지 계속되었는데, 영국 정부는 모든 영국인 여자들과 아이들에게 완전히 홍콩에서 떠나 오스트레일리아로 철수하라고 명령을 내렸다. 그리고 이들에게 필요한 생활비는 매주 정부에서 영연방(Commonwealth)을 통해서 지급하겠다고 발표했다.

그런가 하면 홍콩에 있던 영국 총독부는 일백만 홍콩 달러의 예산을 할당하여 100만 명이 대피할 수 있는 방공호와 지하 대피소를 짓는 일을 결정했다. 이 계획과 함께 언덕에 수 많은 터널들을 뚫는 작업이 진행되었다. 이런 다각적인 계획은 홍콩 총독부가 결코 홍콩을 포기하지 않을 것이라는 결단을 보인 것이며, 이는 영국 정부가 모든 노력과 방법을 동원하여 홍콩을 지키겠다는 분명한 의사 표시이기도 했다.

정말로 위험한 곳은 홍콩에 있는 영국 총독부가 아니라 런던에 있던 영국 정부였다. 위기의 조짐이 보이기 시작하던 초기에 영국 내각의 우유부단하고 결단력 없이 흔들리던 태도는 나중에 일본을 군사강국으로 만들어 주는데 일조한 셈이다. 그 때의 영국은 상대적으로 오늘날의 영국보다 훨씬 강력한 국가였다. 이와 같은 심각한 위기의 상황을 맞이하여서, 영국은 일본을 달래기 위해서 자기들의 모든 것을 양보해야 하는 기가 막힌 현실을 맞게 된 것이다.

이런 상황이 계속된다면 싱가포르에 주둔하는 영국 무기들이 한번 싸워 보지도 못하고 적군의 손에 넘어가 버리는 비극이 일어날 수 있는 것이다. 다시 말해, 홍콩에 주둔하던 영국 군대도 인도 차이나에 주둔하던 프랑스 군대처럼 자기 방어를 위해서 일본과 싸워 보지도 못하고 철수 명령을 받을 수도 있다는 말이다. 실제로 이런 상황이 발생할 수 있기 때문에 1940년 10월 9일, 영국 수상은 하원에서 이렇게 연설하였다.

"우리는 파국을 피해야만 합니다. 우리는 일본과 전쟁하지 않을 것입니다."

그래서 일본이 영국이라는 강대국과 한판 전쟁도 불사하겠다는 대단한 각오를 가지고 국가적 모험을 준비하고 있던 사실을 예견하지 못한 어제의 영국은 오늘날에 와서 그 실패의 대가를 혹독하게 치르고 있는 것이다.

버마 대로

세계적 위기를 겪으면서 가장 실망스러운 것은 사실 영국의 우유부단함이었다. 때때로 영국이 확고한 정책의 일관성을 가지고 있는 나라인지, 아니면 그런 원칙이 없는 나라인지 의구심이 갈 정도로 혼란스럽다. 아시아와 유럽에서 갈등이 시작되던 아주 초기부터 영국의 수상 챔버린의 유화정책은 이전과는 비교할 수 없을 정도로 영국의 위상을 불안하게 만들었다.

처칠이 영국의 새로운 내각의 수상으로 취임한 다음, 일본에 대해서 더욱 강경하고 확실한 정책을 펼 것으로 기대되었다. 그러나 준비가 부족했고, 훈련된 군사력도 없었으며 군수품 역시 충분하지 못한 상황때문에 그 역시도 어쩔 수 없이 주저하고 신중한 태도를 취할 수밖에 없었다. 그뿐 아니라 러시아라는 거대한 수수께끼 같은 나라도 고려하지 않을 수 없었다. 영국이 먼저 스탈린에게 구애의 손길을 뻗었다는 사실은 영국에게는 외교적인 실패였으며 독일에게는 승리를 가져다 주었다. 이러한 일련의 과정을 통하여 일본은 독일, 이태리와 동맹을 결성하였고, 그 이후 영국은 러시아와 조약을 체결하였다.

그러나 로마와 베를린 그리고 동경을 잇는 동맹은 오히려 영국으로 하여금 새로운 결단을 하도록 만들었으니, 곧 영국 공군이 독일 기지와 베를린을 향하여 대대적인 공습을 감행한 사건이 그것이었다. 이런 영국의 광범위한 폭격은 완강한 저항과 함께 독일로 하여금 런던을 반격하는 빌미를 제공하였다. 히틀러 역시 당황스럽기는 마찬가지였을 것이다. 영국이 승리하기를 은근히 바라던 사람들은 대공습 이후 발표된 피해 상황으로 용기를 얻었고 승리감에 고무되었다. 그들은 솔직한 마음으로 영국이 앞으로도 계속적으로 추축 동맹국들을 공격하여 멸망시켜 주기를 기대하였다.

그럼에도 불구하고 영국 정부는 여전히 애매모호한 입장으로 일관하였으며 처칠 수상은 1940년 7월 12일 중국으로 들어가는 버마 대로를 차단하겠다고 제안하였다. 당시 이 길은 중국 입장에서 보면 중국으로 공급되는 모든 전쟁물자, 즉, 일본과 전쟁을 치르는 데 필요한 모든 군수 물자를 공급받는 단 하나밖에 없는 대단히 중요한 군수품 수송로였다. 이미 일본은 여러 차례 영국에게 이 길을 차단하여 줄 것을 요청하였는데 결국 처칠 수상이 이 요구를 수락해준 셈이다.

처음에 처칠은 두 달 동안만 도로를 폐쇄하겠다고 제안했다가 다시 3개월로 연장하겠다고 제안하자 일본은 그 제안을 받아들였다. 이 결정은 중국에게는 대단히 고통스러운 일이었다 왜냐하면 그 길은 중국이 다른 세상과 통하는 생명 줄과 같은 유일한 통로였기 때문이다. 영국은 일본을 회유하기 위해서 그런 결정을 했다. 그러나 일본은 여기에 만족하고 고마워하기는 커녕 오히려 반영(反英) 운동을 벌였다. 이런 일들을 통해서 추축 동맹 3개국들은 영국이 보여 준 우호 정책이 전혀 쓸데없는 무용지물이라는 사실을 입증시켜 주었다.

그 해 10월 9일 처칠 수상은 의회에서, 버마 대로는 합의한 대로 3개월이 끝나는 10월 17일부터 다시 개통될 것이라고 의원들에게 보고했다. 그는 여기서 한 발 더 나아가서 영국과 미국 함대들이 바다를 지키는 한, 일본을 돕는 추축 동맹국들은 일본을 돕지 못할 것이라고 말했다. 이런 영국 수상의 강경한 어조는 영국 동맹국들에게 큰 용기를 주기에 충분했다.

버마 대로는 예정대로 재 개통되었고, 이 길은 다시 중국이 세계로 통하는 유일한 통로의 역할을 하기 시작했다. 그러나 이 대로가 재 개통되기 오래 전, 일본 군대는 모든 다리와 도로, 철로와 화물열차들을 모두 파괴해 버리겠다고 위협하였고, 그 후 일본군은 이 대로의 곳곳에 엄청난 폭격을 가했지만 손상은 그다지 심각하지 않았다. 이러한 위협에도 불구하고 수천 명의 중국 상인들과 무역업자들은 미국산 트럭과 화물차들을 랑군과 중국 국경 사이의 역들에 집결시켜 두고 이 길이 개통되기만을 기다리고 있었다. 30만 갤론의 휘발유가 중국 국경까지 운송되었고 5천 대의 트럭이 1940년 10월말까지 중국으로 들어 갔다.

중국은 일본 침략자들과 계속해서 전쟁을 치르기 위해서 군수 물자의 공급이 절대적으로 필요했다. 버마 대로가 개통된 지 열흘 후인 1940년 10월 28일, 일본군은 1년 이상 점령하였던 광서성의 전략적 요충지였던 난닝(南寧)으로부터 철수한다는 발표를 하였다. 광동에 있던 중국 남부군 사령관은 일본군의 철수에 관하여 다음과 같은 발표를 하였다.

"광서성에 주둔했던 일본군은 우리 중국군의 계속되는 공격 때문에 도저히 버티지 못하고 결국 후퇴하기로 결정하였다."

이 말은 군수물자만 적절하게 공급된다면 중국군은 충분히 일본을 패배시킬 수 있다는 사실을 증명하는 말이다. 미국은 이러한 군수물자를 공급해 줄 수 있는 유일한 나라이고, 그렇다면 이런 필요한 지원을 중국에 제공할 이유가 충분하지 않은가.

네델란드령의 동인도제도

우리가 살아가는 이 과학시대에 지구의 반대 편에서 일어나는 일이 우리와는 아무런 상관이 없다고 생각하는 사람이 있다면, 그 사람은 지구촌이 얼마나 작고 점점 가까워 지는지를 인식하지 못하는 사람이다. 이 지구상에서 일어나는 일이 즉각적으로 어디에 있든지 모든 사람들에게 영향을 미친다. 네델란드와 프랑스의 패배는 중-일 전쟁에 직접적이고 중요한 영향을 미쳤고, 미국으로 하여금 광범위한 책임의식을 느끼도록 자극하여 미국의 방위 계획을 실천에 옮기는 계기가 되게 하였다.

일본 팽창주의자들은 오래 전부터 네델란드의 보물 창고인 동인도제도에 탐욕스러운 눈길을 보내어 왔다. 이 동인도제도에서는 전쟁에 필요한 원자재들이 많이 생산될 뿐만 아니라, 상업적 가치가 엄청난 오일, 주석, 고무, 홍차, 금, 쌀, 아연뿐만이 아니라, 약재인 키니네, 코프라(말린 야자열매), 연초 등이 생산되기 때문이다. 한 저명한 일본 작가는 일본이 네델란드령의 동인도제도만 차지한다면 세계 다른 지역은 쳐다보지도 않을 것이라고 말하기도 했다.

1940년 5월 11일 일본 정부는 미국 영국 프랑스 독일, 그리고 이태리에 다음과 같은 통지문을 발표했다.

"네델란드가 유럽의 연합군에 가담했음에도 불구하고 네델란드령의 동인도제도는 계속해서 현재 상태를 유지해야 한다."

당시는 최종적으로 사태의 해결이 될 때까지 이 지역에 대해서 미국이 영향력을 행사할 수도 있을 것이라는 소문이 퍼지고 있던 때였다. 바로 그때, 일본이 이런 내용의 발표를 했다는 것은 미국에게 '손 대지 말라'는 의미가 아니고 무엇이겠는가!

일본이 현재 상태를 그대로 유지해야 한다고 발표한 것은 미국에게는 매우 만족스러운 발표였다. 왜냐하면 일본이 스스로 '현상태 유지'를 공언한 꼴이기 때문이었다. 미국은 이러한 일본의 통보를 선의(Bona Fide)의 의사표시로 받아들였다.

일본은 이전에는 네델란드령 동인도제도로부터 비교적 적은 양의 기름을 수입했었다. 한 해에 수입하는 양은 3천만 배럴이 채 되지 못했다. 네델란드가 항복한 직후, 일본은 특별사절단을 바타비아(Batavia, 자카르타의 옛 이름)로 보내어 네델란드 정부에 일본이 이 섬에서 직접 기름을 채굴하기 원한다는 입장을 전달했다. 이로써 네델란드의 통제 하에 있던 정유 산업을 접수하겠다는 야심을 은밀하게 전달한 셈이다.

그러나 네델란드 정부는 이 제안을 거부할 힘이 없었고, 동인도제도의 대표와 석유 회사의 대표자들로 하여금 일본 사절단과 협상하도록 전권을 위임하였다. 1940년 10월 일본 상공상(商工相)을 의장으로 하여 협의가 시작되었는데, 그는 개회사에서 '일본은 네델란드령 동인도 제도와 좋은 관계를 계속적으로 유지하고, 우호를 증진하기를 열망하고 있다'는 말로 회의를 시작하였다. 일본의 구두 계약으로 말미암아, 그 후 6개월 동안 일본이 필요한 기름의 약 40%가 네델란드령 동인도제도에서 공급되었으며, 나머지 필요한 분량의 기름은 미국 석유회사들로부터 공급되었다.

이런 일련의 사건들을 보면, 미국은 네델란드령 동인도제도에서 쓰라린 경험을 하고도 아무 것도 배우지 않겠다고 작심한 것 같다. 뿐만 아니라 전 세계가 일본의 계속적인 팽창주의를 묵인하고 마치 동조해 주는 것 같은 형국이었다. 세상의 모든 정부들은 전 인류의 자살 행위를 부추기는 것만 같았다.

한 예를 들자면, 미국의 수출금지 결정만 보아도 잘 알 수 있다. 미국 정부는 일본에 대해서 고옥탄가 휘발유의 수출을 전면 금지시켰다. 이것은 미국 정부가 일본으로 하여금 무장을 중지시키고 제재를 가하겠다는 분명한 의도를 보여 준 결정이었다. 그러면 모든 미국 국민들과 상공인들은 정부의 시책에 따라 침략자들에게 전쟁 물자를 수출하는 일을 함께 중단했어야 함에도 불구하고, 일본은 여전히 고옥탄가의 휘발유와 정제하지 않은 원유, 디젤, 가솔린, 석유 등, 다양한 석유류들을 미국으로부터 공급받았다. 이미 앞에서 밝혔듯이, 일본은 철도 레일뿐만 아니라 다양한 원자재들을 아무런 제재나 어려움 없이 그대로 공급받을 수 있었던 것이다.

최근에 더글라스(Henry H. Douglas)씨는 아시아(Asia)라는 잡지에 충격적인 내용의 기사를 발표했다.

"일본은 1939에 그 이전 어느 때보다 더 많은 제품들을 우리로부터 사 갔지만, 아래의 표에 나오는 1939년 10월과 그 다음해인 1940년 10월의 수치를 비교해 보면 눈이 휘둥그래질 만큼 놀라운 증가를 발견하게 될 것이다."

	1939년 10월	1940년 10월
휘발유	148,000 bbls.	627,000 bbls.
강철과 고철	259,000 tons	148,000 tons
강철과 철근, 철봉, 철사 포함	1,715 tons	17,623 tons
철판, 흑연	43 tons	1,554 tons
제련된 구리	11,148 tons	27,815 tons

"1940년 8월의 수량을 그 바로 전 해인 1939년 8월의 수치와

일본의 침략근성 - 그 실체를 밝힌다

비교해 보면 엄청난 양으로 증가한 것을 알 수 있다. 왜냐하면 1940 년 7월은, 일본이 우리가 자기들의 산업에 치명적인 손해를 가할 수 있는 필수 품목들의 수출을 정말로 중단할 것이라고 판단했었던 때였다. 그런데 그것이 수 주 만에 엄포이며 헛소문이라는 사실이 드러나고 말았다. 결국 추축극 세 나라의 발표로 1940년 10월 16일의 수출금지 조치가 내려지자, 그 해 11월 일본으로 수출된 고철이 25톤으로 줄어 들었을 뿐이다."

미국 사람들은 앞으로 얼마나 더 일본 사람들에게 미국을 공격할 무기를 공급할 것인가? 언제쯤 미국인들은 자기들의 두뇌와 군사력을 자기 자신들이 망하는 일이 아닌 자기들을 방어하는 일에 사용할 것인가? 만약 지금 미국 사람들이 지혜롭게 행동한다면 나중에 가서는 전쟁 무기를 사용할 필요조차 없게 될 것이다.

태국

고대 아시아에서 가장 오래된 역사를 지닌 나라 가운데 하나였던 타이, 혹은 시암(Siam, 태국의 옛 이름)이라고 불리던 이 나라는 일본의 외교적 음모에 의해서 영향을 받아오다가 이제는 실제적으로 일본의 속국이 되었다. 국토는 프랑스와 비슷한 크기이고 인구는 1천 4백만 명이며 엄청난 지하자원들은 아직도 개발되지 않은 상태이다. 평화적으로 침투한 일본의 집요함은 이미 내부에 깊숙하게 스며들었다. 모든 하천의 준설공사와 항만 공사는 일본이 독점하고 있다. 태국은 일본이 자국의 국정에 간섭하는 것은 일본의 확장을 위한 수단이라는 사실을 너무나 잘 알고 있다.

　미국의 수도 워싱턴 DC 메이플라워 호텔에서 있었던 라이온즈 클럽 오찬 연설에서 미국에 온 태국의 몸 라자원세 세미 프라모즈 장관은, 태국과 인도 차이나 반도의 갈등에 일본이 나타나 스스로를 중재자로 자처하며 자기들의 세력을 확장시켜나가던 상황을 잘 설명해 주었다. 연설이 끝나고 질의 응답 시간이 되었을 때, 한 라이온즈 클럽 회원이 대륙 침략에 굶주린 일본이 중재자로 나선 것을 다음과 같은 비유로 질문했다.

　"일본이 하는 짓은 마치 배추 밭에서 두 마리의 토끼가 다투고 있을 때 나타난 여우 새끼가 토끼들 사이를 중재하겠다고 나선 꼴이 아닙니까? 그리고 토끼들을 토실토실하게 살찌워 놓고 나서 모두를 잡아 먹으려는 수작이 아닐까요?"

　프라모즈 장관은 질문이 다 끝날 때까지 기다렸다가, 빙그레 웃으면서 대답하였다.

　"여러분이 토끼라면 어떻게 하시겠습니까?"

　거기 있던 청중들은 장관의 재빠른 응수에 찬사를 보내며 박수를 쳐 주었다.

필리핀

　1938년 3월 초, 미 국방성의 육군과 해군 수뇌부들은 미국의 제 1방위선을 필리핀에서 하와이로 축소하는 방안을 고려하고 있었다. 이런 생각은 몇몇 전략가들이 미국의 방위선을 본토에서 좀 더 가깝게 설정하면 미 본토가 접한 태평양 연안의 해안선 방위가 더욱 안전하고 공고해 질 것이라는 연구 발표를 토대로 한 것이다.

해군 연합작전사령관인 리하이(William D. Leahy) 제독은 약 1년 전 해군작전위원회에서 해군의 예산을 20% 증액하여 약 8억불 정도 상향하자는 빈슨(Vinson) 법안이 통과된다 하더라도 세계에서 1급 해군력을 가진 나라(일본)와 대결하여 필리핀을 지킨다는 것은 사실상 불가능한 일이라고 증언하였다.

일본은 필리핀 군도의 경제적 자원들을 개발하는 일에 참여할 수 있도록 해 달라고 요구했다. 1937년 10월 20일 마닐라에 주재해 있던 일본 상공회의소는 필리핀 연방 정부에 소위 깜작 놀랄만한 문서라고 불리는 서류 한 장을 보냈는데, 그 문서에는 미국과 필리핀 그리고 일본을 잇는 삼각구조의 협력은 가장 완벽한 모범이 될 것이라는 언급이 있었다.

미국이 발표한 군수물자 금수조치는 별 의미가 없어졌다. 동경에 있는 군벌들은 계속해서 일본에 대한 군수물자 수출금지 조치에 반대한다고 경고해 댔다. 최근에는 일본으로의 전쟁물자 수출량이 급격하게 늘어나면서 활발해졌다. 법적인 문제를 회피하기 위해 어떤 전략적 군수물자들은 미국 본토에서 출발시켜 필리핀 마닐라 항구로 보냈다가, 마닐라에서 다시 일본으로 이동시키는 방법을 사용하기도 했다.

그 뿐만 아니라 일본은 철광원석의 전량을 필리핀에 있는 민영 광산업자로부터 직접 공급받았다. 1938년 1월에는 일본은 역사상 가장 매력적인 제안을 필리핀 정부에게 제시했는데, 그 내용은 수리가오(Surigao) 지역에 있는 질 좋은 철광산을 임차하여 개발하 겠다는 제안이었다. 이런 광산 임차는 필리핀 법규가 허용하지 않 는 일이었지만 필리핀 정부는 한 동안 시간을 끌며 다각도로 고려 하다가 결국은 기각하기로 결정했다.

다바오 만(Davao Bay)에 나타난 22척의 정체불명의 소 함대에 대한 이야기는 1938년 4월 12일부터 23일까지 미국 전역의 여론을 떠들썩하게 만들었는데, 결국은 그것은 적의 함대가 아니라 일본 의 포경선단이었다는 사실이 밝혀졌다. 세금을 걷는 세관 관리들 은 구축함이나 잠수함일 것이라고 했고, 어떤 사람들은 항공모함 같이 어마어마한 전함이 다바오 만으로 들어가는 것을 보았다고 증언했다. 그런가 하면 한 퇴역 장교는 더 적극적으로, 17척의 함대 가 일렬로 나란히 줄을 지어 있는 것을 보았다고 말했다. 많은 사람 들은 여러 척의 배들이 현란한 불빛을 내면서 야간 기동훈련을 하 는 것을 목격했다고 했다.

그 해 4월 23일 일본 포경선단의 단장은 자기 선단의 모선인 니시마루(西丸)에 기름을 넣기 위해서 잠시 정박시켰을 뿐이라고 태연하게 설명했다. 이로써 태평양의 서쪽 바다에는 소란이 끝나 고 다시 평화가 찾아 왔다.

괌

1938년 8월 초순 일본 당국은 비공식적으로 미국의 의견을 타진하면서 일본 항공기들이 태양양 횡단노선에 미국의 팬암 항공사가 거치는 괌에 자기들의 항공기의 이착륙을 허용해 주기 바란다는 요청을 보냈다. 그 무렵 동경에 주재하는 미국 상무관은 일본이 이 프로젝트를 위하여 약 2백만불의 예산을 할당하려고 한다는 시도가 있다고 보고했다.

그러나 이 계획은 실현 불가능한 것이었다. 미국 정부는 그런 제안을 거들떠 보지도 않고 거부했다. 일본은 자기들의 영토에 어떤 외국 비행기의 이착륙을 허락하지 않는다는 헌법의 규정을 스스로 상기해 보지 않으면 안 될 것이다. 더 나아가 미국이 괌을 요새화하려고 할 때마다 일본은 그 곳이 자기들의 해군 기지와 근접해 있다는 이유로 격렬하게 반대했었다. 일본은 괌이 마닐라의 미 해군기지에 근접해 있다는 바로 그 점을 미 해군본부에서 가장 중요하게 생각하고 있다는 사실을 의도적으로 무시하고 있었던 것이다.

1941년 2월 2일 새로운 해군 기지를 사모아, 괌, 그리고 서태평양 여러 곳에 건설하기 위한 예산안 898,392,932불이 미 의회에 제출되었다. 그 가운데는 투투이라와 사모아의 요새화를 위한 8,100,000불의 예산과 괌에 함대 정비시설과 방공대피호를 건설하는데 드는 4,700,000불도 포함되어 있었다.

지난 2년 동안 미 의회는 이러한 적극적인 해군력 증강계획이 자칫 일본을 자극할 수 있다는 이유로 본회의에서 여러 차례 위의 요청을 기각한 바 있었다. 그러자 미 해군 사령관 스타크(Harold R. Stark)제독은 다음과 같이 자신의 소신을 피력하였다.

"만약 일본이 불쾌감을 드러낸다면, 그들의 항의는 완전히 무시해 버려야 한다. 결국 괌은 우리 미국의 영토인데, 본인의 생각으로는 우리의 결정은 우리가 하는 것이고, 무엇이 우리 미합중국을 위해서 가장 좋은 것인지를 생각하고 판단해야지 다른 나라의 말에 따라서 좌우되어서는 안 된다고 확신한다."

2월 19일 이 의안은 다시 의회에 제출되었고 그 누구도 여기에 반대하지 않고 그대로 통과되었다.

위임 통치령에 속한 섬들

위임 통치령에 의하면 국제연맹이 일정 기간 동안 일본에게 점유권을 인정한 여러 섬들에 대해서 일본은 그 위임된 섬들을 무장하거나 요새화하지 못하도록 규정되어 있었다. 그러나 일본은 그 섬들을 요새화하였으며 거기에 해군 기지를 만들었고, 그것들을 양도할 의사가 전혀 없었다. 위임 통치의 기간이 끝났을 때 일본은 국제연맹에 보고서를 제출하면서, 일본은 어떤 대가를 치르더라도 앞으로 계속 이 섬들을 점유할 것이라고 주장하였다. 또한 자기들은 그 안에 어떤 기지도 구축하지 않았다고 부인하였다. 국제연맹이 상황을 점검하기 위해서 조사단을 파견하겠다고 하자 일본은 어떤 외국인도 거기에 들어오는 것을 허락하지 않으며 만약 국제연맹이 일본의 보고를 믿지 못하겠다고 한다면, 일본은 그런 행동을 일본에 대한 중대한 모독으로 간주하겠다고 발표했다. 국제연맹은 일본과 충돌을 원하지 않았고 그러자 그 문제는 그냥 없던 일처럼 잠잠해지고 말았다.

1937년 11월 30일 일본 체신성은 오랜 숙원이었던 본토와 위임 통치령의 섬들을 연결하는 민간 항공기가 12월부터 개항할 것이라고 발표했다. 이 발표에 이어서 동경과 캐롤라인 섬의 파라오 사이 약 2천 마일을 연결하는 노선이 월 2회 운항된다는 발표가 나왔다. 괌에서 육안으로도 보이는 사이판이 중간 기착지가 될 가능성이 높았다. 이는 순전히 전략적인 계획으로 괌과 필리핀의 군사적 중요성에 균형을 맞추어 가면서 일본이 위임통치령의 여러 섬들을 내 놓지 않으려는 의도였다.

1938년 4월 2일 동경의 호치(報知) 신문은 일본의 위임 통치령인 트럭(Truck) 군도의 항구에 자정이 지난 시간에 미국 군함이라고 추정되는 정체불명의 배가 조명을 비추고 섬을 살펴 본 후 사라졌다는 내용의 보도를 했다.

반면에 또 다른 뉴스가 전해지면서 일본 열도 전체에 커다란 파문이 일었다. 그 내용은 미 해군 주력함 10척과 전투기 500여 대, 그리고 전투기를 실어 나르는 항공모함들을 포함한 구축함들이 웨크 군도, 미국령 사모아, 휘닉스 군도, 하우랜드와 베이커 군도를 잇는 지역에 총집결했다는 것이었다. 그 지역의 미 해군 함대 총사령관, 블로흐(Bloch) 제독은 총집결이라는 말은 아무런 근거가 없는 허위보도라고 반박하자, 호치 신문은 즉각 오보임을 인정하며 '군함들은 아직 확인되지 않았으며 (……) 어쩌면 어선들이었을 수도 있다'라고 정정 보도하였다.

하와이

만약에 일본의 중국침략이 100년 전에 있었더라면 하와이처럼 그렇게 멀리 떨어진 곳까지는 그 소식이 전해지지도 않았을 것이다. 지금과 같은 기계문명의 시대에 각 대륙들은 바다와 하늘로 나누어져 있는 것이 아니라 오히려 바다와 하늘로 연결되어 있다고 해야 맞는 말이다. 그렇게 본다면 하와이는 세계의 한 중심이라고도 말할 수 있다. 일본의 중국 침략에 따른 여파로 미국 의회는 하와이를 미국의 한 주(州)로 받아들이자는 청원을 상정하여 놓고 있다. 곧이어 미 의회는 하와이를 미국의 한 주로 승격하는 안을 가결하였다. 그러나 하와이에 거주하는 일본인의 인구 문제가 사태를 복잡하게 만들고 있다.

투표권이 주어지는 연령에 도달한 일본계 미국 시민이 급증하고 있는데 그들이 지방자치투표에서 대표자를 선출할 때는 틀림없이 일본인 후보에게 표를 던질 것이다. 이것은 특별히 하와이와 같이 일본인의 상주인구가 절대적으로 다수인 곳에서는 당연한 일이다. 이런 현상은 지난 수년 동안 계속되었는데 대부분의 경우에 일본인 2세들이 이 지역의 중요한 직책을 차지하게 되었고 이런 대세를 바꾸기는 어려운 실정이다.

미래를 염려하는 하와이 사람들 가운데는 이와 같은 비정상적인 현상이 급격하게 전개되는 것을 묵묵히 바라보면서 심각한 불안감을 감출 수 없는 사람들이 많이 있다. 직전 하와이 주지사인 맥카시(Charles McCathy)도 그런 사람 중의 한 명이다. 그가 하와이 출신의 하원 의원으로 미 의회에서 일할 때, 은밀하게 미 국무부와 내무부에 일정한 수의 한국인들을 하와이의 이주 노동자로 받아들여야 한다는 청원서를 제출했다. 당시 하와이의 사탕수수 농장에는 값싸고 새로운 노동력이 필요 하였다.

그가 이런 제안을 한 주요한 목적은 하와이에 사는 한국인과 일본인의 숫자를 비슷하게 유지함으로 해서 이 섬의 평화와 안정을 도모하여 전략적으로 하와이를 보호하려는 의도였다. 한국과 일본은 조상 대대로 앙숙이었고 하와이의 주지사였던 맥카시는 이 감정의 흐름을 정확히 파악하고 있던 지혜로운 사람이었다. 그 결과 미 내무부는 워싱턴의 한국 위원회에 1910년 한국이 일본 제국주의에 의해서 강제로 합병된 이후 해외에 흩어져 있던 한국인들이 하와이에 입국하는 것을 무조건 허락해야 한다는 내용을 보고했다. 그러자 한국 위원회는 이 사안을 이민국에 통보했고 이민국은 일본 여권이 없는 한국인은 받아들일 수 없다고 한국위원회에 통보했다. 미-일본 사이에 맺어진 '신사 협정(Gentlemen's Agreement)'에 명시되어 있기 때문이이라는 게 그 이유였다. 이로써 협의는 끝나버렸다.

당시 한국인에 대한 특별한 제한이 없었으므로 한국 유학생들은 미 이민국 관리들과 해운회사로부터 특별히 관대한 대우를 받았다. 때때로 정치적 난민들이 동양의 어느 항구를 출발할 때 미국 행 선박에 오르면 그 배의 선장과 승무원들은 그들을 일본 경찰로부터 보호해 주었다. 그렇게 해서 미국의 항구에 도착하면 미국 정부는 가급적 신속하게 그들을 한국인 유학생이라는 이름으로 입국 허락을 받도록 도와 주었다. 이러한 한국인에 대한 특별 우대는 일본인들에게는 참을 수 없는 일이었다.

이런 허점을 보완하기 위해서 일본은 미국과 또 다른 협약을 맺었으니, 이것이 소위 '신사 협정'이라고 불리는 세부적인 내용을 담은 협정이었다. 한국은 천황이 다스리는 나라이므로 미국 입국은 대일본제국의 여권을 소지한 자에게만 허락해야 한다는 내용이었다. 일본 사람들은 언제든지 자유롭게 여권을 취득할 수 있었지만, 한국인들에게는 여권을 얻는다는 것이 얼마나 어려운 일인지를 잘 알고 있는 일제로서는 그것이야말로 한국인을 통제 할 수 있는 마지막 수단이었던 것이다. 그렇게 함으로 해서 일본은 미국에서 공부를 마친 한국 학생들이 미국을 떠나 한국에 돌아오지 못하도록 방해했다.

이 협정에 대한 한국인들의 해석은 달랐다. 일본이 한국을 강점할 때 한국에 살지 않았던 한국인들, 그리고 지금도 여전히 일본 국민으로 간주되는 것을 거부하는 사람들은 나라 없는 난민으로 분류되어야 하며, 따라서 여권 심사대상에서 제외되어야 한다는 해석이었다. 미 내무부는 즉각 이 해석을 수용했으나 그 당시 미 국무부는 일본의 신경을 거슬릴까 염려하여 주저하다가 결국은 이 제안을 기각시켜 버렸다.

이제 하와이에 있는 일본 사람들에게로 관심을 돌려보자. 일본인의 이중국적 문제는 여러 해 동안 공식적으로 논의되어 왔다.

일본의 침략근성 - 그 실체를 밝힌다

미국의 헌법에 따르면, 미국 땅에서 태어나는 사람은, 그 사람이 어느 나라 출신인지를 막론하고 누구나 미국 시민권을 갖는 속지주의 원칙을 따른다. 그러나 일본은 태어난 곳과 상관없이 일본인은 누구나 황국신민이라고 주장한다. 이 문제의 핵심은 미국에서 태어난 일본인들이 어느 나라에 충성할 것인가? 어느 국기를 위해서 싸울 것인가?라는 물음을 제기한다.

이런 논쟁 가운데서, 만약 계속해서 일본이 이런 자국의 혈통을 가진 미국 시민들에게까지도 일본을 위해서 싸울 것을 강요한다면, 미국 정부는 이 일본인 2세들을 별도로 분류하여 관리해야 한다. 이렇게 거류외국인(영주권자)으로 등록을 해야 할 일본인 2세의 숫자는 수 만 명에 이를 전망인데, 결과적으로는 이는 일본에게 치명적인 불이익이 된다는 말이다. 최종적으로 일본 정부는 이런 범주의 사람들에게 일본 국적을 포기할 수 있도록 허락해 주었다. 이 합의는 관련자 모두에게 만족스러운 결정이었다.

1940년에 시행된 외국인 등록법에 따라서 미 법무부는 중-한 동맹의 대표인 한길수 씨의 청원을 받아들여서, 한국인이 일본 신민으로서가 아니라 한국인으로 등록할 수 있게 허락했다. 워싱턴 외국인 등록청의 책임자인 해리슨(Earl G. Harrison) 씨도 비슷한 결정을 했다. 이 법령에 따라서 당시 하와이에 있던 한국인, 2,176명은 한국인으로 외국인 등록을 마쳤고, 나머지 6,500명은 최근의 호구조사에 의해 모두 미국 시민으로 등록을 마쳤다.

이 조치에 대하여 일본은 불편한 심기를 드러냈다. 일본 총영사는 공개적으로 불쾌감을 나타내면서 한국인 혈통의 미국 시민권자들은 여전히 이중국적자들이며 호놀룰루에 주재하는 일본 영사관의 서류를 근거하여 귀화수속을 밟아야 한다고 엄포를 놓았다. 이 어리석은 주장은 호놀룰루에 있던 모든 한국인들을 자극시켰으며 한국 신민회의 주도하에 즉각적인 대규모 집회가 소집되었다. 집회의 연설을 통하여 한국 국민들은, 자신들은 단 한 번도 일제가 강제로 늑약한 문서를 수용한 적이 없으며, 스스로 일본 사람이라고 동의한 일도 없고 생각한 적도 없다고 주장하였다. 그들은 또 자신들은 일본신민이라고 불리는 것을 허락한 적이 없으며, 미국 시민권을 갖게 된 지금은 미국 외에 어느 나라에도 충성을 서약한 적이 없다고 주장하였다. 그리고 과거에도 그러했듯이, 앞으로도 당당하게 미합중국 국민으로서의 자부심을 가지고 모든 책임과 의무를 다 할 것임을 밝히는 선언문을 만장 일치로 통과시켰다.

호놀룰루에 있는 일본 총영사는 미국 땅에서 태어난 한국인들이 절대로 일본인으로 귀화 신청을 하지도 않을 것이며, 또 그러한 일을 위해서 자기들을 찾지도 않을 것이라는 사실을 너무나 잘 알고 있었다. 그렇게 되면 미국 시민권을 가진 젊은 한국인 2세들 중에, 일본이 요구한다고 귀화 신청을 할 사람이 한 사람도 없다는 건 너무나도 뻔한 사실이다. 일본인이 미국 시민이 되기를 원할 때 일본 국적을 포기해야 하는 이유는, 이중 국적을 허용하는 예전의 법을 따른다면 전쟁이 발발했을 때 그들은 일본을 위해 싸울 수 있는 자유가 있기 때문이다.

일본의 침략근성 - 그 실체를 밝힌다

그러나 그런 일이 한국인들에게는 필요가 없었다. 한국 사람들은 그 누구도 일본을 위해서 미국이나 다른 나라와 싸울 사람들이 없기 때문이다. 오히려 그들은 일본에 대항해서 싸울 기회를 찾고 있었다. 이들에게 완전 무장되고 잘 훈련된 독립군이 중국에서 일본과 싸우고 있다는 사실은 대단히 의미심장한 일이었다. 일본이 하는 선전 외에는 일본을 위해서 싸우는 한국 사람이 있다는 말을 믿는 사람은 단 한 사람도 없었다. 일본이 한국 사람들을 믿지 못해서 총을 주지 못한다는 말은 이런 사실을 잘 반증하는 표현이다. 아래의 이야기는 일본인들이 한국 사람들을 얼마나 미워했는지를 잘 묘사해 주는 하나의 증거이다.

작년에 한국에는 가장 비참한 대기근의 재앙이 닥쳤다. 일본은 이 사실이 외부에 알려지지 못하도록 엄격하게 통제했지만, 그 참혹함과 비참함이 극심했기 때문에 미국의 언론들에 널리 보도되었다. 만약 이런 기근이 중국이나 인도 혹은 일본에서 일어났다면 미국인들의 인류애에 호소하여 즉각적이고 지속적으로 구제의 손길이 미쳤을 것이다. 그러나 일본의 한국에 대한 지독한 억압과 봉쇄정책은 이 가련한 땅 한국을 외부 세계와 완전히 차단시켜서 이러한 참상이 외부세계로 새나가지 못하도록 만들었던 것이다.

1940년 이른 봄, 하와이와 미국 본토에 살던 한국인들은 자기들의 모국에서 겪는 대기근을 돕기 위해서 작은 도움이라도 주려고 노력했다. 그 뿐만 아니라, 캘리포니아와 여러 곳에 흩어져 있는 많은 선의를 가진 미국인 친구들의 도움으로 많은 사람들에게 이런 사실이 알려지게 되었다. 미국 대통령의 퍼스트 레이디인, 엘리나 루즈벨트(Eleanor Roosevelt) 여사는 주간 라디오 연설에서 한국의 극심한 기근을 언급했고, 신문 칼럼을 통해서도 이 사실을 알리기 위해 노력하였다. 루즈벨트 여사는 다음과 같은 말로 끝맺었다.

"저는 이 사실을 여러분들에게 알립니다. 한국은 비록 멀리 떨어져 있는 나라이지만, 여러분들은 미국 적십자사를 통하여 여러분들의 정성을 보낼 수 있습니다. 여러분들이 수표를 보낼 때에 '지구촌에서 고통을 겪는 한 사람을 위해서' 라고 적으시면 됩니다. 이런 어려움을 당한 사람들의 이야기를 들으면 저는 잠을 잘 수가 없습니다. 집이 없는 사람들, 희망이 없이 살아가는 사람들이 꿈 속에 나타나기 때문에 편안히 잘 수가 없습니다."

이렇게 고통 당하는 사람들을 위한 감동적인 호소는 많은 열매를 거두게 되었다. 자발적인 기부금은 구호모금 목표액을 훨씬 넘었으며 한국 국민들은 그러한 도움에 크게 고마워했다.

그 다음 문제는 이렇게 모아진 구호금들이 일본을 통하지 않고 어떻게 배고픈 사람들에게 전해지느냐 하는 문제였다. 만약 이 기금이 일본 영사관으로 전달되어 일본인들이 처리한다면 일본은 이 일에 대해서 아무런 반대를 하지 않았을 것이다. 그러나 한국 사람들은 그 구호금이 일본 사람들의 손에 들어가는 것을 상상할 수 없었다. 그래서 결국 구호금은 한국에 있던 미국 선교본부들을 통하여 가장 곤핍하고 어려운 사람들에게 전달되도록 하였다.

이것을 가만히 보고만 있을 일본이 아니었다. 호놀룰루에 있던 일본 총영사는 또 하나의 어리석음을 자초하는 일을 저질렀으니, 한국에는 기근이 없었으며 기근은 헛소문이라는 발표를 했던 것이다. 그는 다음과 같은 말을 했다.

"여기 몇몇 언론 매체들이 보도한 것 같은 한국 국민들이 고통을 당하고 거기에 대규모의 기근이 발생했다는 말은 상상할 수도 없는 일이다. (……) 본인은 아직 그런 이야기를 들어 본 적도 없고 그런 보고를 받은 적도 없다. 만약 그런 기근이 발생했다면 일본 정부가 즉각 구제하고 상황에 따른 조치를 취했을 것이다."

이런 발표를 함으로써 일본 총영사는 일본의 입장을 더욱 곤란하게 만들었다. 세계 여러 나라들은 보다 더 정확한 정보들을 통해서 일본 총영사의 말이 거짓이라는 사실을 알게 되었고, 실제 상황은 일반적으로 알려진 것 보다 훨씬 심각하다는 사실을 알게 되었다. 그리고 사람들은 왜 일본이 이토록 집요하게 미국이 한국에 보낸 구호금을 가지고 문제를 삼으려 하는지 그 이유를 알고 싶어했다. 한국을 강압적으로 억누르는 정책을 완수하기 위해서 그렇게 하는 것일까? 만약 그렇다면 그건 잘못된 일이다. 그런 방식으로 한국인의 정신은 말살되지 않는다. 오히려 반대로 외부의 억압이 강하면 강할수록 한국인의 혼은 점점 더 강해질 것이다. 아직까지도 일본은 눈이 어두워서 한국의 이런 정신을 깨닫지 못하고 있을 따름이다.

중-일 전쟁과 연결시켜 보면, 일본은 전쟁에 동원될 신병을 모집하는 일을 자국 내에서 뿐만 아니라 해외에서도 보충하지 않을 수 없었음이 분명하다. 작년에 전 세계의 일본영사관에 동경 정부의 지침이 하달 되었는데, 그 지침의 내용은 일본이 통치하는 모든 나라들의 인구조사를 전격적으로 실시하라는 것이었다. 인구조사는 구실이었고 실제적으로는 일본 군인으로 징집하기 위한 남자들의 자료를 만들기 위한 수작이었다.

워싱턴의 미 국무부는 이 사실을 감지하고 사실 여부를 조사하기 시작했다. 이 조사에 대해 뉴욕 주재 일본 영사는 다음과 같은 답변을 보냈다.

"이는 일본이 통치하는 전 지역과 일본의 인구분포를 알기 위해서 매 5년 마다 실시하는 정기적인 인구 조사입니다."

이런 발표 중에 영사는 전혀 무의식적으로 동경에서 내린 중요한 지침을 발설하고 말았다.

"1920년 2월 2일부터 1921년 12월 1일 사이에 태어난 사람들에 대한 특별한 지침은 없었습니다. 일본의 헌법에 의하면 그 때 출생한 남자들은 1941년도 일본군 징집 대상이기 때문입니다."

이 말은 미국에서 태어난 일본인 2세라 하더라도 징집될 일정한 나이가 되면 일본 군대를 위해서 자발적으로 본국으로 귀환해야 한다는 지침을 간접적으로 시인한 것이다. 이 말은 그 동안 일본 외교관들과 당국자들이 줄곧 해 오던 말과는 정면으로 대치되는 것이었다. 그들은 지금까지 미국에서 태어난 일본인 2세는 일본군에 징집 대상이 아니라고 말해 왔기 때문이다. 또 그들은 이런 주장은 미국 본토의 해안과 하와이, 그리고 필리핀의 해안에서 어업에 종사하여 그 지형을 잘 아는 일본 사람들뿐만 아니라, 미국 각지에서 일하면서 얻은 많은 정보를 가진 젊은이들을 일본으로 불러 들여 각각의 분야에서 일본 제국주의를 건설하는 일에 이용하도록 하겠다는 말이 아니고 무엇이겠는가? 그런 사람들이 일본 군대에 있다는 존재감은 특별히 미국을 공격할 때 일본군에게 얼마나 값진 자산이 될 것인가?

알래스카

미 해군이나 공군의 전문가라면, 군사 전략적 입장에서 필리핀으로부터 괌, 그리고 하와이를 잇는 태평양 전체의 방위를 위해서 알래스카가 가장 중요한 지정학적 위치에 있다는 사실에 동의한다. 알래스카에서 가장 가까운 아시아의 해안선까지의 거리는 25마일 밖에 되지 않는다. 장비만 잘 갖추어진다면, 알래스카에 주둔한 미군은 러시아와 일본의 폭격기들이 미국 본토를 향해서 움직이는 상황을 한눈에 지켜 볼 수 있다. 일본에 대한 러시아의 태도는 대단히 미심쩍다. 일본의 외무상 마츠오카(松岡)가 1941년 4월 13일에 러시아와 조약을 성공적으로 체결하였다고 발표했음에도 불구하고, 러-일 양국의 이해관계가 서로 상반되고 완전히 다르기 때문에 어떤 합의도 지켜지기가 쉽지 않다. 유사시에 미 공군이 일본 열도에 도달하기는 알래스카 기지가 그 어느 지점보다 가깝고 유리하다.

미 해군은 미국의 영토 중에서 일본에 가장 가까운 지점인 코

디악(Kodiak)과 운알래스카(Unalaska)에 비행 기지를 건설하기 위해서 4,305,000불의 자재를 발주했다. 한편 미 해군은 거기 있는 지상군에 더하여 보병과 포병 그리고 방공포 부대를 이 기지의 주둔군으로 증강시키고 수백대의 폭격기들을 지역 방어의 목적으로 배치하였다.

오스트레일리아

대영제국에서 멀리 떨어져 있는 고독한 전진기지인 호주는 비교적 일본과 직접적인 관계가 많지 않았다. 대일본 제국의 영원한 팽창을 바라던 자들에게 이것은 용납 될 수 없는 일이었다. 가진 것은 없고 땅은 좁고 인구는 넘쳐나서 골치 아픈 일본이 보기에 호주는 거대한 넓은 땅을 가지고 있으면서도 소수의 백인들만이 살고 있는 불공평한 나라였다. 더욱이 일본의 이민을 막고 있다는 사실은 도저히 용납할 수 없을 뿐만 아니라 정의에 어긋나는 행위였다.

일본은 이미 오래 전부터 모든 남태평양의 섬들을 자기들의 군사 지도와 해군의 청사진에 포함시켰다. 일본의 계획은 자기들의 해군력을 증강시켜서 태평양을 완전히 장악할 수 있을 때까지는 그들의 정치적 상황에 문제제기를 하지 않고 그냥 내버려 둔다는 것이었다. 그런 다음에 일본의 해군력이 강력해지면 모든 문제들은 일본에 의해서 자동적으로 해결될 것이기 때문이다. 이것이 바로 '타나카(田中) 남작의 비밀문서'라고 불리는 외교 각서의 내용이었다. 그는 이미 그때 '남태평양의 모든 나라들은 우리에게 항복할 것이다'라고 선언하였다.

1940년 8월 18일에 영연방 호주의 수상이었던 멘지스(Robert G. Menzies)가 호주의 첫 주일 대사로 로썸(John Creig Lotham) 경을 임명한다고 발표한 것은 주목할 만한 사건이었다. 그러면서 호주 수상은 일본도 호주에 파견할 대사를 조속한 시일 내에 보내 주기를 기대한다는 뜻을 전달했다. 왜냐하면 두 나라가 상호 외교관을 교환한다는 것은 양국이 더욱 직접적이고 긴밀한 관계로 발전해 나가기를 희망한다는 뜻이기 때문이었다.

이 시점에서 오스트레일리아가 이런 외교적인 제스처를 한 것은 결코 자의적인 결정이 아니었다. 그것은 영연방으로 하여금 정책을 수정하고 이민 정책을 완화하도록 런던에서 압력이 내려 왔든지, 아니면 동경을 두려워하여 내린 결정이든지, 둘 중의 하나이기 때문이었다. 이 제안에 대해서 즉석에서 '아니오'라고 말하는 대신에, 일본 의무성은 우의적이고 동반자적인 답변을 보냈다. 이것은 상대국을 끌어들이는 지혜로운 처세술이었다. 바로 일본이 백인들에게는 개방을 요구하면서 자기들의 문호는 가능하면 폐쇄하는 수법이었다.

그럼에도 불구하고 호주가 일본과 외교관을 교환하면서 개방에 뛰어든 것은 장차 불길한 조짐마저 보였다. 당시 호주의 상황은 1876년의 한국과 크게 다르지 않았다. 그 당시 한국은 일본으로부터 통상을 위해서 개방을 하라는 강요를 받았다. 이것은 마치 낙타 이야기와 비슷하다. 춥다고 처음에는 머리만 텐트 안에 집어 넣게 해 달라고 하던 녀석이 나중에는 몸뚱이 전체를 다 집어 넣고 텐트 전부를 자기 것인 양 점검해 버린 것과 같은 꼴이었다. 일본은 한국을 강점하고 자기들이 유일한 통치자라고 자처하지만. 한국인들은 지금도 인정하지 않는다. 그러므로 본인의 희망은, 호주는 한국의 뼈아픈 지난 역사를 통해서 지혜로운 교훈을 얻게 되기를 바란다.

멕시코

멕시코는 아메리카 대륙의 21개 독립국 가운데 한 나라이고, 일찍이 하바나(Havana)의 범-아메리카 회의에서 아메리카 대륙의 서반구를 보호하기 위한 먼로 독트린(Monroe Doctrine)을 미국과 함께 지키기로 서명한 나라 가운데 하나이다.

미국과 우의와 협조를 공고히 하는 이 정신에 따라서 멕시코 정부는 일본에 대해서 엄격하게 전쟁 물자와 식량의 수출을 금지했다. 미 법무성의 비밀요원들은 멕시코의 여러 항구에서 일본으로 보내기 위해서 선적하다가 적발된 기름 밀가루 몰리브덴 고철 수은 안티몬 그리고 섬유 수천 톤을 압수하였다. 나중에 이 수출금지 조치는 멕시코 시티에서 해제될 것이라는 보도가 나왔는데, 그 이유는 대일 전쟁 물자 수출 금지가 멕시코 경제에 엄청난 타격을 주어 멕시코 경제가 파탄에 빠질 위기에 처했기 때문이었다. 그럼에도 불구하고, 정부 대변인은 만약 앞으로도 국제기구가 대일수출금지가 필요하다고 결의하면 멕시코는 기꺼이 미국과 여러 우방들과 함께 일본에 대한 금수조치에 협력할 것이라는 점을 분명히 밝혔다.

아르헨티나

미국의 국무장관의 주재 하에 아메리카 대륙 21개 국가의 대표들이 하바나에서 모였을 때, 아르헨티나는 아메리카 대륙을 위한 정책에 처음으로 불협화음을 낸 나라였음을 기억할 필요가 있다. 그 당시 일본은 중남미의 몇몇 나라들을 설득해서 적어도 경제적인 측면에서 미국과 반대 입장을 표명하도록 온갖 음모와 술수를 동원하였다. 일본은 아르헨티나와 우루과이를 설득하는데 성공했고 그 외의 대부분의 나라들은 일본에게 넘어가지 않았다. 이것이 범-아메리카 회의에서 아르헨티나 대표가 불협화음을 낸 것과 얼마나 관련이 있는지는 모르겠지만, 아무튼 1940년 4월 말, 일본은 두 국가와 통상과 해양조약을 성사시켰는데, 그 두 나라는 바로 아르헨티나와 우루과이였다.

1940년 5월 동경과 부에노스 아이레스에서 이 조약의 비준이 발표되었다. 아르헨티나 정부가 일본과 맺은 수입허가 규정을 발표했을 때 그 내용은 처음 기대보다 훨씬 더 미국에게는 불리하게 되어 있었고 일본에게는 유리하도록 되어 있음이 밝혀졌다. 대부분의 내용이 미국보다 일본에게 월등하게 유리하도록 합의되어 있었던 것이다. 약 50여 개의 수입 항목은 미국에 불리하게 되어 있었는데, 그 중 31개 수입품은 미국이 아르헨티나와의 무역 거래에서 대단히 중요한 물품들이었다. 이제 이런 수출 항목들이 미국에서 수출되는 것이 완전히 금지되든지 아니면 엄격한 제한을 받게 될 것이다.

섬유의 경우, 일본은 아르헨티나에 제한된 양을 수출했지만 미국에 수입되는 것은 금지되었다. 그 뿐만 아니라 일본이 수입허가권을 발행할 특권을 가지고 있으므로 어느 유명한 해설가의 표현대로 미국만 '블랙 리스트에 혼자 우뚝 서 있는 꼴'이 되고 말았다.

우루과이

일본과 우루과이의 조약은 일본과 아르헨티나 사이의 조약이 체결되던 그 시기와 비슷한 때에 체결되었으며 조약의 내용 역시 대동소이했다. 그러나 거기에는 예외적인 단서가 하나 붙어 있었는데, 그것은 두 조약국, 의해서 주어지는 특혜를 다른 이웃나라들에게는 허용하지 않으며 세관동맹에 의한 특혜도 일체 인정하지 않는다는 내용이었다.

아메리카 대륙의 양쪽 바다에 주둔해 있는 해군을 연결시켜주는 가장 중요한 동맥이 파나마운하라는 사실을 기억하지 않으면 안 된다. 브라질과 남아메리카에 흩어져 있는 수 많은 일본인들은 이와 같이 긴장이 감도는 때에 트로이 목마와 같은 역할을 할 수도 있다. 그들의 필요는 이 새로운 '통상과 해양협정'을 통한 상호연결이다. 미국은 대서양 건너편의 나치(Nazi)들의 동태에 모든 관심을 집중하고 있었으므로 상대적으로 일본이 이런 나라들과 조약을 맺는 것은 간과한 측면이 없지 않았다.

동경과 베를린에서는 '세계의 신질서'를 끊임없이 외쳐댔다. 그들이 말하는 세계의 신질서란, 만약 미국이 일본에 의한 아시아의 먼로 독트린을 인정하고 나치에 의한 유럽의 먼로 독트린을 인정한다면, 그들도 아메리카에 대한 미국의 먼로 독트린도 인정하겠다는 것이다. 여기 먼로 독트린을 '인정하겠다'는 표현을 쓴 것은 한번도 자기들에게 진지하게 적용해 본적이 없는 두 나라의 독재자들이 스스로 미국의 역사와 미국의 국민성을 알지 못하는 무식함을 드러낸 것에 불과하다.

이와 같은 방법으로 일본은 아시아의 맹주로 아무의 간섭도 받지 않고 대일본제국을 확장해 나가기를 소망하였다. 그래서 서구와 완전히 분리시켜서 아시아의 정복은 일본이, 그리고 유럽의 정복은 독일이 나누어 갖겠다는 의도를 가지고 있었던 것이다. 우리는 이것을 정신 없는 미친 놈의 꿈이라고 말한다. 그러나 모든 군국주의자들이 정복의 영광에만 도취되면 이런 미친 생각에 빠진다는 사실을 기억해야 한다. 이제 많은 사람들은 이 미친 놈들을 너무 오랫 동안 방치한 잘못에 대해서 후회하고 있다.

11

미국 해군력의 증강

　　1905년 미국 대통령 데오도르 루즈벨트는 캘리포니아의 반-일
본 법령을 반대하며 일본의 조약권을 보호하자는 언급을 하면서,
'우리가 만약 일본과 싸우려면 미 해군은 영국의 해군과 협력해야만
한다'고 주장했다. 이 말은 미 해군력이 강력하지 못함으로 미국은
일본의 요구를 들어 주고 양보하지 않을 수 없다는 사실을 만천하
에 자인하는 것이었다. 당시에 루즈벨트가 남긴 유명한 명언, '부드
럽게 말하되 굵은 몽둥이를 갖고 다녀라(Speak softly but carry a big stick)'
는 말처럼, 당시 미 해군의 군사력은 오늘날과 같이 강력하지 않았
기 때문에 미국의 정치가들은 굴욕적인 수모를 당할 수밖에 없었다.

　　그러나 히틀러가 등장하여 미국을 위협하기 전에는 아무도 이
말의 의미를 깨닫지 못했다. 미국 국민들은 세계정세에 어두웠고,

　　　　　　　　　일본의 침략근성 - 그 실체를 밝힌다

스스로 자족하며 만족스러움에 빠져 있었기에 군사력 증강을 결코 허락하지 않았다. 일본의 외교적인 발언과 선전을 그대로 믿었던 미국인들은 미국이 전쟁 준비를 할 이유가 전혀 없다고 생각하였다. 이렇게 스스로 자초한 초기 미국 해군력의 약화는 동경에 있는 전쟁에 미친 군국주의자들을 기쁘게 해 주었으며, 이로 인하여 일본은 군사력을 급격하게 성장시켜 자기들이 힘의 우위를 점할 때까지 미국을 조용히 붙잡아 둘 수 있었다.

이런 거짓말이 통하게 되면서 일본은 오만 방자해졌고 공갈과 협박은 더욱 수위를 계속 높여가기만 했다. 이제는 서슴없이 이런 말을 내 뱉기까지 할 정도가 되었다.

"일본의 국민적 감수성을 존중하지 않는다면 미국은 스스로 무덤을 파는 결과를 자초할 것이다. 만약 미국이 극동 아시아의 사태에 쓸데없는 간섭을 중지하지 않는다면, 머지 않아 떠오르는 태양을 상징하는 일장기가 엠파이어스테이트 빌딩의 꼭대기에서 휘날리는 광경을 보는 날이 올 것이다."

일본이 이렇게 안하무인격으로 지껄여도 대부분의 미국인들은 이 말의 의미가 무엇인지도 이해하지도 못했고 그런 말에 관심도 갖지 않았다. 심지어 이 말의 뜻을 알아들은 미국 사람들조차도 그저 일본이 좋은 감정으로 한 농담으로 생각했을 정도였다.

그런 중에도 선견지명이 있고 분별력이 있는 몇몇 정치인들은 더 늦기 전에 태평양에서부터 밀려올 위기의 상황을 확인하려고 노력하기 시작했다. 그들은 당시의 국제관계를 살펴보면서 영국이 일본과 동맹을 유지하고 있기 때문에 앞으로는 미묘한 일들이 발생할 수 있음을 감지하기 시작했다. 두 나라의 동맹을 반대하는 여론이 영국과 캐나다에서 들끓기 시작하자, 1921년 워싱턴 군축회담에서 상호 동의 하에 이 동맹관계는 폐기되었고 곧 이어 새로운 해군조약이 체결되었으니 그것이 바로 해군력을 5-5-3의 원칙으로 제한한다는 합의였다. 이 합의에 따라 미국은 전함들을 폐기시켰고 스스로 군함 건조계획을 제한하는 자기 희생을 통하여 본을 보이자 다른 나라들도 이 합의를 충실히 따랐다.

그러나 일본은 말로만 따랐을 뿐 거짓을 감추고 자체적인 증강 계획을 꾸준히 추진하였다. 그리하여 얼마 지나지 않아서 상대국들을 능가하는 해군력을 갖추게 되었으니, 아마도 그들의 해군력이 자기들의 판단으로 최상에 도달했을 때가 1935년이 아니었던가 싶다. 그때 일본은 감추었던 가면을 벗어 던지고 무력한 중국을 다시 침공하기 시작했고 전 세계를 향하여 공개적인 도전장을 내밀었으며 그 동안 맺었던 협약을 헌신짝처럼 던져버렸다.

뒤늦게서야 미국인들은 보다 지혜롭게 일본을 감시하고 예리하게 관찰하였더라면 하고 후회하기 시작했다. 그랬더라면 일본이 하는 말을 순진하게 그대로 믿어버리는 어리석음을 범하지 않고 그들의 흉계를 처음부터 알아차렸을 것이라고 뉘우쳤지만 이미 때늦은 후회가 되어 버렸다. 다른 사건은 제외하더라도 파나이 호 폭격만을 보더라도 미국은 일본이라는 나라가 자기들의 목적을 위해서는 무슨 짓이라도 할 수 있는 나라라는 사실을 충분한 알 수 있었을 터인데, 실로 유감이 아닐 수 없었다.

바로 그 때 유럽에서는 일본과 동맹관계였던 나치가 점점 강대해져 가며 서유럽을 향하여 그 세력을 확장하여 갔다. 그 반대편에서는 일본의 팽창주의가 태평양을 넘어서 점점 미국 본토를 향하고 있었다. 그러나 해군력 증강을 위하여 필요한 막대한 예산을 요청한 대통령의 국가 방위계획은 반대에 봉착했다. 그럼에도 불구하고 미국의 사명은 너무나도 명백하고 분명했다. 중국의 문호개방원칙은 유지되어야 하고, 미국이 일본과 맺은 조약들은 존중되어야 하며, 태평양으로 확장되어 가는 일본의 군사적 야욕은 제한되어야만 한다. 만약 미국의 이런 의지와 능력을 일본이 인식하도록 만들 수만 있다면 미국 입장에서는 총 한방 쏘지 않고 그 목적을 달성할 수 있다는 말이 된다.

일본의 철저한 정보 통제에도 불구하고, 미 해군은 일본이 40노트 속력으로 치고 빠지는(Hit and Run) 작전이 가능한 쾌속함대를 건조하고 있다는 정보를 확보하게 되었다. 미 해군이 보유한 순양함은 단지 10,000톤 규모에 8인치 포를 갖춘 것이 전부인 반면, 일본은 46,000톤 급의 대형 전함 3척을 건조 중이며 그 외에도 5척의 항공모함과 43척의 구축함, 8척의 경순양함, 그리고 8척의 잠수함도 건조하고 있는 것으로 알려졌다. 만약 이 정보가 정확하다면 일본의 해군력은 이미 미국이나 영국 해군력보다 월등하게 앞선 것이 분명하다. 미국과 영국의 해군 전문가들은 일본이 가지고 있는 신형 함대는 지금까지 지구상에 존재한 해군 함정 중에서 가장 강력한 공격력을 갖추었다는 점과, 이런 속도로 일본 해군이 발전해 간다면 그 파괴력은 전 세계의 해상을 뒤흔들기에 충분하리라고 예측했다.

미국과 영국은 일본에게 숨기고 있는 군사력 증강 계획을 밝히라고 종용하였다. 그러나 일본은 이에 응하기를 거부하였다. 그러자 미국과 영국은 일본과의 해군력 경쟁을 벌이기로 결심하였다. 일본은 이미 5-5-3이라는 비율을 무시하고 그 이상의 해군력을 증강시켜 왔지만, 미국과 영국은 자기들의 비율에 맞게 해군력 증강을 스스로 제한하였던 것이다.

1938년 4월 2일 미국과 영국은 동시에 공개적으로 1935년 런던회담에서 합의한 35,000 톤급으로 제한되었던 것 보다 더 큰 대형 전함을 건조한다고 발표했다. 그들은 이 발표와 함께 일본이 35,000톤급 이상의 전함을 건조하고 있는지, 혹은 건조할 계획이 있는지를 밝히라는 통지에 답을 하지 않고 거부한 결과 이런 사태를 낳게 되었다고 설명했다. 영국은 다음과 같은 말로 결론을 맺었다.

"공식적인 요청에 답변을 거부하는 일본 정부의 태도를 보아 이 정보가 잘못된 것이 아니라는 사실을 인정한다고 밖에 볼 수 없다. 이제 일본 당국은 엉뚱한 핑계를 대지 말고 사실을 그대로 밝히기를 촉구한다."

1940년 4월 3일 미 상원의 해군분과위원장인 월쉬(David I. Walsh) 상원의원은 상원 해군분과위원회가 미 해군의 군사력을 일본보다 60% 우위로 유지하겠다는 제안을 담은 성명서에 대한 미국무부의 답변서를 공개했다. 이 성명서는 이렇게 되어 있었다.

"우리는 아직도 5-5-3 비율의 원칙을 준수하는 것이 안전을 보장하는 최선책이라고 확신한다. 그러나 일본이 이 원칙을 어기고 독자적인 해군증강계획을 실행에 옮기고 있으므로 우리 미국도 해군력을 향상시킬 수밖에 없다는 사실을 명백히 밝히는 바이다."

이 성명서는 해군증강계획 협약에 언급되어 있듯이 오직 국가를 보호하고 방어하기 위한 목적일 뿐임을 분명히 밝히고 있었다. 즉, 거기에는 미국의 영토를 지키고 적의 영공 침투와 공격을 방어하는 것과 미국 시민들의 합법적인 해외투자와 사업을 보호하기 위함이며, 기본적인 삶을 유지하기 위한 상업과 무역을 보장하기 위함이라는 조항이 삽입되었다.

이것은 미 해군의 정책에 결정적인 변화를 의미하며 일본이 비밀리에 추진해 온 태평양의 여왕이 되겠다는 야욕을 잠재울 수 있는 정책이었다. 일본 군국주의자들은 평화를 사랑하는 미국이 위축되고 움츠리는 반응을 보일 것으로 예상했으나, 기대와는 달리 강경한 미국의 정책에 적지 않게 놀랐으며 불안에 사로 잡히게 되었다.

일본은 그 동안 중요한 국제적인 사건이 있을 때마다 선동적인 성명서를 발표하였고, 그때마다 미국의 반응은 자기들이 기대하였던 대로였기에 대개의 경우 미국을 적당하게 이용할 수 있었다. 그것이 우연의 일치였다고 하더라도, 그런 우연이 여러 번 반복되고 거듭되자 일본은 그런 일을 당연하게 여기게 되었다. 아래의 두 경우는 그 좋은 예가 될 것이다.

(1) 해군 회담: 1935년 12월, 런던에서 열린 해군회담에서 일본 대표가 퇴장 했을 때, 일본 동경의 군부는 미국을 행해서 공갈을 치며 으름장을 놓았다. 그리고는 1936년 1월 16일, 전투함대 사령관 타카하시(高橋) 해군중장은 '일본 해군이 지금 당장 미국과 영국 연합군과 싸운다면, 비록 해군의 비율이 10:1이라고 하더라도 우리가 이길 것을 확신한다'라고 호언 장담했다. 그리고 1월 20일에는 일본 정보국장인 후방 사령관 노다(野田)제독은 '일본은 지금도 해군 군축회담에 참여할 의지가 있으며, 일본의 정책이 비침략, 비위협적임을 증명하고 세계 열강들과 공평한 해군력 제한에 대해서 논의할 의향이 있다'라고 발표했다.

이것은 일본의 교묘하고 계획적인 수법으로 미국의 여론을 움직여서 해군력 경쟁을 처음 시작한 나라가 일본이 아닌 미국이라고 덮어 씌우기 위한 전술이었다, 그러므로 미국 국민들은 자국 정부에 압력을 넣어서 해군력 증강 계획을 중단하도록 만들어야 하며, 일본이 어떤 전함을 만들든지 일본의 필요에 의한 군함 건조계획을 간섭하지 못하도록 하려는 약삭빠른 의도였다.

일본은 미국이나 영국보다 더 강한 해군력을 가지려고 5-5-3이나 10-10-7과 같은 비율의 제한을 무용지물로 만들기 위하여 혼신의 노력을 기울였다. 그러한 계획이 실패로 돌아가자, 1935년 런던 해군회담장을 박차고 퇴장했다는 사실을 아는 미국인들은 너무나 적었고, 이러한 일본의 간교한 의도에 미국 국민들은 관심조차 갖지 않았다. 이런 사실을 너무나 잘 알고 있던 노다 제독은 미국 국민의 저변에 흐르는 평화주의 정서에 호소하였던 것이다.

이번에도 그들의 수법은 성공을 거두었다. 군축회담을 개최하라는 요청과 미국 정부를 압박하는 편지와 전보들이 쇄도했다. 미국무부는 국가정책에 대한 성명을 발표해야 할 필요를 느끼게 되었고, 4월 3일 월쉬(Walsh) 상원의원을 통해서 '미국은 근본적으로 해군력 감축안에 동의한다. 그러나 지금은 그런 이야기를 할 때가 아니다'는 공식적인 입장을 발표했다. 이 결론으로 해군력 감축에 대한 논란은 당분간 조용해졌다. 그러나 일본 동경의 지도자들이 이 문제를 끄집어 내는 것이 유리하다고 생각할 때에는 언제라도 또다시 이런 문제를 들고 나와서 미국의 여론을 뜨겁게 달굴 것이다.

(2) 해군영역에 관한 문제: 일본은 오랫 동안 태평양을 '일본의 호수' 혹은 '일본의 뒤뜰'이라고 말해 왔다. 일본의 외교관들과 선전원들은 이런 말이나 표현을 공공연하게 떠벌리고 다녔다. 일본이 태평양의 소유권과 주도권을 주장할 때마다 미국은 대수롭지 않게 넘겨버렸다. 누구도 이런 발표에 반대하지 않자 일본은 계속해서 같은 주장을 반복했고, 이것이 습관이 되어 이제는 누구나 기정사실로 여길 지경이 되었다. 어찌보면 미국이 묵인함으로 해서 일본의 주장을 승인해 준 측면도 없지 않다고 할 수 있다.

태평양의 주도권을 가졌다고 생각한 자기들의 주장이 점점 확고해져 가자, 일본은 태평양에서의 미국의 활동을 자기네들의 제해권에 대한 침해라고 주장하기에 이르렀다. 하와이 해역에서의 해군기동훈련이나, 필리핀 공군기지, 그리고 괌의 군사기지화 등, 미국이 추진하는 일들에 대해서 일본이 사사건건 문제를 제기하고 강하게 반발하기 시작한 것이다. 일본의 주장대로라면 이런 모든 일들은 사전에 일본의 허락을 받아야 하는 사안들이다. 그러므로 일본의 해군력이 더 강력해 지면 미국은 그런 활동들을 중단할 것이다. 이것이 타나카 남작의 오래 전 예언이 아니었던가? 미국의 무관심과 관용이 일을 그르쳐 이제는 한 판 전쟁을 치르지 않고서는 해결할 수 없을 정도로 일을 키우고 말았다.

미 의회에서 미국과 일본의 해상경계를 설정하는 안을 논의했다는 사실에 우리는 주목하지 않을 수 없다. 이러한 생각은 태평양에서 미국과 일본의 영역과 한계를 의미하는 가상의 선을 그리자는 의도였다. 이런 제안이 제출된 것은 미 의회 의원들 중 미국과 일본 두 나라가 아직 영역의 경계에 합의하지 않았기 때문에 문제가 발생한다고 생각하는 사람들이 있다는 뜻이다. 그러나 이런 생각을 하는 사람들은 일찍이 일본과 한국 사이에 경계가 분명히 있었다는 사실과, 한국과 만주 사이에도 경계가 분명히 존재했었다는 사실을 망각하고 있는 것 같다.

일본으로 하여금 옛 경계를 하나씩 허물도록 허락하면, 그들은 계속해서 야금야금 미국의 해안선을 향해서 전진할 것이기에 새로운 경계선을 설정하도록 일본을 묵인하는 것은 올바른 정책이 될 수 없다. 미 국무부는 이런 정책에 대해서 아래와 같은 내용을

일본의 침략근성 - 그 실체를 밝힌다

담은 성명서를 발표하면서 반대 의견을 내어 놓았다.

"일본이 이처럼 새로운 해안 경계를 설정하려고 노력하는 것은 가상적인 벽을 만들어 그 뒤에 있는 미 해군력을 제한하고 압박하려는 수법이고, 그렇게 되면 미국 시민들은 세계 도처에서 일본의 공격에 노출되는 결과를 초래하게 된다."

일본이 이러한 미국의 반응을 그대로 받아들일 리가 없었다. 미 해군의 활동영역이 캘리포니아 연안으로 제한된다면 일본이 수용할 수 있겠지만, 이 정책 성명서의 내용을 보면 그 범위가 훨씬 확대되어 있었다. 미국은 하와이의 여러 섬들과 필리핀 군도, 그리고 태평양의 많은 섬들을 미국의 영역으로 포함시켜 놓고 있었다. 여기에 더 하여, 극동 아시아에서 미국 시민의 권익을 보호한다는 항목은 해외에 있는 미국 국민들의 안정과 그들의 사업을 보호하겠다는 분명한 의지를 표명한 것이다. 그러자 일본은 이런 결정을 미국이 동양과 태평양에 있는 그 어느 곳도 포기하지 않겠다는 뜻으로 받아들이게 되었다.

일본 해군의 공식 대변인 노다(野田)는 4월 7일 '서태평양의 정세에 관한 일본 해군의 입장'이라는 장문의 견해를 발표했다.

"전에는 미국의 방위선을 미국의 해안으로 규정했으나, 미 국무장관 헐(Hull)이 상원의원 월쉬(Walsh)에게 보낸 서신에 의하면 미국의 방위선이 계속 서쪽으로 나오고 있다. (……) 만약 미국의 정책이 아직도 미·영·일의 해군력 증강 비율을 5-5-3으로 고정시키고 명확한 해안 경계를 설정하는 제안을 반대한다면, 일본은 사태를 심각하게 여기며 주목하지 않을 수 없다."

이런 사실들을 비추어 볼 때, 미국과 일본이 태평양의 패권을 쟁탈하는 싸움을 시작했음이 분명하지 않은가? 일본이 확장할 수 있는 데까지 그 지경을 넓히고 태평양 전체를 마음대로 주무르도록 내어 주고 평화를 택할 것인지, 아니면 전쟁을 불사하더라도 태평양을 모든 나라가 함께 공유하는 공해(公海)가 되도록 할 것인지, 이 둘 사이를 선택할 결정권이 미국 국민들에게 달려있다.

1940년 4월 18일, 미 상원의 해군분과위원회에서 1,156,546,000달러 규모의 해군력 증강예산안의 즉각적인 통과를 요청하여 상정되었을 때, 나이(Gerald P. Nye) 상원의원은 이것이 바로 다른 나라들로 하여금 해군 군사력을 강화하고 전함을 만들도록 자극하는 짓이라고 주장하면서 적극적으로 반대하였다. 그러자 월쉬 의원은 '모든 나라들은 자국의 해외 주재 요원들에게 특별한 사명을 주어 해외에 파견하고 그 나라의 동태를 파악하고 정보를 수집하고 있다'고 반박했다. 그러자 나이 의원은 '대형 전함을 건조해서 이익을 챙기려는 사람들이 다른 나라에서 더 큰 함정을 만든다는 정보를 흘려 우리에게 이런 대규모 예산이 소모되는 프로젝트를 결정하게 한다. 만약 우리가 이런 결정을 하게 되면 이는 그런 전함을 만들 계획이 없는 일본을 자극하는 결과를 초래할 것이다'라고 응수했다. 반덴버그(Arthur H. Vandenberg) 상원의원도 빈손-트레머 법령(Vinson-Trammer act) 안에 있는 내용을 인용하면서 '우리 나라를 지키고 방위하는 목적이라면 지금의 해군력으로 충분하다. 다른 나

일본의 침략근성 - 그 실체를 밝힌다

라의 전쟁에 끼어들지 않고 미국 시민들의 생업을 보호하는 일만 한다면 더 많은 예산이 필요 없다'고 주장했다.

두 말 할 것도 없이 이런 미국인들의 태도는 일본이 기대하고 바라던 그대로 였다. 그러나 일반적인 국민 여론은 서서히 잠에서 깨어나기 시작했고, 앞에서 언급한 몇몇 상원의원들의 반대에도 불구하고 미국의 지속적인 해군력증강계획을 중단시키지는 못했다.

1940년 12월 초 직전 주 캐나다 미국 대사였던 크롬웰(J. H. R. Cromwell)은 시카고 대학의 강연에서, '미국이 영국을 지나치게 많이 도와준다는 결론에 도달하게 되면 일본은 미국을 공격할 수도 있다'고 발언한 마츠오카 요스케(松岡洋右) 일본 외상의 발언을 상기시켰다. 이 말은 일본의 동의 없이 미국이 독자적인 외교정책을 쓰면 일본은 미국을 향해서 전쟁을 불사할 수도 있다는 말이었다. 그 당시는 미국의 함대가 하와이에 주둔하고 있었고, 영국이 대서양과 지중해 그리고 싱가포르를 완전히 장악하고 있었으며 주요 연합군들이 남태평양에서 일본을 봉쇄하고 있던 때였다.

뿐만 아니라 북쪽에는 적의에 가득한 러시아 전투기와 완전 무장된 전투 병력이 집결해 있었고, 재무장한 중국군대가 수십 만의 일본군과 서쪽에서 대치하고 있던 상황이었다. 바로 그런 때에 마츠오카 외상이 미국을 향해서 그런 협박을 주저 없이 해댔으니, 그렇다면 그는 세계 모든 강대국들이 하루 아침에 무너지는 상황을 기대하고 그런 말을 했을까? 한 나라 외무상이 한 발언이라고는 도저히 믿을 수 없는 말이다.

12

일 본 의 선 전 책 동 을
막 아 야 한 다

　　동서양간의 통상과 무역이 시작되던 초기에 일반적인 미국 대
중들은 동양 사람들을 우습게 보고 경멸과 차별을 일삼는 경향이
있었다. 미국에 온 첫 동양 사람들은 중국인들이었다. 그때는 길거
리의 아이들까지도 중국 사람들을 놀리고 모독하는 광경을 흔하
게 볼 수 있었다. 이발소와 식당들은 중국인들의 입장을 거부했고,
책 잡지 신문뿐만 아니라, 일반적인 강연에서도 아시아인들은 날
마다 조롱거리가 되고 있었다. 정부도 시민단체들도 이런 일들에
관심을 가지지 않았고 무관심했다. 아무런 대책이 없는 중국인들
은 이런 상황을 당연한 일로 여기며 그대로 받아들였다.

　　그 이후 중국인 이민법의 발효로 중국 사람들은 미국 땅에 입
국이 금지되었다. 1894년 중일 전쟁에서 승리한 일본인들은 미국

사람들의 환영을 받으며 무더기로 미국에 들어왔다. 이런 여파는 얼마 지나지 않아 서부에서 일어난 반(反)일본인 노동자운동과 캘리포니아 주의 반(反)일본인 등록법안이 만들어지는 이유가 되었다. 자존심 강한 일본인들은 이에 분노했고 다음과 같은 두 가지 방법으로 반일운동을 중단시키려고 했다.

그 첫째가 보복적인 수단이었다. 샌프란시스코 근교에서 일어난 반일 군중집회에 참석한 노동자 한 사람이 정거장에서 일본인들에게 붙잡혀 그 자리에서 칼에 찔려 살해 당했다. 그 즈음에 이와 비슷한 두 세 건의 살해 사건이 보고되었다. 일본인 가해자들은 해당지역 경찰에 자수하고, 다음과 같은 진술을 하였다고 일본 신문들이 일제히 보도하였다.

"억울함을 보상받을 길이 없는 일본인들은 미국인들에게 직접적인 행동을 저지를 수밖에 없었다. 이유를 불문하고 일본인들에게 모욕을 주거나 불공평한 짓을 하는 개인이나 집단은 이와 비슷한 응징을 받을 것이다. 일본신민은 결코 천대를 받거나 모욕을 당할 민족이 아니라, 존중을 받아야 할 민족이다."

이런 이야기는 요원의 불길처럼 미국 전역으로 퍼져나갔고 미국인들에게 적지 않은 충격을 주는 효과를 낳았다. 무의식적인 두려움이 미국인들의 의식에 영향을 미쳤는데, 그것이 육체적 두려움을 넘어서 정신적인 공포감으로 발전하면서 미국인들 사이에는 일본인들에 대한 일종의 경외감이 싹트기 시작하였다. 이런 일본인들을 두려워하는 감정이 깊게 뿌리 박히면서 지금도 미국의 어떤 지역에서는 '일본 사람들에게 상처를 주거나 나쁜 말을 하면 위험에 처할 수 있다'라는 말을 쉽게 들을 수 있다. 이것이 일본 사람들이 맨 처음 미국의 대중여론을 정복한 사례이다.

두 번째 방법은 미국에 대대적인 선전 선동 운동을 전개한 것이었다. 1940년 5월 미국 신문들은 미 정보국의 추산을 근거로 일본은 해마다 약 500만 달러의 예산을 투입하여 자기 나라를 선전하는데 힘쓴다고 보도했다. 그 자료에 의하면 미국 전역 대부분의 큰 도시에는 적어도 한 명 혹은 그 이상의 일본 선전가가 배치되어 있다고 한다. 이런 선전운동이 정식으로 시작된 것은 거의 35년 전부터이며 그때 예산이 연 100만 달러 이상이었다. 이 예산은 상황의 경중에 따라서 상승과 삭감을 거듭해 왔다.

그 돈이 어떻게 사용되었는지 또 그들이 어떤 활동을 했는지는 핵심 요원들 외에는 아무도 알지 못한다. 모든 선전 요원들은 일사불란하게 동경의 지시를 받고 있었다. 구두로나 문서로 지시되는 내용은 동일한 자료에 근거하고 있었으며, 이렇게 통일되고 일관된 정보는 최고의 효과를 끌어낼 수 있었다. 서구문명과는 색다른 우수함을 보이는 사람들의 매력, 일본의 아름다운 풍경, 비단 기모노, 벚꽃의 꽃망울, 그리고 일본의 고대문명들이 미국의 신문과 잡지들을 장식하면서 미국인들의 마음을 유혹했다.

일본 외교관들이 발표하는 뉴스들과 인터뷰 내용들이 연일 공개되고, 친선 방문 중인 해군제독들, 귀족들의 자녀들, 여행가들, 친선사절단들의 소식이 하루도 빠짐없이 미국 전역의 신문에 보

일본의 침략근성 - 그 실체를 밝힌다

도되었다. 이 모든 노력들은 서로 상승작용을 일으켜서 일본이 원하는 효과를 얻기에 충분하고도 남았다.

만약 자기들의 의도대로 행동하지 않는 사람들이 있으면, 그런 사람들은 반일주의자로 낙인을 찍고, 그들이 동양을 방문할 때 비호의적으로 다루고 위협하여 다시는 일본에 대해서 불리한 발언을 하지 못하도록 만들었다. 물론 일본의 친구로 여겨지는 사람들은 누구나 극진히 대접을 받으며 온갖 칭송과 함께 경우에 따라서는 훈장을 받는 사람들도 생겼다. 그래서 언젠가 동양을 방문하고자 하는 계획이 있는 사람들은 누구라도 일본에 불리한 말이나 행동을 하지 않았다. 이런 분위기에서 미국의 대기업들은 일본과 우호적인 사업 관계를 맺기 원했고, 그들은 일본이 듣기 싫어할 소리나 행동을 하지 않았다.

만약 일본이나 일본인에 대한 품위를 떨어트리는 보도를 한 신문이 있으면 곧바로 항의하는 투서가 편집자에게 쇄도했고, 그런 반일 감정을 부추기는 보도를 비난하는 전화가 빗발쳤다. 이런 방식은 신문사의 편집자들에게 사실의 진위여부를 떠나서 일본이나 친일파를 불편하게 하는 기사를 보도하지 않는 것이 상책이라는 교훈을 얻도록 가르쳤고 그런 내용은 아예 취급하지 않도록 조치했다. 그 대신에 일본에게 아첨하는 말이나 기사는 신문의 전면이나 눈에 띄는 곳에 게재 하도록 만들었다. 이러한 과정을 통하여 일본은 미국 사람들을 길들이는 데 성공했다. 그러나 노동자 계층만은 자기들 마음대로 할 수 없었다.

미국인들 가운데 반일주의자라는 낙인이 찍히면 그 사람은 과격분자나 무식한 사람으로 간주되었다. 일본 선전요원들과 선전기관들이 미국 사람들이나 미국 정부 혹은 미국의 정책을 빗대어 우스꽝스러운 농담을 해도 대부분의 미국인들은 그저 재미있는 유머로 웃어 넘길 뿐, 그런 농담을 모독으로 느끼며 분개하는 사람들은 많지 않았다. 언론의 자유와 관용의 정신은 미국 민주주의의 위대한 두 가지 덕목이었는데, 일본은 이 두 가지 덕목을 오히려 악용했던 것이다. 그러나 민주주의를 신봉하는 미국이 군국주의자들을 이웃으로 두고 그들이 국민 여론을 좌지우지 하도록 언제까지 내버려 둘 것인가 하는 문제를 이제 미국 국민들이 심각하게 생각해야만 할 때가 된 것이다.

미국의 정책이 일본과 나란히 갈 때는 아무런 문제가 없었다. 루즈벨트 대통령의 통치 초기까지는 적어도 두 나라의 정책이 동조하던 분위기였고, 그 때까지 일본 선전기관원들의 활동에는 아무런 어려움이 없었다. 그러나 두 나라의 정책이 정반대로 나아갈 때, 일본 선전기관원들은 미국 국민들과 마찰을 일으키며 동경의 입장과 이익을 대변하기 시작했다. 일본 선전원들은 집권당과 반대편에 서 있는 야당과 재야인사들, 그리고 현직 대통령이나 국무장관의 정책을 공격하는 쪽과 손을 잡았다. 오늘날까지도 선전원들은 동경의 군부와 정부 고위관리들과 연결되어 있으며 미국 국민들의 동태를 파악하고 있다. 동경은 이들에게 모든 지시를 내리고 그들은 그 지침에 따라 움직인다. 이들은 일간지의 내용, 대중연설,

심지어는 유언비어까지도 철저히 이용해서 대중 여론을 자기들이 원하는 대로 유도하였다. 때때로 그들의 비건설적인 요구들이 정책을 흔들어 놓기도 하고 부지불식 간에 국무장관의 결정을 압박하기도 했다.

일본이 한국에 허수아비 정권을 세우고 한일늑약을 맺는 동안(1910년) 어떻게 미국 국민들의 지지를 얻어냈는지를 아는 것은, 그 다음 일본이 중국을 침략할 때 어떻게 미국의 대중 여론을 움직였는지를 밝히는데 도움이 될 것이다.

예일대학의 라드(Ladd)교수는 이토 히로부미(伊藤博文)의 초청을 받고 한국을 방문한 다음, ≪한국에서 이토 후작과 함께≫라는 책을 썼다. 그는 미국으로 돌아와서 한국에 대한 일본의 통치를 정당화하는 강연을 대대적으로 하고 다녔다. 그러나 그의 책은 너무나 친일적인 내용이어서 이토 히로부미 자신도 식상해 할 정도였고, 그 과장이 너무나 지나쳐서 선전물로서의 가치도 없었다.

아보트(Lyman Abbott) 박사가 주필이며 루즈벨트(Teodore Roosevelt) 대통령이 책임편집장으로 있던 아웃룩(The Outlook) 이라는 잡지사는 케논(George Kenon) 특파원을 한국으로 파견하였다. 케논은 일본의 입장에서 보면 자기의 사명을 훌륭하게 완수한 사람이었다. 그는 한국 정부가 얼마나 부패하고 무능했는지에 대해서 먼저 기술하고, 일본의 통치가 얼마나 한국 국민들에게 도움이 되었는지에 대해서 상세한 기사를 썼다.

일본이 만주를 침공할 때 뉴욕 신문사의 스콜스키(George

Skolsky) 특파원이 기사를 연재했는데, 그는 중국을 날카롭게 비판하고 일본의 만주 침략을 정당화하였다. 그에게는 분명한 의도가 있었는데, 자기의 글을 통해서 일본 제국주의의 희생이 된 중국에 상처를 주고 당시 국무장관이었던 스팀슨(Henry Stimson)의 극동정책을 비난하는 것이 바로 그 의도였다. 의식 있는 많은 미국의 저명인사들이 그 기사에 분노하였고 신문의 편집장에게 항의 서한을 보냈지만 아무 소용이 없었다. 당시 미국 신문사들이 그렇게 하는 것이 자기들의 조국, 미국을 위해서 할 수 있는 일이었다고 밖에는 달리 생각할 여지가 없다.

중-일 전쟁이 시작되었을 때 일반적인 미국 국민여론의 약 90%가 중국을 지지한 것으로 추산된다. 겉으로 보기에 거의 모든 미국 언론들은 대부분 반일 정서로 돌아서 버린 것처럼 보인다. 만약 이것이 사실이라면, 미국은 중국의 안전을 방어하기 위한 전쟁에는 비교적 적은 양의 포탄을 지원하면서, 왜 일본에게는 중국을 공격하도록 엄청난 양의 포탄을 제공하는 것일까?

미국은 세계 모든 나라 가운데서 자국을 위해서 선전 홍보기관을 운용하지 않는 거의 유일한 나라이다. 대부분의 나라들은 이런 선전기관을 가지고 있으며 이런 기관을 통해서 여러 가지 유익을 챙긴다. 모든 전체주의국가들은 미국 내에 이런 선전기관을 운용하고 있으며 그들은 자국의 이익을 위해서 모든 수단과 방법을 동원한다. 그리고 이런 기관들의 운용 자금은 미국에서 스스로 조달한다.

지금이야 말로 미국의 애국단체들이 전국 규모의 국가 홍보 기구, 즉, 정치 종교 혹은 신앙과 무관한 독립적인 기구를 창설하여 모든 민족들에게 미국을 홍보해야 할 때이고, 파괴적이고 나쁜 영향을 퍼트리는 세력들에 대항해야 할 때이다. 미국이 지금과 같은 도전에 정면으로 대처하려면 미국을 사랑하는 애국시민들이 분연히 일어나 자국의 이익과 민주적 가치를 수호하기 위해서 일사분란한 노력을 경주해야 할 것이다.

미국에서 출판되는 수많은 월간지들이 있지만, 그것들 대다수는 이름만 미국 잡지일 뿐이다. 일본은 미국의 대중 여론을 조작하기 위해서 연간 수백만 달러의 예산을 투입한다. 만약 미국의 언론 종사자들이 거짓 선전과 맞서서 싸우는 애국적인 임무를 포기한다면, 미국은 정의와 평화를 지속시키는 나라라는 역사적인 책무를 저버리고 말 것이다.

최근 몇몇 미국의 대표적인 신문사들이 설명이나 해설을 붙이지 않고는 일본의 선전물과 같은 기사들을 싣지 않는 경향을 보이기 시작했다. 예를 들자면, 1941년 5월 4일자 ≪워싱턴 스타≫지는 펠릭스 몰리(Felix Morley)가 기고한 '일본이 제안한 동경평화회담을 신중하게 검토해 볼 필요가 있다'는 제목의 글을 실었다. 이 회담은 일본을 아시아 최고의 맹주로, 추축국가들을 유럽과 아프리카의 주체로, 그리고 미국의 위상을 3류 국가로 격하시키는 것을 전제로 하는 회담이었다. 이에 대한 워싱턴 스타지 편집장의 사설에 주목할 필요가 있다.

"본 신문은 몰리 씨의 논지나 결론에 동의하지 않는다. 거기서 일본이 제안한 소위 평화회담이라는 것은 영국과 미국에게 항복이나 다름없는 조건을 수락하라는 것이고, 추축 국가들이 명백한 승리자임을 인정하라는 내용임을 지적한다."

일본에서 송출된 기사들, 그 중에서도 친일계의 자료들에는 필히 이런 설명이 필요했다. 이런 분석이나 설명이 없다면 일반 독자들은 동경의 전쟁광이 노리는 교묘한 수작에 말려들고 그들의 손에 맹목적으로 놀아나도록 되어 있기 때문이다. 일본은 본국이나 점령지에서 자기들이 원하는 대로 기사를 왜곡시키고 설탕 발린 말로 미국인들이 좋아하도록 기사를 각색하고 그것들을 특파원들에게 송출해 왔다. 그러므로 이런 내용들이 미국 내의 독자들에게 전해지기 전에 그 안에 독이 감추어져 있지 않은지 반드시 확인할 필요가 있다.

일본의 침략근성 - 그 실체를 밝힌다

13

미 국 의 평 화 주 의 자 들

1934년 나는 뉴욕 시내의 한 호텔에 머물고 있었는데, 내 친한 친구인 S. 모(某) 박사가 같은 호텔에서 지내고 있다는 사실을 알게 되었다. 그는 나에게 자기 친구 중에 평화를 사랑하는 사람들이 있는데, 자기들의 티 타임에 나를 데리고 오라고 몇 번이나 요청했다고 하며 나에게 같이 가기를 권했다. 어느 날 오후, 나는 그와 함께 파크 애비뉴에 있는 근사한 집으로 초대되었다. 안내를 받으며 집안으로 들어가니 고상하고 우아한 고급 가구들과 세련된 예술작품들이 그 집 주인의 수준 높은 문화와 품위를 말해주고 있었다. 나는 대도시 한복판에 있는 고요하고 평온한 공간에 초대받았다는 사실에 행복을 느꼈다. 거기서 참으로 우아하고 매력적인 부인을 소개 받았고, 이어서 신사 중에 신사인 그녀의 남편을 소개받았다. 그들은 중년을 넘긴 부부였는데 두 사람 모두 나를 환대해 주었으며 편안히 느끼도록 해주었다. 내 기억이 정확하다면, 그 신사는 자기가 경영하는 ≪평화≫ 잡지의 편집자였다. 우리 모두가 앉아 있을 때 그 신사는 갑자기 나에게 다음과 같은 질문을 던져 나를 당황스럽게 만들었다

"리 박사님, 만약 당신의 적들이 당신 나라에 쳐들어 온다면 당신은 무기를 들고 그들과 싸우러 나가시겠습니까?"

나는 주저함 없이 '예, 나는 그럴 겁니다'라고 대답했다. 그때 그는 나의 반응을 보기라도 하듯이 허리를 굽혀 내 얼굴을 자세히 응시하면서 '당신은 군국주의자로군요'라고 했다. 나는 무던히 애쓰면서 나 자신을 자제했다. 잠시 후 나는 양해를 구하고 그 자리에서 나왔다. 그 시간 이후 지금까지 그 사람들에게 내가 어떤 인상을 남겼는지는 알 수 없지만, 나는 그들을 통하여 이 나라의 한심하고도 광신적인 평화주의자들의 진면목을 볼 수 있었다.

동양의 유학자들처럼 문명인들이 싫어하고 비난하며 죄악이라고도 말하는 전쟁만은 피해야 한다고 주장하는 평화론자들을 나는 항상 존경해 왔고, 지금도 그 존경심에는 변함이 없다. 나는 종교적 신앙이나 인도주의적 신념을 위하여 집총 거부를 하는 '양심적 병역 거부자'들까지도 존중한다. 그러나 자기 조국을 방위하고 지키기 위해서 혹은 조국의 독립을 위하는 것까지를 포함하여 전쟁에 무조건 반대하는 반전주의자들은 내가 생각하기로는 제5열, 즉, 간첩과도 같은 위험하고 파괴적인 존재들일 뿐이다. 동기는

일본의 침략근성 - 그 실체를 밝힌다

다를지 모르지만 초래하는 결과는 같기 때문이다.

비록 의도적은 아닐지라도 결국 평화론자들은 자기 조국에 재난을 선사하는 사람들이다. 평화주의자들은 전쟁도발국가들이 침략전쟁을 준비하는 동안 그 전쟁을 예방하도록 하는 어떤 노력도 하지 못하게 방해하기 때문에 결국 자기들의 조국이 자체적인 방어조차 준비하지 못하도록 만든다. 만약 당신들 미국 사람들이 조국을 위해서 싸운 선열들의 모든 전쟁을 비난한다면, 당신들은 워싱턴 기념비와 링컨 기념관이 파괴되고, 돈으로 환산할 수 없고 피 흘려 지킨 유산들인 자유와 정의를 포기해야 할 것이다. 그러므로 평화를 신봉하고 평화의 위대함을 믿기 때문에 나는 조국을 위해서 싸우지 않겠다고 주장하는 사람들을 올바른 사람들이라고 보지 않는다.

전에 말했던 것처럼, 나는 평화를 사랑하는 사람이었고 지금도 그렇다. 그런데 어떤 미국 사람들로부터 '군국주의자'라고 불려진 것은 참을 수 없는 모독이었다. 나를 그렇게 불렀던 그 선량한 사람은 내가 한국에서 어떤 경험을 했는지를 알지 못하거나, 아니면 자기가 만나는 사람들에게 평화론을 전파하는 게 습관이 되어서 그랬을 수도 있다. 실제로 내가 35년 전부터 군국주의자였다면, 그리고 군국주의자 일제가 평화주의자인 한국을 침략했을 때 세계의 다른 국가들이 방관하지 않았더라면, 지금 내가 나라 없는 국민이 되지도 않았을 것이다. 평화를 사랑하는 한국이 어떻게 주권을 잃고, 선량한 2천3백만의 국민들이 어떻게 조상대대로 원수지간이었던 일본의 노예가 되었는지를 간단히 살펴보기만 해도 나의 주장을 이해할 수 있을 것이다.

대한민국 국민들은 약 4,500년 동안 스스로 독립을 지켜온 민족이다. 노르웨이, 덴마크, 네델란드, 프랑스를 최근에 침략한 나치보다 악랄하고 비열한 소위 '일본의 나폴레옹'이라고 불리는 토요토미 히데요시(豊臣秀吉)가 350여년 전에 조선 땅을 침략했을 때에도 굳건히 독립을 유지했었다.

한국 국민은 자기들의 왕정에 만족했었고, 고래로부터 평화로운 삶을 지키기 위해서 모든 대가를 치르며 나라를 보존해왔다. 17세기 초, 중국이 만주를 정복할 무렵에 한민족은 중국보다 우수한 문명을 자랑하며 동양문명의 정상을 지켜왔다. 그 당시 중국인들은 유교 문화의 황금시대였던 당나라의 초기 문명을 버리고 만주의 문화를 수용하는 분위기였다. 상투머리를 자르고 단발을 했으며 북방문화인 무거운 솜옷을 입었던 것이 그 좋은 예이다.

그러나 한국인들은 당나라의 문화를 그대로 유지하며 보존해왔다. 그 중 하나의 증거가 크고 둥근 갓과 품이 넉넉한 두루마기를 입는 문화를 한국에서 여전히 볼 수 있다는 사실이다. 서양인들은 이런 모습을 보고 재미있다고 웃을지 모르지만, 이것이 바로 한국인들이 보존하여 온 지난 날의 고귀한 문명의 상징이라는 사실을 모르기 때문에 그런 행동을 보이는 것이다.

한국 민족은 조상대대로 다른 민족과 분쟁하지 않고 살아 온 평화로운 민족이었고, 다른 나라를 침략한 적은 더더욱 없었다. 그렇지만 한국의 쇄국주의자들은 1882년부터 미국을 필두로 시작된 서구 열강들의 문호개방 요구와 통상의 압박 앞에서 그 땅을 지키지 못했다. 오늘날 미국만의 평화를 주장하는 사람들은 당신들만의 평화를 즐길 수 있다고 생각하는가? 그럴 가능성은 절대로 없다.

지난 19세기 후반 동안, 미국은 자국의 생산품을 팔기 위하여 새로운 시장을 개척하고 있었다. 일본의 문호를 개방하여 서구와의 교역을 시작한 페리(Perry) 제독의 발자취를 따라서 슈펠트(Shufelt) 제독은 '고요한 아침의 나라' 한국의 문을 두드렸고, 미국과 통상조약을 맺을 것을 요구하였다. 한국 정부는 그 제안을 즉석에서 거절했는데, 이 이유는 '그 동안 가장 가까운 이웃인 일본으로부터 너무나 많은 약탈을 경험했었기 때문에 외국과는 어떠한 관계도 맺지 않는다'고 결정하였기 때문이다.

미국은 만약 문제가 생기면 돕겠다는 약속을 했다. 그런 이해를 가지고 한국은 '친선 우호 조문'을 포함한 조약을 미국과 1882년에 맺었지만, 이 조약 후 수 많은 해악과 불이익이 운명처럼 기다리고 있을 줄은 몰랐다. 그렇지만 미국은 그 조약이 미국의 통상과 경제에 유익하기 때문에 이 조약을 환영하였다.

일본이 한국에게 부당하고 억압적인 협상을 강요하고 있을 때, 한국의 황실은 미국 정부에 약속대로 중재권 행사를 요청했다. 그러나 미국으로부터는 아무런 답변이 없었고 일본은 자기들 마음대로 모든 일을 저질렀다. 미국은 아무런 행동을 취하지 않은 이유를 고종 황제가 무력하고, 정부 관리들은 부패와 음모에 도취되었고, 백성들은 무지하고 게을렀기 때문이라고 변명했다. 그러나 이런 변명들로 사실이 은폐될 수는 없다. 진리는 만천하에 드러나는 법이다.

윌라드 스트레이트(Willard Straight)가 당시의 역사를 기록한 일기장이야말로 조선 멸망의 내막을 다룬 권위 있는 기록물로 알려져 있다. 헐버트 크롤리(Herbert Croly)는 스트레이트 씨의 일기를 근간으로 하여 저술한 책 ≪윌라드 스트레이트≫의 제 9장 '한 나라를 망친 살인자'에서 매우 중요한 사실들을 많이 폭로하고 있다. 당시 스트레이트 씨는 새로 부임한 미국 공사 모르간(E. V. Morgan)의 공보관의 자격으로 한국에 머물고 있었다. 그는 미국 정부가 채택한 대한정책에 대해서 완전히 찬성하지는 않았지만, 대중의 여론을 따르지 않을 수 없었다.

필자는 그의 책 몇몇 곳을 인용하여 그 당시 미국이 한국과 맺은 방위조약이 얼마나 어처구니 없고 공허한 것들이었는지를 증명해 보이려고 한다. 그의 책에는 다음과 같은 내용이 있다.

"어리석게도 한국의 통치자들은 자기들을 도와 줄 수 있는 유일한 강대국인 미국을 대표하는 외교관들에게 협조를 호소하였다. 그러나 조약에서 '도와준다'는 문구는 한 날 허구적인 미사여구였을 뿐이었으니, 이 얼마나 어리석은 짓인가."

만약 그 방위조약이 정말 어리석은 조약이었다면, 그것은 한국인들에게만 책임이 있는 것은 아니다. 미국의 상원과 대통령, 그리고 국무부까지도 그 조약을 승인했고 서명하였으므로 미국의 법령이 되었던 것이다. 아더(Chester A. Arthur) 미국 대통령은 한-미 방위조약에 관하여 미합중국과 미국 국민들은 이 조약의 모든 조항들을 준수하고 성실히 지킬 것을 선언한다고 공포했었다. 그때 그 누구도 이 조약이 '바보 같은 어리석은 것'이라고 생각한 사람은 없었다.

조선 황실과 조정은 특혜를 베풀어 조선 땅에 최초의 철도 부설권과 최초의 전차 가설권을 미국에게 용인하였고, 광맥이 풍부한 금광 개발권도 미국 사람들에게 특혜로 제공했다. 그때 그 어떤 미국인들도 조선 사람들을 어리석은 백성이라고 생각하지 않았다. 그런데 이제 미국인들에게 한-미 방위조약을 지켜서 도움을 요청하자, 아무런 도움은 주지 않고 오히려 한국 사람들을 어리석고 무지몽매한 사람들이라고만 말하고 있다. 미국은 이런 변명들로 자기들의 책임과 의무를 피할 수 없는데도 자기들은 할 일을 다 한 듯이 뻔뻔스럽게 행동하고 있다.

스트레이트 씨는 그의 일기에 다음과 같이 써놓았다.

"한국인들에게 공개적으로 이런 사실을 항의하라고 했지만 그들은 그렇게 하지 않았다."

여기서 말하는 '공개적으로 항의하라'는 말은 무슨 뜻인가? 한국인들은 행동을 비밀스럽게 감추거나 숨기지 않았다. 마치 1940년 나치 통치 하에서 프랑스 정부같이, 조선의 조정은 한두 명의 반역자들 외에는 전원이 일본 강점을 결사적으로 반대하였다.

대한제국의 대신 민영환의 자결은 이런 사실을 입증한다. 미 상원의원이었던 뉴랜드(Newland) 의원은 고종 황제에게 국제변호인을 고용해서 더욱 강력하게 항의문을 만들라고 건의하였으나 그 제안을 받아들일 수 없었던 이유는 이런 국제변호인들이 일본과 손잡고 오히려 사태를 더 악화시킬 수 있을 것이기 때문이었다. 미국이 이렇게 공개적인 저항을 강요한 진정한 이유는 일본 자객에 의해서 시해 당한 왕후(민비 시해사건)와 같이 자신도 암살당할까 두려워하는 고종 황제의 유약함을 너무나 잘 알고 있었기 때문이며, 그가 일본을 대항해서 정면으로 항거하지 못할 것이라는 사실을 훤히 알고 있었기 때문이다. 다시 말해, 진심에서 우러나온 염려가 아니었다는 말이다.

조선의 모든 대신들과 백성들이 대대적인 반대와 저항을 했음에도 불구하고 미국은 이런 사실을 감지하지 못했다. 이것이 미국이 방위조약을 실천하고 책임지지 못한 변명이 될 수 있는가? 절대로 그럴 수는 없다. 한국이 미국에 도움을 요청하기 전에, 먼저 일본에 항거하여 성공을 해야만 미국이 개입할 것이라는 그런 조건이 조약에는 전혀 포함되어 있지 않다. 한-미 방위조약에는 '(……) 여하간의 사태가 발생되면, 상대국은 중재권을 발동하여 상황의 안정을 위해서 최선의 노력을 경주한다'라고 명시 되어 있을 뿐이다. 스트레이트 씨는 자신의 일기에서 '고종 황제가 미국 대통령에게 보내는 친서를 전달하고 싶다고 통지했지만 몰간(Morgan) 공사는 그 요청에 대해서 일체 답하기를 거부했다'고 기록하고 있다. 어

일본의 침략근성 - 그 실체를 밝힌다

떻게 조선에 주재하는 미국 전권대사가 조선의 황제가 본국의 대통령에게 보내겠다는 친서를 전달하는 일을 거부할 수 있단 말인가? 몰간 공사는 본인이 황제의 편지를 전달하면 대통령이 난처한 입장에 처할까 염려하여 본인이 알아서 일체의 답변을 거부하고 수령하지 않았던 것이다.

결국 고종 황제는 헐버트(Homer B. Hulbert)* 씨에게 친서를 전달하여 대통령에게 전해지도록 부탁했다. 헐버트 교수는 한국에서 잘 알려진 세 명의 교육자 가운데 한 사람이었고, 두 나라 사이의 통상과 외교관계가 시작된 직후 한국정부의 요청에 의해서 미국이 추천하여 한국에 온 사람이다. 그는 이 비밀스러운 임무에 대해서 몰간 공사에게 알렸다. 그러나 워싱턴에 도착했을 때, 그가 친서를 대통령에게 전달하는데 어려움을 겪었고, 오랜 시간이 지체된 다음에야 겨우 대통령에게 전달될 수 있었다.

스트레이트 씨는 자신의 일기에서 '미국 공사는 한-미 조약의 내용을 실질적인 원조로 해석할 권한이 자신에게 없었다'라고 기술하고 있지만, 도대체 누가 미국 공사에게 한-미 조약을 해석하라고 부탁했다는 말인가? 그 조약에는 아주 평이한 문체로 '합의된 대로 미국에 요청이 있을 때 미국은 중재권을 행사한다'라고 되어 있었다. 아무도 실질적인 원조를 요청하지 않았다. 한국은 미국에 단순히 앞에서 합의한 중재권을 요청했던 것이다. 나는 여기서 미합중국이 자기들의 의무에 충실했다고 말할 수 있는지 여러분들에게 묻고 싶다.

한국 국민들 스스로가 자기문제를 해결할 수 없었다든지, 혹은 그래서 미국이 한국을 위해서 어떤 결정을 했어도 아무런 도움이 되지 못했을 것이라는 등의 논쟁은 여기서 전혀 사리에 맞지도 않는 문제이다. 만약 한국이 자기들의 문제를 스스로 완전하게 해결할 수 있다면, 왜 미국이나 다른 나라들에게 도움을 요청하겠는가? 자기 힘이 상대방보다 더 강하다면 무엇때문에 다른 나라에게 도움을 요청한단 말인가?

스트레이트는 일기에서 '브라운(McLeavy Brown)씨가 일본에 대해서 자기가 알고 있는 사실들을 책으로 출판하려고 한다'고 언급하면서, 다음과 같이 자신의 심경을 토로하였다.

"내가 말하고 싶은 것은 일본의 한국 침략이 무엇을 의미하는지를 세계 많은 사람들에게 알리는 일이다. 그래서 우리 모두가 해야 하는 일은 세계를 위협하는 일본의 협박과 허세를 제거하는 일이다."

그러나 그 책은 왜 조약이 지켜지지 않았는지에 대해서는 밝히지 않았다. 한-미 방위조약이 지켜지지 않은 것은 일본의 한국 침략 이후에 벌어질 일들을 미국 정치가들이 간섭하지 않으려는 이유 때문이었다. 루즈벨트(Theodore Roosevelt) 대통령은 미국이 일본의 한국 점령을 인정하면 일본도 미국의 필리핀 통치를 인정한다는 상호 이해와 교감을 일본과 나누었던 것이다.**

몰간 대사는 계획의 성공이 기정사실로 드러나기 전에는 어떤 사건도 일어나지 않도록 하라는 상부의 지시를 받고 한국으로 파견되었다. 브라운(Brown) 씨는 당시 한국 재무부에 고문으로 재직하고 있었으며 세관의 총책임자로서 매우 영향력 있는 사람이었다. 스트레이트 공보관 역시 중국과 미국에 넓은 인맥을 가지고 있었으며 비록 약관의 나이로 자기 분야에 일을 막 시작한 사람이지만, 상당한 영향력을 가진 사람이었다. 이 두 사람은 똑 같이 일본이 얼마나 한국에서 허세를 부리고 나쁜 짓을 하는지를 전 세계 모든 사람들에게 알리고 실상을 폭로하고 싶어했다. 이런 노력은 대통령에게 진실을 볼 수 있게 하고, 미국의 정책을 전반적으로 수정하게 만들 수도 있었을 것이다. 그러나 몰간 공사는 실상을 폭로 하는 것을 두려워했고 반대했다. 결국 그는 본국 정부의 지시에 충실히 따랐고 그의 행동은 미국 행정부에 충분한 만족을 가져다 주었다.

한국의 운명은 이미 몰간이 주한 미국 공사로 지명되기 오래 전에 워싱턴에서 결정되었다고 하는 것이 더욱 솔직한 표현이다. 일본군의 만주 전선에서의 승리와 교묘한 일본의 외교적 술책은 미국 대통령에게 매혹적이며 충격적인 영향을 주었다. 대통령의 친구이며 미국과 일본 사이의 연락관 역할을 하던 가네코 켄타로(金子堅太郎) 남작을 통해서 백악관은 동경과 긴밀한 접촉을 유지하고 있었으며 일본 정부에 우호적인 원조와 조언을 하고 있었다. 이로써 미국은 10여 년 전 프랑스, 독일, 러시아가 요동반도에서 자행했던 것과 같이 일본이 획득한 승리의 열매를 서구의 다른 열강들에게 빼앗기지 않도록 보장해 주는 정책을 취했다. 일본이 귀중하게 획득한 열매를 다른 나라들에게 빼앗기지 않게 해 주어야 한다는 것이 미국의 입장이었다.

　일본이 필요했던 것은 물론 인구 과잉으로 인한 탈출구였다. 이 점을 일본은 여러 차례 호소하였고, 미국은 그 당위성을 인정해 주었다. 뿐만 아니라 근대적이고 진보적인 일본과 같은 나라와 신실한 우호관계를 굳건히 하는 것이 극동에서 전략적으로 미국에도 도움이 된다고 판단하였다. 미국 정치인들은 일본이 얻은 승전의 결실로 어떤 영토를 차지하게 되는지를 잘 알고 있었다. 일본은 그 어떤 영토보다 한국을 가장 탐내고 있다는 건 삼척동자도 다 아는 사실이었다.

　중국이 문호를 개방하도록 후원자의 역할을 한 미국으로서는 일본이 만주 땅의 어느 한 부분이라도 점령하도록 허락할 마음이 없었다. 일본으로 하여금 한국을 차지하도록 허락하면 아마 그들은 한국 땅으로 만족할 것이고, 더 이상 다른 영토에 대한 욕심은 가지지 않을 것이고, 그렇게 되면 캘리포니아에서 일어나는 이민 문제도 저절로 해결 될 것이라고 기대하였다. 이것이야말로 미국이 기대할 수 있는 최고의 해결책이 아닌가!

　물론 미국인들 가운데는 문화와 전통이 유구한 대한민국을 볼모로 만드는 데에 반대하는 사람들도 있었다. 그러나 그런 주장에 대해서는 당시 미국에서 가장 큰 영향력을 가진 잡지 중 하나인 아웃룩(The Outlook)과 같은 간행물을 통해서 쉽게 잠재울 수 있었다. 미국은 아시아적인 먼로주의를 선포하라고 가네코 남작에게 권유까지 할 정도였다. 이런 발언이 ≪아웃룩≫에 적어도 2회 이상

게재되었다. 한국의 독립은 희생양이 되어야만 했다.

그렇지만 모든 것은 예상대로 되지 않았다. 얼마 지나지 않아 미국 정부는 자기들의 예측이 틀렸다는 사실을 깨닫게 되었다. 미국 사람들이 일본에 호의적인 감정을 갖고 있다는 점을 이용하여 일본인 이민자들을 가득 실은 배들이 캘리포니아 해안에 이주자들을 계속해서 내려놓았는데, 그들은 마치 메뚜기 떼처럼 여기 저기에 몰려들었다. 급기야는 캘리포니아 주민들이 들고 일어나 일본인 이민을 반대하는 법령들을 제정하기에 이르렀다.

동경 정부는 워싱턴 연방정부에 일본 국민의 권리에 대한 조항에 따라 그들을 보호해 줄 것을 요구했다. 캘리포니아 주 정부는 자체 법령을 주장하면서 연방정부의 간섭을 거부하였다. 일본의 요구에 답변하면서 워싱턴의 연방 정부는 주 정부와 연방정부 사이의 헌법적인 갈등을 설명했다.

일본은 겁 없이 캘리포니아 주를 하나의 독립된 나라로 간주하고, 주 정부와 직접 협의하겠다고 연방정부를 위협하기까지 했다. 이는 미합중국 연방정부에 대한 분명하고 중대한 모욕이었다. 그제서야 미국 정치가들은 충격을 받았고, 자기들이 일본을 도와 무례하게 만들었다는 실수에 대해서 자각하게 되었으며, 일본은 결코 진정한 우정을 나눌 나라가 아니라는 사실을 깨닫게 되었다.

여기서 나는 오직 몇몇 사람들만 아는 아주 극비사항을 소개하고자 한다. 이것은 테오도르 루즈벨트 대통령이 미 해군에 명령을 내려 일본을 향한 경고의 표시로 태평양을 순항하도록 지시한 그때의 일이다. 그때 일본은 미국 대통령의 호의를 얻으려고 미 순양함을 자국 해안으로 초청하여 충성스럽게 임무를 수행하는 미국 해군 병사들을 제왕 부럽지 않게 환대해 주었다. 이것이 바로 일본이 하는 짓들이다.

이제 다시 한국의 문제로 돌아가 보자. 의사였던 알렌(Horace Allen) 박사의 후임으로 몰간(E. V. Morgan) 공사가 지명되었다. 알렌 박사는 미국이 한국에 대한 조약의 의무를 성실하게 준수해야 한다고 주장하는 사람이었다. 일본이 한국을 정복하는데 결정적인 방해자의 역할을 한 사람이 바로 알렌 공사였다.

몰간이 한국으로 출발하기 전, 그는 파송장 수령 등의 문제로 워싱턴에 잠시 머물렀던 적이 있었는데 필자는 알링턴 호텔에 묵고 있던 그를 만날 수 있었다. 그는 자신의 정장 위에 다양한 색깔의 기모노를 걸치고 있었고 일본인 시녀를 고용하고 있었다. 그의 외모에서 느끼는 분위기와 그와의 몇 마디 대화에서 나는 그가 전임자였던 알렌, 언더우드, 아펜젤러, 애비슨 박사와 같은 한국 선교의 선구자들과는 사뭇 다르고, 그들이 수년 동안 쌓아온 훌륭한 업적을 조화롭게 발전시킬 사람이 아니라는 느낌을 강하게 받았다.

알렌 박사는 한국 땅에 도착한 최초의 의료선교사로서 선구자이며 한국에서 가장 존경 받는 외국인 가운데 한 분이었다. 키도 크고 위엄을 갖춘 그는 모든 면에서 완벽한 신사였다. 그는 몇몇 다른 미국인들과 함께 왕실에도 중요한 영향력을 미치는 분이었고,

고종 황제는 종종 그를 불러 우호적인 조언을 구하거나 의학적인 도움을 받기도 하였다. 1895년 일본 자객들에 의해서 왕비가 시해된 이후. 일본 사람들을 제외한 한국에 주재하던 모든 외국인들은 고종 황제에게 한없는 동정을 보내고 있었다.

황제는 마음이 약한 사람이었기 때문에 일본인들은 그를 공포와 불안에 질리게 만들어서 허수아비로 만들려는 계획을 세웠다. 그래서 그들은 매우 지적이고 의지가 강하며 임금의 뒤에서 그의 버팀목이 되어 주었던 왕비를 제거하기로 계획했던 것이다. 이일을 위해서 일본 공사였던 미우라(三浦) 자작은 일본으로부터 암살 전문가들을 불러 와서 그들을 왕궁으로 침투시켜 황제와 따로 있던 왕비를 끌어내어 난도질하여 죽이고, 시신을 토막 내어 타르를 바른 천으로 싸서 불태워 재로 만들어 버렸다. 그 동안 다른 살인자들 한 무리는 황제를 찾아가서 흉기를 휘두르며 입에 담을 수 없는 말로 협박했다. 그 자리에서 달아나던 왕실의 시종장은 황제가 보는 눈앞에서 무참하게 찔려 죽었다.***

이 무시무시한 국경을 초월한 범죄는 황제의 마음을 흔들어서 일본 쪽으로 끌어들이기 위한 짓이었지만, 그 결과는 엉뚱한 쪽으로 방향을 틀어 버렸다. 고종이 일본에 완전히 굴복하고 자기들에게 운명을 맡기며 자비를 베풀어 주기를 애걸할 줄 알았는데, 상황은 그렇게 전개되지 않았다. 고종은 자기도 왕후가 살해 당한 것 같이 암살될지도 모른다는 두려움 때문에 일본 사람들은 물론이고, 친일파들은 자기 근처에 얼씬도 하지 못하게 했다. 그는 심신이 매우 불안했으며 신경과민이 되어 먹지도 못하고 제대로 잠조차 자지 못했다.

황제는 조정과 대신들까지도 믿지 않았으며 그가 신뢰하고 믿었던 유일한 친구는 오직 몇몇 미국 사람들뿐이었다. 고종은 미국공사인 알렌 박사를 종종 불렀고, 그와 함께 있을 때만 편안한 마음으로 휴식할 수 있었다. 황제는 작은 소리에도 깜짝깜짝 놀랐고 미국 친구들에게 자기곁을 떠나지 말아 달라고 부탁했다. 뿐만 아니라 선교사들이 제공하는 음식만 안전하다고 생각했다. 거기에는 독이 없을 것이라고 믿었기 때문에 선교사들이 왕에게 식사를 제공하는 일이 잦았으며, 순번을 짜서 밤에도 그와 함께 지내어 주었다. 이렇게 둘만 있는 조용한 때 고종은 미국 공사에게 '만약 내가 당신의 관사에 들어간다면 나에게 안전한 방을 하나 줄 수 있겠는지?'를 묻기도 했다. 알렌은 황제의 이런 부탁을 받고 어떻게 해서라도 이 불행한 사람을 도우려고 최선을 다했지만, 그래도 한 나라의 황제를 자신의 공관에 모실 수는 없었다. 또 고종은 '내가 나자신과 이 나라를 위험천만한 일본 사람들로부터 지키기 위해서 어떻게 해야 되는지?'를 묻기도 했다.

물론 한국에 있는 대부분의 미국인들은 미국과 한국이 맺은 조약을 알고 있었다. 미국 정부가 그 조약을 져버릴 것이라고 생각한 사람은 한 사람도 없었다. 이 불쌍한 황제를 위로하기 위해서 알렌 공사는 그런 일들은 걱정하지 마시라고 안심시켰고, 만약 일본이 과도한 짓을 저지르면 미국은 그 조약에 서명한대로 약속을 반

일본의 침략근성 - 그 실체를 밝힌다

드시 지킬 것이라고 위로했다. 근심과 걱정이 가득한 황제에게 이런 조언은 큰 위로와 용기가 되었다. 고종은 그들의 말을 절대적으로 신뢰했다.

어느 칠흑같이 어두운 밤에 고종 황제와 태자는 왕실 궁녀들이 사용하는 가마를 이용해서 아무도 모르게 궁궐 문을 빠져 나가 러시아 공사관으로 피신했다. 이것을 조선의 역사에서는 아관파천(俄館播遷)이라고 부르는데, 그 의미는 황제가 안전을 찾아 러시아의 공관으로 들어갔다는 뜻이다. 황제는 거기서 즉각 모든 대신들과 각료들을 반역자로 체포하라는 칙령을 내렸다. 이로써 다시 한 번 일본의 한국 통치권은 땅에 떨어졌고, 이렇게 되자 러시아의 정치적 영향력이 조정을 지배하게 되었다.****

반면에 미국에 있는 일본인들은 이 사건을 자기들에게 유리하게 이용했다. 신문들은 일제히 한국이 러시아편에 가담했다고 비난하기 시작했고, 미국 대통령과 국민들은 한국이 자기들 독립을 위해서 애써주고 보호해 줄 일본과 손을 잡는 대신에 결국에는 한국을 집어 삼키려고 하는 러시아와 연대한 것은 어리석은 실수였다고 믿었다. 이것은 일본의 외교관들과 선전원들의 집요한 활동이 거둔 성과였다.

사실을 말하자면, 한국 국민들은 러시아를 좋아하지도 않았고 일본의 도움을 바라지도 않았다. 한국 국민들의 솔직한 바램은, 비록 목숨에 위협을 받는다 하더라도 황제는 조선의 궁궐로 다시 돌아와야 한다는 것이었다. 국민들은 황제가 국민 의회와 같은 황제추밀원을 조직하여, 당시 필자도 그 국민 의회의 의원 중 한 사람이었는데, 거기서 내각을 조직하여 황제의 승인을 얻어 부패하고 고루한 관료들을 척결하고 황실을 보호하며 국가를 보위하도록 하려고 했었다.

그러나 고종 황제는 모든 사람들을 의심했고 한 사람도 믿을 사람이 없었기 때문에 마음을 터놓고 의논하거나 용기 있게 자기 생각을 밝히지도 못했다. 백성들이 임금을 보호하고 옹립하려고 하면 할수록 더 멀리 달아나기만 했다. 상황은 점점 나빠지기만 했다. 일본과 러시아는 번갈아 가면서 고종 황제를 복종하도록 협박했고 황제는 백성들을 억누르기만 하였다. 그러므로 백성들은 어떤 행동도 취할 수 없이 수동적으로 변했고 비난만 받아야 했다. 어쨌든 고종이 외국 공관 안에 임시로 마련한 거처로 돌아 왔을 때는 긴장감과 불안이 다소 완화된 것처럼 보였다. 스트레이트 씨는 이 장면을 풍자하여 자기의 일기에 다음과 같이 기록하였다.

"한 나라의 황제를 마치 이웃집 아저씨 보듯이 그렇게 보고 만날 수 있다는 사실이 여러분들이 생각하기에 매력적이지 않은가!"

몰간 신임 공사가 도착하자 알렌은 한국을 떠났다. 새로 온 공사와 모든 직원들은 한국의 상황에 생소했다. 그들은 새로운 정보가 필요하지도 않았고 알려고 노력하지도 않았다. 미국 정치가들은 한국을 희생시키므로 중국을 보호할 수 있다는 신념을 갖도록 설득당했다. 지난 수 백 년 동안 한국은 중-일 두 나라 사이에서 평화를 유지시키는 완충제 역할을 해왔다. 이 평화의 보루를 파괴하는 것이 주변국들의 안정과 평화 유지에 얼마나 큰 손실인지를 증명하고도 남을 것이다. 그때 이후 만주와 중국에서 일어난 사건들을 기억하는 사람들 가운데 한국의 파국이 이 지역을 비극으로 몰아넣는 전주곡에 불과하다는 사실을 모르는 사람은 단 한 명도 없었다.

그 당시 미국이 선택했어야 하는 길은 너무나도 분명했다. 미국은 일본에 대해서 분명하게 입장을 밝혔어야만 했다. 미합중국은 한국과의 상호 보호조약을 맺고 있음으로 한국을 도울 의무가 있으며, 일본 역시 한국과 맺은 조약을 준수하며 한국의 정치적 독립과 영토를 보존하도록 한국민을 존중해야 한다는 사실을 일깨워 주었어야만 했다. 미국은 이와 같은 명백한 의무를 이행하는 의무를 헌신짝처럼 저버렸고, 한국과 맺은 방위 조약을 스스로 무시함으로써 일본에게도 한국과의 조약을 파괴하도록 조장한 셈이다. 무심코 저지른 그런 과오는 오늘날 유럽과 아시아의 혼돈과 무질서를 낳는 직접적 원인을 제공하였다.

이것은 실로 영광스러운 미국 역사의 한 페이지에 남긴 오점이 아닐 수 없다. 한국과 같은 평화를 사랑하는 나라는 국제적인 조약과 약속의 신성함을 믿다가 엄청난 대가를 지불하게 되었으며, 지금 자기들을 배반한 그 사람들에게 조롱을 당하는 수모를 겪게 되었다. 만약 누구라도 이런 나에게 조국을 위해서 나가 싸우겠다는 말을 했다고 해서 나를 '군국주의자'라고 부른다면 나는 분함을 참지 못할 것이라고 분명히 밝히는 바이다.

이러한 암울한 이야기에 한줄기 빛을 밝히기 위해서 프랑스를 향해서 이태리가 선전포고를 했을 때, 프랭클린 루즈벨트 대통령이 발표한 연설문을 인용하려고 한다. 그 연설에서 대통령은 다음과 같이 선언했다.

"칼을 쥔 그 손이 프랑스를 등 뒤에서 찔렀다"

분명히 말하자면 이 언급은 절대로 프랑스를 구출하기 위해서 한 말은 아니었지만, 미국 정부와 국민은 범죄국가에 대해서는 범죄국가임을 선언하는 역사적 기록을 남겨두도록 만들었다. 만약 전 세계의 모든 선량한 사람들이 이런 전례를 따라서 어떤 국제간의 조약이나 법을 깨뜨리는 나라에 대해서도 그 범죄를 처벌할 용기를 가진다면, 군사적인 방법이 아니라 정의의 법정이 모든 인간들의 관계를 판단하는 배심원의 역할을 하는 날이 올 것이라고 나는 확신한다.

---

* The Passing of Korea, by Homer B. Hulbert, Doubleday, Page and Company.
** 1905년 7월 29일, '루즈벨트 대통령의 대일본 비밀협약'의 합의문을 보라. "President Roosevelt's Secret Pact with Japan, ' by Tyler Dennett, Current History, October, 1034. 그리고 또한 History of United States, by Ralph Voleney Harlow. H. Holt, New York City., p. 605를 보라.
*** Current History, September, 1919, 와 F. A. McKenzie's Tragedy of Korea를 보라.
**** The Passing of Korea, by Homer B. Hulbert.

14

평 화 주 의 자 들 은
이 적 행 위 자 들 이 다

이유 여하를 불문하고 무조건 전쟁을 반대하는 평화주의자들을 필자는 아주 위험한 인물들이라고 생각하며 어쩌면 첩자와 같은 사람들이라고 주장하는데, 여기에는 여러 가지 이유가 있다. 다음에 그 몇 가지 이유를 설명해 보려고 한다.

나치 당원들, 파시스트, 공산주의자들, 그 외에도 파괴분자들이 이 부류에 속한다. 내가 이해하는 바로는 이런 불순한 세력들은 미국과 같은 형태의 정부를 전복하고 자기들이 원하는 다른 강력한 체제로 대치해 버리려고 몸부림친다. 물론 이런 방법을 평화주의자들은 지향하지 않는다. 소위 평화주의자들은 미 합중국에서 존중 받는다. 그런 점에서 평화주의자들은 나치당, 파시스트, 혹은 공산주의자들과는 다르다. 한 부류는 미국이 지향하는 방향과 같은 목표를 가지고 있지만, 또 한 부류는 미국과 정 반대의 목표를 지향하는 사람들이다.

그러나 그들은 미국이 전쟁에 가담하는 문제에 대해서 동일한 의견을 갖고 있다. 그들은 한 목소리로 미국은 전쟁 준비를 해서는 안 된다고 말하며 전쟁에 휩쓸리지 말아야 한다고 주장한다. 한번 가정해 보자. 미국이 이런 평화주의자들의 요구를 받아들여서 자국의 방위계획을 포기한다면, 그 다음에는 어떤 일이 일어날 것인가? 미국의 적대국들은 당장 무방비상태인 미국을 공격할 것이고, 모든 수단과 방법을 총동원하여 미국 정부를 전복하고 말 것이다. 그런 다음에는 또 어떤 일이 일어날 것인가? 그때 미국이 할 수 있는 선택은 약 3,000년 전 동양의 역사에서 사라져 버린 노(魯)나라가 취한 행동과 같은 것일지도 모른다.

칼 창 활 화살과 그 밖의 온갖 무기들로 무장한 진문공(晉文公:서기전 636-627)의 군대가 노(魯)나라의 수도를 공격하자, 군사들은 성문을 활짝 열어놓고 모두 도망쳐버리고 말았다. 침략자들은 군인들을 찾기 위해서 대로와 작은 길을 샅샅이 뒤졌지만 병사들을 하나도 찾을 수 없었다. 그런 다음에는 집집마다 뒤졌지만, 남녀노소 사람들은 평소와 다름없이 똑같은 생활을 하며 분주하게 살고 있었다. 학생들은 공부하고 학자들은 학문을 연구하고 시인들은 시를 읊고 악사들은 악기를 연주하며 아무 일도 없었다는 듯이 일상에 임하고 있었다. 그 모습을 보자 진문공의 부대는 모여서 '이곳이야 말로 공자의 가르침을 따르는 유교의 낙원이므로 이들을 해쳐서는 안 된다'고 의견을 모았다. 그리고 그들은 스스로 무기들을 거두고, 아픔을 모르고 살아가는 유교의 이상향을 남겨두고 그 자리를 떠났다고 한다.

그러나 오늘날의 현실은 3천년 전의 세상과는 판이하게 다르다. 현대화되고 기계화된 군대는 자기들이 점령한 지역의 사람들이 그 전에 유교의 가르침을 따랐는지, 민주주의였는지, 따위에는 관심이 없다. 현실적으로 공군의 폭격이 먼저 시작되면 누가 평화주의자인지 아닌지를 알아보기도 전에 전체 도시의 절반은 파괴되고 그 도시에 사는 인구의 절반은 죽고 말 것이다. 오늘날 문명화된 야만족들은 더욱 더 피에 목말라 있고, 유교의 가르침을 따르던 시대보다 훨씬 더 잔인해서 사람들을 불태워 죽이기를 일삼으며 포로와 노예로 만든다. 그러므로 이렇게 볼 때, 평화주의자와 첩자는 그 동기에 있어서는 큰 차이가 있지만 궁극적인 결과를 놓고 보면 다를 바 없다. 즉, 그들은 모두 이적행위를 하는 자들이라는 말이다.

여기 또 다른 견해도 있다. 만약 진정으로 전쟁을 싫어하고 인간의 모든 영역에서 다툼은 완전히 배제되어야 하며, 어떤 희생을 치르더라도 평화가 정착되어야 한다는 확고한 신념을 가진 사람이 있다면, 왜 그런 평화 옹호론자들은 전쟁을 일삼는 그런 나라에 가서 마치 초대 기독교 사도들이 이방 땅에 가서 복음을 전하듯이 평화를 외치지 않는가? 아무도 미국을 군국주의 나라라고 말할 사람은 없다. 미국은 군국주의가 아닌 나라들에 평화의 복음을 전하기 위해서 수백만 달러를 쓰는 대신에, 군국주의자들이 득실대는 베를린과 로마와 동경에 평화의 사도들을 보내고 그들에게 평화의 복음을 전하는 일에 예산을 사용해야 할 것이다. 왜냐하면 거기에서 전쟁이 시작되었기 때문이다. 병균은 근원을 치료하고 처치해야 나을 수 있는 것이지 다른 곳에 약을 바르면 아무런 효과가 없는 법이다. 진정으로 평화를 사랑하는 미국 국민들의 손발을 묶어 두려고 하는 평화옹호론자들은 마치 반미주의자들이 하는 행동과 꼭 같이, 참 평화와 민주주의를 파괴하는 사람들과 다를 바 없다는 게 나의 확고한 지론이다.

참된 크리스천들은 평화의 왕으로 오신 그리스도의 제자들로서 평화를 외치는 사람들이어야 한다. 그들은 입술로만 평화를 말하는 사람들이 아니라, 참 평화를 온 세상에 가르치고 온 인류를 내 몸과 같이 사랑하기 위해서 오신 그 분, 곧 그리스도를 따르며 그 분께 헌신된 사람들이다. 만약 이처럼 충성되고 헌신적인 남녀 성도들이 참된 진리의 길을 보여 주었다면, 이 혼란한 세상은 훨씬 나아졌을 것이다. 그러나 불행하게도 지난 수년 동안 그들이 만들고 추구해 온 평화의 노력은 정말 보잘 것 없는 것들이었다.

저들은 모든 노력을 기울여 정의와 평화가 넘치는 세상을 만드는 대신에 현세적이고 편의적이며 실리적인 것들만 추구하였고, 세속의 인기에 영합하고 사람들의 일시적인 기분과 여론에 아첨하는 짓들만을 해 왔다. 그들의 사고 방식은 시대의 조류에 따라 대중의 인기에 부합하는 것들만을 좇았으며 그런 것들과 쉽게 타협해 버렸다. 그 결과 그들은 세상의 빛이 되어야 했음에도 불구하고 세상을 어두움으로 인도하는 어리석음을 범하고 말았다. 그렇다고 모든 크리스천 지도자들이 장님이었다는 말은 아니다. 그러나 이런 비판은 오늘 일본이 저지른 짓들에 비추어 보면 아무도 부인하지 못할 것이다.

일본 제국주의가 한국을 손아귀에 집어넣으려고 할 때인 1905년 7월 어느 주일 날, 한국 감리교회의 존경받는 지도자이며 신망이 두텁고, 유명한 기독 주간지의 편집자인 L박사라는 분이 뉴저지, 오션 그로브(Ocean Grove, NJ)에 있는 감리교회 회관에 모인 1만 1천 명의 청중들 앞에서 최근 자신이 방문한 극동의 정세에 대해서 강연을 했다. 그의 방문과 여정은 미국 내에서 한국에 대한 동정의 여론이 끓어 오를까 염려하던 일본 정부에 의해서 주선되었던 것이다. 그는 강연 중에 목소리를 높여서 '한국은 지금으로부터 영원히 일본의 지배하에 있을지어다. 아멘'하기도 했다.

바로 다음 날 본인이 오션 그로브에 갔더니, 내 친구 중 한 사람이 나에게 '자네가 어제 여기 없기를 잘했지, 있었다면 기분이 많이 상했을 것'이라고 전해 주면서 위에 언급한 내용이 애즈버리 파크 신문(Asbury Park Press)에 나온 것을 보여 주었다. 나는 그 분에게 장문의 편지를 써서, 선교사 신분인 당신이 정치적인 언급을 자제해야 함에도 불구하고 어째서 어제와 같은 그런 발언을 했는지를 따져 물었다. 그리고 미국 국민들이 주창하는 정의와 자유와 박애 정신과 반(反) 하고, 미국의 독립정신과도 대치되고, 미국 국민들이 사랑하는 자유와 평등의 정신에도 역행하는, 그리고 모든 크리스천의 정신이나 가르침과도 반대되는 일본의 조약 위반을 어떻게 그토록 변호하였는지를 따져 물었다. 나의 이런 질문들을 담은 편지가 바로 다음 날 같은 신문 일면 기사로 발행되었다. 그 이후 나는 미국 여러 각지에서부터 보내진 감사와 격려의 편지들을 수없이 받았지만, L 박사로부터는 단 한 마디의 답도 듣지 못했다. 그는 나의 편지를 완전히 무시하고 전국 각지를 돌면서 비슷한 강연을 계속했다.

1919년 3월 1일 대한민국의 독립을 주장하는 평화적인 비폭력 독립운동이 전개되었을 때, 이는 저 유명한 인디아의 간디(Gandhi)가 일찍이 주창한 것보다 앞선 사상 최초의 무저항 운동이었는데, 그때 전 세계 모든 크리스천들은 한국의 독립 만세운동에 적극적인 지지를 보내왔다. 야만적이고 잔혹한 일제가 한국의 크리스천들과 교회들에게 저지른 잔악한 이야기들은 전 세계 문명국가 국민들을 분노하게 만들었다.

어떻게 독립 만세운동이 시작되었는가? 한국 민족을 대표하는 33인이 비밀리에 대한민국의 수도 서울의 한 장소에서 모여 독립선언서라고 알려진 문서에 서명을 하였다. 그 선언서에는 일본은 한국에서 물러가야 하며 대한민국이 독립국임을 천명하는 내용이 담겨 있었다. 그리고 그들 33인은 일본 경찰에 연락하여 자기들을 잡아가라고 통고하였다.

한편 사전에 파고다 공원 광장에서는 사전계획에 따라 운집

한 군중들 앞에서 동일한 독립선언서가 낭독되었으며 군중들은 질서정연하게 독립만세를 외쳤다. 태극기를 가지고 있는 것만으로도 범죄가 성립되었지만 사람들은 이에 개의치 않았다. 손에는 태극기가 쥐어져 있었으며 그들은 목이 터져라고 '만세'를 불렀다. 이 만세의 뜻은 '대한민국은 영원 무궁하다'는 의미이다. 한국 백성들의 손에는 아무런 무기도 없이 오직 태극기뿐이었고, 비밀리에 전국에 배포된 독립선언서에는 어떠한 폭력이나 무질서를 배제하라고 명시되어 있었다.

전국 방방곡곡 300여 곳에서 일제히 같은 시간, 같은 방법으로 질서정연한 만세운동이 전개되었다. 이 날 만세운동에 비무장으로 참여한 남녀노소, 어린아이들은 모두 영웅적이고 애국적인 행동을 유감없이 보여 주었으며, 이들의 평화적인 만세운동을 저지하는 일제의 군인, 경찰과 헌병대의 야만적이고 무자비함과는 극명한 대조를 이루었다.

이처럼 잔인하고 악랄했던 일본 군대의 살상과 무력적인 진압에 대한 미국 국민들의 여론은 비난 일색으로 고조되었으며, 특히 크리스천들에 대한 대량 학살과 가옥과 예배당을 불태운 일들, 예배당에 사람들을 모아놓고 불을 지른 만행에 대해서 격분하였다. 그 당시 미 상원에서는 계속적으로 한국 문제가 거론 되었으며 미 의회 회의록은 한국의 독립만세 운동에 지지를 보내는 연설과 법안들로 가득 메워졌다. 한가지 예로서, 1919년 6월 30일에 스펜서 (Selden P. Spencer) 상원 의원이 제안하여 해외분과위원회에서 채택된 결의안에는 다음과 같은 내용이 담겨있었다.

"본 위원회는 국무장관께 미국의 국익에 배치되지 않는다면, 현재 한국에서 일어나는 사건들에 대해서 한-미 조약에 근거하여 미국이 한국을 위하여 중재권을 행사할 필요가 있다고 판단하는지의 여부를 상원에 통보해 줄 것을 요청하기로 결의하였음.(1882년 한-미 친선 조항을 인용함.-저자 주)"

그리고 이어서 1920년 3월 18일, 토마스(Charles S. Thomas) 상원의원은 다음과 같은 수정안을 제안하였다.

"미국은 민족자결주의의 원칙을 고수하면서 대한민국이 자기들의 고유한 역사와 전통을 회복하고 포악한 일본제국주의로부터 해방하기를 원하는 한국민의 애환과 열망에 공감함을 표하며, 이것이 완전하게 성취되면 우리는 한국을 국제연맹의 한 회원으로 즉각 인정해야 된다는 것을 선언한다."

많은 미국 교회들은 한국 국민들에게 지지와 연대를 표하는 결의문을 발표하였고, 일본의 만행과 압제와 억압을 비난하는 글을 발표하였다.

이처럼 조국이 심히 혼란스러울 때 미국에 있던 한국 유학생들은 흉악하고 잔인한 일제에 항거하고 고통 가운데서 투쟁하는 애국지사들과 연대하는 한인교우회를 조직하였으며, 독립운동 이후 고생하는 사람들을 돕기 위한 모금활동도 전개하였다. 이런 활동과 관련하여 그들은 뉴욕 등지에 본부를 두고 있는 세계 선교의 지도자들과 접촉하고 그들에게 한국의 독립운동을 지지하는 연설을 대중 집회에서 언급하여 주기를 요청하였고, 도덕적인 방법과 그 외의 모든 방법을 총 동원하여 본인들이 소속된 미국 내의 선교기관들을 통하여 대한민국의 실상을 알려 주기를 간청했다. 그러나 지도자들 대다수는 그런 일은 할 수 없다고 거절하였다. 왜냐하면 자칫 그런 일들이 정치적인 행동으로 비추어질 수 있기 때문이었다. 그들은 선교기관들이 점점 정치적으로 변해간다는 비난을 들을 빌미를 주지 않으려고 조심하는 것 같았다. 필라델피아 지역에서 널리 알려진 목회자인 톰킨(Floyd Thomkin) 박사는 한국교우회 연합집회에서 다음과 같이 말했다.

"야만적인 짓들이 자행되는 곳에서 중립이란 있을 수 없습니다. 나는 악당이 내 여동생을 덮치려고 할 때, 골방에 들어가서 하느님께 여동생을 보호해 달라고 기도나 하는 그런 부류의 크리스천이 아닙니다. 나는 그 악당을 잡아서 두들겨 패고 내 여동생을 구한 다음, 골방에 들어가서 기도할 것입니다. 그런데 세상에는 하느님께서 어떻게 해 주시기만 바라는 그런 종류의 크리스천이 더 많은 형편입니다."

그렇다, 선교사들은 정치에 관여하지 않는 것이 좋다. 그리고 정치적인 입장에서 떠나 중립을 지키는 것이 일반적으로는 맞는 말이다. 처음 선교본부로부터 고난 당하는 한국인들의 편을 들어주는 것이 자칫 정치적 사안이 될 수 있음으로 그런 일을 할 수 없다는 답변을 들었을 때, 한국 유학생들은 다소 실망감을 감추지 못했지만, 얼마 지나지 않아 선교회의 입장을 이해 할 수 있게 되었다. 선교사들이 정말로 엄정 중립을 지킨다면 아무도 그들을 비난할 수는 없을 것이다. 그러나 어떻게 그런 상황에서 완전한 중립을 지킬 수 있겠는가? 이런 때 일수록 지배자에게 잘 보여야 살아남을 수 있는 법이다. 일제는 끊임없이 지속적으로 선교사들에게 온갖 압력을 가하여 이중택일을 하라고 강요하고 못살게 굴었다.

성경은 크리스천들에게 각 사람은 위에 있는 권세자들에게 굴복하라고 가르쳤다. 선교사들 스스로는 고통 당하는 한국 사람들에 동정심을 가지고 있었지만, 그들을 지배하는 일본에 대해서 공개적으로 적개심을 보일 수는 없었다. 때때로 몇몇 선교사들은 정치적인 사안에 대해서 일본의 입장을 공개적으로 지지하기도 했다. 크리스천이 아닌 한국인들 가운데는 그런 선교사들을 향해서 일관성이 없는 친일파라고 비난했을 때, 그들은 그것을 반박할 길이 없었다.

물론 민주주의적 이념을 자랑하는 사람들에게 세계 최강의 해군과 육군, 세계에서 가장 큰 전함, 의무적인 군사훈련, 징병제도 같은 단어들이 자랑이 될 수는 없다. 미국 국민들은 그 동안 군국주의, 제국주의, 싸움꾼, 전쟁도발자라는 용어들을 싫어했고 비난했다. 우리가 흔히 들었던 말들 중에는 다음과 같은 말들이 있다.

"누구든지 전쟁을 반대해야 한다."

"군수업자들을 위해서 생명을 바치는 일은 하지 않겠다."

"전쟁터 제일선에 가느니 오히려 감옥에 들어가겠다."

"대통령에게 전쟁터로 나가는 부대의 지휘관이 되라고 하자."

"우리는 전쟁 비용을 대라고 세금을 내는 게 아니다."

1940년 4월 7일 미국의 1차 세계대전 참전기념일에 캘리포니아 주지사는 워싱턴 D. C.의 어느 한 교회에서 다음 같은 연설을 했다.

"전사자 명단에 더 이상 이름을 넣는 짓을 하지 맙시다. (……) 나는 이 말을 아들들을 둔 아버지로서 간곡히 부탁 합니다."

이 말은 다른 어떤 말보다 점잖은 표현이었다. 그는 최소한 자기 자녀들과 다른 미국 국민들의 자녀들을 생각하며 그 말을 했던 것이다. 그러나 미국에는 장차 일어날 일을 생각하지 못하는 어리석은 사람들이 많이 있다. 몬테빌 플라워스(Montaville Flowers)가 쓴 ≪일본 사람들이 미국의 여론을 정복하다≫(The Japanese Conquest of American Opinion)라는 책의 54페이지에는 다음과 같은 이야기가 있다.

"위에 언급한 일본의 문제들을 고발하는 강연이 쵸토쿠아에서 열렸을 때 거기에 한 노신사가 참석했다. 강사가 다른 두 젊은 여성들과 이야기를 나누면서 그 신사의 뒤를 따라 걸어가는데, 그가 갑자기 돌아서면서 하는 말이, '글쎄, 두 젊은 아가씨들, 나는 이 강연에서 얻은 것이 하나도 없어요, 그렇지. 하나도 못 얻었네, 일본이 내가 사는 동안, 그리고 우리 시대에 뭐 하나 잘못한 일이 있었나? 다음 세대에 일어날 일은 그 다음 세대 사람들이 해결하면 될 일 아닌가?' 이 말은 대부분의 미국 사람들이 어떤 생각을 하며 살아가는지를 잘 대변해 주는 말이었다. 이 신사와 그리고 이런 부류의 사람들은 저 푸른 초원 위에 그림 같은 집을 짓고, 풀이나 뜯어 먹고 통조림이나 까먹으며 살기 위해서 이 땅에 태어난 사람들이다.”

또 하나의 완전히 다른 이야기는 일본 어머니가 보는 관점이다. 한 여인이 갓난 이이를 팔에 안고 전장에서 한 줌의 재가 되어 돌아온 ‘무명 용사’의 유골 함이 돌아오는 행렬을 바라본다. 그리고 그녀는 포대기에 안은 아들에게 다음과 같이 속삭인다.

“사랑하는 아들아, 너의 아버지는 위대한 일본 제국을 위하여 저렇게 장렬하게 전사했단다. 너도 어서 자라서 아빠 같이 천황폐하를 위해서 저렇게 죽을 각오를 해야 한다.”

이 이야기는 그녀 한 사람의 이야기가 아니라 일본의 보편적인 어머니들의 생각을 대변하는 이야기이다. 앞의 이야기와 지금 이야기를 비교하면서 어느 편이 더 도의적인지를 말하려는 것이 아니다. 우리는 이 두 이야기의 결과를 주목해 보려고 한다. 미국 사람들에게 일본 어머니의 이야기는 완전히 불가사의로 들리겠지만, 반면에 일본인들이 듣기에 미국 노신사의 이야기는 너무나 비애국적인 이야기로 들릴 것이다.

일본 군국주의자들은 자주국방이라는 점에서 미국을 속이 빈 조개라고 판단할 것이다. 왜냐하면 미국 국민들은 전쟁을 반대하고 평화를 옹호하는 분위기에서 자라났고 교육받았으므로 제국주의자의 관점으로 볼 때 미국은 자주국방이라는 개념이 극히 약

일본의 침략근성 - 그 실체를 밝힌다

한 나라이다. 미국의 이러한 약점들이 동양에서는 일본에게, 그리고 유럽에서는 독일에게 달콤한 유혹으로 여겨졌다. 전쟁으로 무장된 환경에서 자라난 전쟁광들에게는 그런 미국의 자세가 너무나 한심했고 가소롭게 보였지만, 평화사상으로 교육받은 사람들은 자기들이 최악의 상황에 봉착하기 전에는 전쟁에 개입해서는 안 된다는 잠재의식 때문에 갈등을 겪을 수밖에 없었다.

이러한 전반적인 사상적 혼란을 일본은 최대 한도로 이용했다. 미국에 아무런 해로움이 없을 뿐만 아니라 유럽과 아시아에서 '신 질서'가 세워진 다음에는 오직 평화와 화합만이 있을 것이라는 전체주의자들의 끈질긴 선전책동은 미국의 평화주의자들의 주장이나 평화옹호론자들의 주창하는 내용과 일맥상통했다. 이런 평화주의자들의 동조는 일본 제국주의자들의 귀에 더할 나위 없이 듣기 좋은 소리였다.

린더버그(Lindbergh), 휠러(wheeler), 토비(Tobey), 클락크(Clark) 상원의원과 같은 사람들이 미국 국민들의 입을 막아 버렸고, 평화옹호자들은 전체주의자들과도 얼마든지 평화를 논의할 수 있으며 젖과 꿀이 흐르는 파스시트의 정원에서 사자와 어린 양이 함께 뛰놀 수 있다고 주장하였다. 평화주의자들은 '전쟁으로는 아무 것도 해결할 수 없다'고 외쳤고, 전쟁은 기독교 교리와도 정면으로 대치되는 것이라고 말했다. 평화주의를 기독교와 동일시하였으니, 자유방임(laissez-faire)을 자기 멋대로 행동하는 것과 같은 것으로 해석했다. 네 원수를 사랑하라는 계명을 그 사람이 부정을 저질러도 허용하고, 어떤 범죄에도 복종하라는 말로 오해했던 것이다.

크리스천들은 평화주의가 자칫 하나의 현실 도피 수단이 될 수 있다는 사실과, 비록 자기 자신에게는 정직하다 하더라도 양심적 병역 기피는 정의와 불의의 문제를 눈감고 회피하는 것이 될 수 있으며, 그런 착각들이 오히려 침략자들에게 용기를 주는 행동이 될 수 있음을 분명히 인식해야 한다. 마치 폭력배가 사람을 죽이려고 한다면 경찰은 폭력배에게 말로 설명하기 전에 일단 범행을 제압해야 하듯이 크리스천들은 하느님께서 우리에게 주신 모든 것을 동원하여 깡패 짓을 하는 나라들에게서 총검을 빼앗아야 한다.

1차 세계대전이 끝난 다음, 기독교 지도자들이 독일 황제를 교수형에 처하는 일과 독일에게 전쟁 비용을 철저하게 배상하도록 책임을 지우는 일에 찬성했던 일 때문에 정신적인 갈등을 겪었던 적이 있었다. 그러나 이제 그들은 정반대로 입장을 바꾸어 버렸고, 전쟁은 무조건 나쁘고 죄악이며 악마적인 것이라고 반대하고 있다. 오늘날의 상황은 1917년 당시보다 훨씬 예민하고 심각하다. 1914년 여름, 독일 카이저의 군대가 철모를 뒤집어 쓰고 프랑스와 벨기에로 진격할 그때와는 비교할 수 없을 정도로 현재 문명국들과 기독교 세계는 위험에 처해 있다.

이런 태도들은 내재적 위험 요소들을 잘 보여준다. 또 다른 좋은 예는 옥스포드그룹 운동으로 그들이 최근에 채택한 새로운 슬로건은 도덕 재무장이라고 불린다. 이 운동은 히틀러와 무솔리니가 전쟁은 인류에게 필연적인 상태라고 외치고, 일본이 중국에 있

일본의 침략근성 - 그 실체를 밝힌다

는 점령지들에서 온갖 만행을 저지르던 바로 그때, 전 세계 모든 나라들에게로 전파되고 확대되었던 고상한 사상이었다. 옥스포드 운동의 목소리는 세 대륙에서 전쟁의 굉음속에 파묻혀 버렸지만, 생명과 정의를 위한 투쟁은 단지 이념 간의 갈등 때문에 제한되고 소멸되어서는 안 된다. 이런 숭고한 정신에는 육체적인 인내, 피와 땀, 그리고 눈물의 수고가 동반되어야 한다.

오늘날 유럽에서 벌어지는 갈등들은 이런 사실들을 극명하게 보여주는 사례들이다. 그러므로 미국인들이 국가방위를 심각하게 생각한다면, 국민들은 각성되어야 하고, 교육제도는 개혁되어야 하며, 일관된 국방정책이 채택되고 전 국민과 모든 정치권이 일치 단결해야 한다.

애국심은 당파를 초월해야 한다. 일치된 국가대외정책이 채택되면 모든 미국 국민들은 국익을 위해서, 만약 필요하다면 개인의 자유와 재산과 더 나아가서 생명까지도 희생할 각오를 가져야 한다. 왜냐하면 분열된 나라는 존립할 수가 없기 때문이다. 조국이 없다면 무엇이 남겠는가?

불길은 점점 가까이 다가 오고 있다. 미국 국민들은 이제 더 이상 이 불길을 무시할 수 없게 되었다. 가끔 미국 사람들 가운데 공개적인 연설을 들으면, 완전히 반미적인 발언을 일삼으면서 스스로 미국 시민이라고 자처하는 사람들을 발견하게 된다. 이런 일은 다른 나라들에도 흔히 있는 일인데, 미국도 국내외에 적들이 있으며 이러한 여러 적들로부터 나라를 보호하는 일이 필요하다. 세계의 모든 나라들은 자기들의 영토를 보호하는 것이 첫 번째 의무이며, 정부를 지키고 국민들의 안전을 보호하며 조국의 명예를 보전하는 일을 해야 한다. 만약 국민으로서의 의무를 충실히 감당하지 못하면 그런 국민들이 있는 나라는 존립할 수가 없다.

동물의 세계를 보더라도 첫 번째 본능은 자기들의 영역과 보금자리를 지키는 것이고, 그 다음은 자기 새끼와 종족을 보호하는 것이다. 그런데 하물며 인간들 가운데는 이런 원초적인 본능조차 갖지 못한 사람들이 있는 것 같아 보일 때가 있다. 자기 동포들이 두들겨 맞고 죽음으로 던져져도, 또 자기들의 집과 재산이 부서지고, 자기 나라의 선박들이 폭격을 당하고 침몰되고 자국 깃발이 찢겨지고 짓밟혀도 무관심하여 아무런 느낌이 없는 사람들이 있다. 그들은 이러한 문명과 인간의 존엄성을 파괴하는 무례함에 대해서 어떤 의분도 나타내지 않고 오히려 다른 나라를 차별한다면서 자기 정부를 공개적으로 비난하곤 한다. 만약 일본 군대가 미국 국민들에게 자행한 물리적인 공격에 대한 보복으로 미국이 일본에 구두로 공격한 것이 지나쳤다고 호들갑을 떨면서 비난한다면, 이는 미국이 국가를 방위하고 자국민들을 지키는 일을 제대로 하지 못했다는 증거이다. 간절히 부탁하기는 미국의 일반 여론이 이런 부류의 인간들 때문에 좌우되지 않기를 바란다.

---

* Korea's fight for freedom, by F. A. MaKenzie; The case of Korea, by Henry Chung; The Rebirth of Korea, by Hugh H. Cynn.

15

민 주 주 의 대 전 체 주 의

대부분 민주적인 원칙을 신봉하는 사람들은 기본적으로 개인적인 권리를 중요시하는 사람들이다. 국가 권력은 국민으로부터 나오는 것이므로 개인의 권리와 자유는 한 나라를 건설하는 근본이요, 기초이다. 민주주의가 전체주의와 다른 점은 전체주의는 국민이 국가 권력에 절대 복종해야 한다고 믿는 반면에 민주주의는 국가가 국민의 권리를 철저하게 보호해 주어야 하며, 어떤 형태든지 국가와 권력이 국민의 자유를 침해해서는 되지 않는다고 믿는다는 점이다.

이런 원칙에 따라서 미국의 주 정부나 연방 정부는 헌법 상에 명시된 시민의 권리를 침해할 가능성이 있는 권력을 행사할 수 없게 되어 있다. 그러므로 행정부 입법부 그리고 사법부는 각각 독립되어서 권력을 행사할 때, 상호 감시와 견제의 역할로 조화를 이룬다. 의회 역시 상원과 하원으로 나누어져 구성됨으로 서로 감시하며 견제한다. 정당들도 마찬가지로 같은 민주 정신에 입각하여 발전되어 왔다. 간단히 말하면 정당들은 온 국민이 추구하는 공동의 선을 위하며 같은 목적을 가지고 있지만, 서로 논쟁하며 발전하지 결코 똑 같은 목소리를 내지는 않는다. 이 말은 정당들은 자칫 민주주의 정신을 무너뜨리거나 독재로 변해 버릴 가능성이 있는 집단적인 권력과 집권당의 힘을 철저하게 반대편에서 견제하는 역할을 한다는 뜻이다.

이러한 극단적인 개인주의의 발전과 보조를 맞추어서 오늘날 일어나고 있는 분파주의의 강한 물결은 미국 국민들의 여론을 통합하고 하나로 만들기 보다는 나누고 분열시키려는 기류로 나타나고 있다. 일부 시민들은 자기 조국을 희생시키면서까지 개인의 자유와 권리만을 추구하려는 위험한 주장을 하고 있다. 그런 사람들은 국가가 없으면 민주주의도 있을 수 없고, 민주주의가 없으면 개인의 자유도 보장되지 못한다는 사실을 추호도 생각하지 않는다. 넘치는 자유는 넘치는 축복과 같은 것이어서 그 소중함을 모르고 남용할 수 있다.

미국 국민들은 미국이 전 세계에서 이러한 자유의 축복을 누리는 몇 안 되는 나라 가운데 하나라는 사실을 망각하고 있다. 만약 이 자유를 지키고 유지하기 위해서 노력하지 않는다면 그것을 잃어버린 다음에는 엄청난 대가를 치르게 될 것이다. 그러나 불행

일본의 침략근성 - 그 실체를 밝힌다

하게도 대부분의 사람들은 일상사에 매달려 너무나 바쁘게 사느라고 이런 자유의 소중함을 생각할 여력이 없다. 결과적으로 국가를 지켜야 한다는 생각은 믿을 수 없을 정도로 망각되었고, 애국심과 민족주의라는 정신은 국제적인 분쟁과 전쟁의 원인이라는 비난을 받기까지에 이르렀다.

반면에 외세는 자기들의 전체주의 사상을 퍼트릴 미국이라는 옥토를 발견하였다. 소련 일본 나치 그리고 파시스트들은 미국에 자기들의 사상을 선전할 기관들을 운용하고 있다. 최근의 보고에 의하면 가장 파괴적인 행동들은 모두 이런 기관들의 소행이었다. 그 중에는 미국 정부를 전복하여 자기들과 같은 이념과 사상을 가진 새로운 정부를 수립하려는 기도를 했다고 스스로 밝힌 조직도 있었다. 이것은 미국 민주주의에 대한 직접적인 도전이라는 사실에 의심의 여지가 없다. 이념 논쟁으로 미국을 무너뜨리려고 하는 세력들은 과거 적성국가들과 접촉되어 있으며 국내외에서 민주주의의 근본 정신을 위협하는 자들이다. 저 유명한 아브라함 링컨(Abraham Lincoln)의 연설문에 나오는 '국민의, 국민에 의한, 국민을 위한 정부는 무너지지 않을 것이다'라는 말과 우드로 윌슨(Woodrow Wilson)의 선언, '우리는 온 세계에 민주주의가 정착되도록 하기 위해서 이처럼 싸운다'는 말을 망각한 미국인들이 많은 것 같다.

미국인들은 오늘 날 미국은 세계에서 부유한 나라이고 가장 강력한 나라이므로 감히 아무도 공격하지 못할 것이라는 생각에 만족해 있으며, 미국은 원하는 모든 일을 할 수 있다는 자부심을 갖고 있다. 그러나 단결된 국민적 힘이 없으면 미국은 아무 것도 아니며, 이 거대한 정부는 또 다른 중국, 프랑스, 혹은 그리스와 같이 적성국들의 군대 앞에 허무하게 무너질 수 있다는 사실을 인식하는 사람들은 너무나 적다. 애국적인 지도자들은 전체주의 국가들이 득세를 하더라도 여전히 미국은 세계 최강의 지위를 유지할 수 있을 것이라고 믿고 있는 미국 사람들을 깨우고 일으켜 각성시키는 일에 지금까지의 노력보다도 훨씬 더 많은 노력을 기울여야 할 것이다.

미국 정부가 외국과의 관계에서 아주 난처한 입장에 빠져 있을 때, 영향력 있는 일부 미국의 저명한 인사들이 외국에 유리한 발언을 해서 자국의 입지를 약화시키는 경우가 종종 있었다. 그들은 그런 일을 저지르고도 자기들이 얼마나 비애국적인 행동을 했는지를 깨닫지 못하고 그것이 민주주의라고 생각해 왔다. 그들은 민주주의 사상을 따르는 사람들은 전체주의자들과 같은 편협하고 옹졸한 애국자들 같이 행동해서는 안 된다고 주장한다. 그러나 전체주의는 국가의 목표를 위해서 개인의 권리는 완전히 묵살되는 사회이다. 그런 사람들의 관점에서 본다면, 미국은 통일성도 없고 자체 방위를 위해서 단단히 결속되지도 못한 한심한 나라이다. 군사력을 동원하여 영토확장을 노리는 군국주의자들의 눈에는 이처럼 허약한 미국의 민주주의는 반드시 재앙을 맞이 할 것처럼 보이게 마련이다.

일본의 침략근성 - 그 실체를 밝힌다

만약 세계 모든 나라들이 민주주의 국가가 된다면 이 세상은 참으로 많이 달라질 것이다. 일본, 러시아, 독일, 그리고 이태리가 미국만 빼 놓고는 서방 세계의 대부분을 지배하고 있기 때문에 미국식 민주주의라는 것은 마치 전체주의 바다에 떠 있는 고립된 섬과도 같다. 여러 다양한 이름을 가진 이념들이 미국에 뿌리를 내리려고 방법을 모색했는데, 가능할 때는 평화주의라는 이름으로, 불가능할 때는 공격적인 폭력을 사용해서라도 자기들의 사상을 옮겨 놓으려고 하였다.

　　미국이 위대한 나라가 된 이후 미국 국민들의 희망은 전 세계의 억압받고 고통 당하는 모든 사람들에게 '76정신(1776년 미국의 독립을 기념하는 정신)'을 심어 주는 것이었다. 그래서 미국인들은 자유와 해방을 위해서 투쟁하는 사람들에게 특별한 관심과 절대적인 동정을 보여주었다. 많은 정치가들은 그렇게 되면 언젠가는 지구상에서 폭력과 압제의 족쇄는 사라질 것이라는 분명한 희망을 말해 왔다.

　　이런 정신은 미국-스페인의 전쟁(1898년 4월-8월) 때부터 팽배해 있었다. 이 전쟁의 결과로 미국은 필리핀 섬들을 포함한 스페인이 통치하던 대부분의 아메리카 땅들을 차지했고 그들에게 자유를 허락하였다. 실제적으로 그 땅에 사는 사람들에게 교육을 받을 수 있게 해 주었고, 기술을 가르쳤으며, 자유로운 독립국을 세우도록 해 주었으며, 그 자유를 마음껏 누리도록 허락했다. 일본 문제가 전체적인 분위기를 흔들어 놓지만 않았더라면 필리핀은 이미 오래 전에 독립한 나라가 되었을 것이다. 그렇게 됨으로 미국이 보여준 신사적인 모범을 모든 나라들도 따르게 될 것이고, 중세와 같은 약소국을 침탈하던 작태는 종식될 것이며, 바야흐로 모든 민족이 자유와 해방의 날을 맞이하게 될 것이다.

그럼에도 불구하고 이런 이상은 곧 소멸되고 말았다. 대량생산으로 인한 새로운 시장 개척과 이를 위한 막대한 자원과 원료공급원의 개발은 인류애와 인도주의 원칙을 잠식하였고, '달러 외교'는 다른 나라를 배려하는 이타주의를 멀리하게 만들었다. 이러한 개인주의적 인생관은 다음과 같은 문구를 만들었다.

"각자 자기 일을 책임져야 한다. 나는 내 동생을 돌보는 자가 아니다."

이러한 편협하고 옹졸한 생각은 고립주의라는 정책으로 발전되었으며 자기 일이나 잘 하고 다른 사람의 일에 간섭하지 말라는 표현이 자주 언급되었다. 결과적으로 오늘날 민주주의는 미국이 국제관계에서 지도자로서의 자기 역할을 제대로 감당하지 못함으로 인하여 그 근거를 상실하고 말았다.

오늘날 아시아와 유럽에서 혼재한 무정부 상태는 전적으로 현명한 리더십의 부재로 부터 기인하였다. 인간사회는 평화와 질서를 창출하는 지도자를 필요로 한다. 그러나 전체주의라는 제도는 독재자를 만들어 낼 뿐이다. 반면에 민주주의는 능력 있는 행정가가 없이는 불가능한 제도이다. 민주주의라는 국가체계는 확장된 가족제도와 같은 것이다. 만약 한 국가의 규모가 크든 작든 간에, 그리고 그 제도가 민주주의든 전체주의든 간에, 진실로 그 나라의 지도자가 국민들의 복지와 안녕을 위한다면, 국가간의 연합과 일치에도 동일한 노력을 기울여야 한다. 국제 사회에서든 개인적인 사회에서든 간에 그 구성원들의 복지와 안전을 직접 책임지지 않는 지도자는 고통만 가져다 줄 수밖에 없음은 당연한 일이다.

전 세계는 탁월한 지도자를 아쉬워하고 있다. 특히 동서양이 이렇게 가까워진 이래, 줄곧 좋은 리더십이 나타나기를 고대하고 있다. 극동의 나라들부터 유럽의 모든 나라들까지 미국에 큰 기대를 걸었지만 실망을 금치 못하였다. 우리는 미국이야 말로 영토확장에 욕심이 없는 나라라고 믿는다. 그리고 미국의 국가 정신인 인류를 위한 자유와 평등과 정의의 사상은 모든 인류의 위대한 혼이다. 미국이 보유한 엄청난 자원들, 강인한 정신력과 천재적인 재능을 개발할 수 있는 자유, 인류에게 미치는 무한한 영향력은 미국으로 하여금 전 세계에 의미 그대로의 신 질서를 창출할 수 있게 해주었다. 변화와 진화의 과정을 통하여 미국은 약탈을 일삼는 나라들의 침략을 종식시키고 모든 억압과 압제로부터 온 인류를 해방시키는 위대한 역사를 이루고도 남음이 있었다.

쿠바와 필리핀의 경우는 미국의 지원 하에 자유를 얻었고 새로운 역사를 시작한 대표적이고 자랑스러운 경우이다. 극동 아시아에서 중국의 문호개방정책과 의화단 사건에 대한 손해배상금을 중국의 교육사업에 투자한 일들, 그 외에도 수없이 많은 관대한 미국의 결정은 아시아 모든 나라들에게 미국이야말로 자기를 희생하면서 모든 인류의 품위를 한 단계 격상시킬 수 있는 유일한 나라라는 인식을 심어 주기에 충분했다.

뿐만 아니라 서방세계에 있어서도 중미와 남미 대륙의 먼로 독트린의 혜택을 받은 모든 나라들은 친미로 돌아서면서 미국의 원조와 지도를 요청하게 되었다. 이런 시대사조와 국제정세 가운데 미국은 신 질서를 세우기 위해서 전쟁의 위험을 감수할 이유가 없었다. 다만 미국은 명확한 정책을 결정하여 시행하고, 민주적인 원칙을 따라 모든 인류를 위한 자유와 정의를 합법적으로 실천하는 일을 장려하려고 했다. 그러면 평화를 사랑하는 전 세계의 모든 사람들이 저절로 미국 편이 될 줄로 알았다.

그러나 미국 국민들은 국제 무역의 증가에만 관심을 가졌고 국제사회에서 미국이 져야 할 책임과 의무에는 무관심하기 시작했다. 이제 미국 사람들은 코 앞의 이익과 물질적인 실리에만 눈이 어두웠고 고귀한 정신과 이념을 추구하는 일에는 눈과 귀를 닫아 버렸다는 말이다. 미국 국민들의 정서는 자기 지도자들이 가졌던 큰 이상, 즉, 전 세계를 미국의 시장으로 만들 수 있는 그런 꿈을 따라갈 수 없었다.

중남미의 여러 나라들은 미국에 실망했고 더 이상 미국을 신뢰하지 않기 시작했다. 독일은 재빠르게 이런 기미를 알아 차렸고 남미대륙의 전략적 요충지에 경제적 발판을 구축하기 시작했다. 남미에서 일어나는 강한 반미-친독일 정서는 독일정부의 선전과 홍보에 기인한다. 이후에 일본 역시 차츰차츰 비밀스럽게 독일과

일본의 침략근성 - 그 실체를 밝힌다

보조를 맞추면서 남미에 식민지를 열어 갔다. 이제와서야 미국은 이런 문제들의 해결이 쉽지 않음을 알게 되었다.

대영제국은 동양인들로부터 전폭적인 신뢰를 받아오지는 못했지만, 아시아의 여러 나라들로부터 지도적 세력으로 여러 해 동안 존경을 받아 왔다. 그 후에 맺어진 영-일 동맹은 아시아인들에게 세계 최강국이었던 대영제국이 쇠퇴일로에 있음을 보여 주는 사건으로 간주되었다. 불행하게도 민주주의의 관점에서 본다면, 영국이 미국과 협력하여 민주주의의 패권을 유지하기 보다는 미국과 세계무역 경쟁에 몰두하는 듯한 느낌만 남기었다. 미국 사람들은 오랜 동안 이런 사실을 눈치채지 못했지만 중국은 이미 영국이 친일적이고 반미적인 정책을 채택했음을 간파했다.

그 즈음에 1차 세계대전이 터졌던 것이다. 동맹국들은 최후의 구원군으로서 미국을 서로 자기들 편으로 끌어들이려고 최선의 노력을 경주했다. 우드로 윌슨 대통령은 '민주주의를 위하여 세계를 안전하게 만들자'는 슬로건을 내걸고 전쟁에 가담했다. 만약 미국이 독일에 대해서 선전포고만 했더라면 모든 교전국들에게 엄청난 도덕적 교훈과 효과가 있었을 것이다. 그러나 미국은 그렇게 하지 않았고 연합군에 많은 경제적이고 물질적인 지원을 쏟아 부었고 프랑스에서는 미군들이 직접 전투에 참전하였다.

전쟁이 끝나자 전 세계는 영국의 수상이나 프랑스의 대통령을 주목하지 않았다. 세계의 이목은 미국 대통령에게 집중되었으며 평화회담의 주도권 역시 미국에게로 넘어가게 되었다. 유럽 여러 나라들의 정치 지도자들의 빈약한 지도력과 함께 미국 내의 반대파들은 미국이 갖게 된 절호의 기회를 방해하는 결과를 초래하고 말았다.

종전 후 미국에 대한 유럽 대부분의 나라들의 느낌은 우호적이 아니라 반미주의로 돌변했다. 미국에 대한 전쟁 부담금 지불에 대한 의견 대립이 있었다. 유럽 여러 나라들은 자기들이 얼마나 큰 불행을 자초하고 있는지를 알지 못했다. 의심할 여지 없이 이것은 오늘날 미국으로 하여금 지대한 영향력을 행사하도록 길을 열어준 사건이 되었으며, 과거의 민주주의를 지키기 위하여 미국의 개입을 허용하는 계기가 되었다.

전체주의 국가의 국민들은 정치적인 이유이든 혹은 군사적인 강요에 의해서든지 간에 자기들의 조국을 위해서라면 전쟁터에 나가 싸우고 죽기까지 각오하는 것이 당연한 반면에, 민주주의 국가들은 나라 전체가 절대적인 위기에 처하기 직전까지는 개개인의 안녕과 복지를 위해서 노력할 뿐, 전체주의 국가와는 판이하게 다른 모습을 보인다.

중국의 지도자 쑨원(孫文) 박사가 극동에서 민주주의의 원칙을 세우기 위해서 싸우는 중국을 도덕적으로 지원해 달라고 미국에 개인적인 호소문을 보내며 21개 조항을 제시한 때는 일본이 중국에 대해서 외교적인 침략을 감행하던 때였다. 일반적으로 미국 국민들은 중화민국 정부에 대해서 동정적이었지만, 일본의 선전전략이 워낙 교묘하고 강력했기 때문에 쑨원 박사의 요구에 전혀 도움을 주지 못했다. 물에 빠져 허우적거리는 사람은 지푸라기라도 잡고 싶듯이 중국은 소련에게 도움을 요청하기에 이르렀다. 이것이 중국이 공산주의로 전향한 출발점이었다.

쑨원 박사는 이 일 때문에 비판을 받게 되었고 일본은 이 사실을 최고의 선전 수단으로 이용하였다. 만약 쑨원 박사가 조금 더 오래 살았더라면, 자기 추종자들에게 자기가 마르크스주의와 완전히 결별했음을 분명히 밝혔을 것이다. 삼민주의를 주창할 때, 쑨원은 윌리엄(Maurice Wiiliam) 박사의 책, ≪역사의 사회학적 해석≫(The Social Interpretation of History)에 심취해 있었다. 이 책이 그의 사상에 많은 영향을 주었고 결국 그로 하여금 공산주의로부터 결별하도록 만들었다. 칼 크로우(Carl Crow)는 다이나믹 아메리카(Dynamic America)라는 잡지에 기고한 논문에서 다음과 같이 기술하였다.

"미국은 중화민국과 특별한 관계를 가지고 있다. 쑨원과 모리스 윌리엄으로부터 시작된 미국과 중국의 좋은 인연은 상호 유익이 되는 운명적인 관계로 발전되었으며 이로써 중국은 러시아의 공산주의를 버리고 미국식 민주주의를 선택하게 되었다. 이제 중국인들은 미국과 같은 민주주의 제도를 옹호하기 위해서 숭고한 피를 흘리고 있다."

이런 사실이 전체 중국인들에게 충분히 전파되지 못했고 여전히 소련식 공산주의가 경제적인 해방을 가져다 줄 것으로 여기는 중국인들도 많았기 때문에 일본은 이러한 틈새를 악용하여 선전전략을 전개하였다. 일본의 외무성 대변인은 끊임없이 수억의 거대한 중국이 공산화 된다면, 미국은 엄청난 위험에 직면하게 될 것이라고 선동하였고, 일본만이 미국을 위해서 싸워 줄 것이라고 선전하였다. 이런 류의 이야기들은 미국에서 만들어졌고, 이것은 바로 일본이 바라던 바였다.

1차 세계 대전이 끝나자 독일 일본 그리고 이태리는 다음 전쟁을 준비하기에 분주했다. 프랑스는 난공불락의 마지노선(Maginot line)을 과신했고, 영국은 자기들 함대의 뛰어난 성능에 도취되어 있는 동안 다른 나라들이 어떤 모략을 꾸미고 있는지에 아무런 관심도 기울이지 않았다. 자기 나라를 지키고 방위하는 일을 위하여 국민들을 깨우치고 무장시키는 일보다, 사소한 논쟁과 대수롭지 않은 일을 큰 뉴스거리로 만드는 하찮은 일에 온 국민들의 정신을 쏟게 만들었다. 적들이 전면전을 준비하고 있는 동안에도 그들은 그 일에는 전혀 아랑곳하지 않았으며, 적들을 달래는 유화정책으로 충돌을 회피하는 일에만 전념하였다.

독일의 정예부대가 공격을 감행하자 주변 국가들은 하나 둘씩 차례대로 사라져 버렸고 프랑스 영토의 절반이 적군의 손아귀에 넘어가 버렸다. 프랑스 군대 총사령관인 페튼(Marshal Petain) 장군은 라디오 연설에서 '우리는 병력이 모자라고 동맹군이 없으며, 군수품도 부족하여 더 이상 저항할 수 없다'고 한탄했다.

어째서 병력이 모자란다고 말할 수 있는가? 프랑스 젊은이들은 어디에 가버렸다는 말인가? 청년들은 있지만 그들은 모두 다

개인주의자들이다. 그들도 우리와 같은 인간이다. 모두가 다 자유를 원하지만 그 자유를 지키기 위해서 싸울 준비가 된 사람은 적다는 게 문제였다. 동맹국이 없다는 말은 무슨 뜻인가? 히틀러 주의에 반대하는 유럽의 여러 나라들이 어디로 갔단 말인가? 그들은 여전히 거기에 있다. 그러나 그들도 역시 자국 이기주의에 빠져 있으며 평화는 원하지만 싸워서 그 평화를 지킬 의지가 없었던 것이다.

평화로울 때만 동맹이었다. 마치 타오르는 불길이 이 집과 저 집을 삼켜버리듯이 정예화된 독일군은 유럽의 중부를 강타했고 단숨에 북쪽으로 진군했으며, 서쪽으로는 해안선까지 휩쓸었고 남쪽으로는 프랑스의 중심부까지 점령하고 닥치는 대로 통과하는 지역을 하나씩 하나씩 접수하였다. 이러한 갑작스러운 맹공에 각국들은 연합하지 않고 각개전투만으로 저항하려고 하였다. 왜냐하면 각각의 나라들은 다른 나라의 전쟁에 관여하지 않음으로 자기 나라만은 안전할 것이라고 착각하고 있었기 때문이다.

바로 이런 사실은 연합국들이 얼마나 쉽게 나치의 먹잇감으로 전락하고 말았는지를 잘 설명해 주는 예이다. 프랑스 차례가 되었을 때 프랑스의 총사령관은 자기들을 위해서 싸워 줄 동맹군이 없다는 사실을 깨닫게 되었다. 세상은 냉혹했다.

1910년 한국도 이런 경험을 했고 그것은 참으로 견디기 어려운 고통이었다. 어려울 때 도와주겠다고 약속했던 동맹국들은 어디로 가버렸단 말인가? 그들은 여전히 그 자리에 있었지만 방관자에 지나지 않았고 동정을 보이기는커녕 뒤돌아 서서 등을 돌린 채로 '겁 많고 불쌍한 한국사람들'이라고 조롱하고 있었다.

그렇다. 이것은 참기도 견디기도 어려운 고통의 시간이었다. 한국과 조약을 맺었던 미국을 비롯한 대부분의 유럽국가들은 한반도가 세계평화를 위한 제단에 바쳐지는 마지막 희생제물이 될 것이라고 생각했다. 그러나 불행하게도 한반도의 희생만으로 끝나지 않았다.

일본은 태평양에서 총력을 기울여 제국주의 확장에 매진했고, 독일과 이태리는 대서양을 넘어서 미국 땅을 탐내고 진격해 나가는 동안에도 미국 내의 일부 지도자들은 영국을 지원하는 일에 대해서 반대만 하였다. 그들은 적극적인 지원을 원하는 압도적인 대중 여론에도 불구하고 순수한 방위계획안 이외의 지원은 한사코 반대했다. 그들은 자기들은 소극적인 방어만을 준비하고 있다는 사실을 전 세계에 알리는 일에만 몰두했다. 다시 말해서, 일부 미국 지도자들은 적군이 바로 문 앞에 서서 전쟁을 시작할 때까지 아무 준비도 해서는 안 된다는 식이었다.

민주주의 국가들이 이처럼 소극적이고 수동적인 자세로 기회를 놓칠 때까지 방어만 고집하는 것은 참으로 이해하기 어려운 점이다. 연합군과 나치 군대가 벨기에, 프랑스, 그리고 북부 유럽의 여러 나라들에서 군사적인 충돌을 일으키기 직전까지, 연합군들은 그들의 공격에 대처할 아무런 준비를 하지 않고 태만했다. 결국 마지노선은 아무런 소용이 없는 무용지물이 되고 말았다. 왜냐하면 마지노선이란 방어용 구조물이었지 공격용으로 구축된 것이 아니었기 때문이다. 만약 적국들이 미국은 자기들을 공격하지 않을 것이라는 사실을 이미 알고 있었고, 미국의 영토를 침범할 때까지 자기들을 공격하지 않을 것이라는 사실을 감지했다면, 미국이 태평양과 대서양의 절반을 덮을 만큼 많은 전함을 가지고 있고, 온 하늘을 가득 덮을 정도로 많은 전투기를 가지고 있다 하더라도, 그들은 결코 미국을 두려워하지 않을 것이다. 아무리 큰 대포를 가지고 있다 한들 미국은 절대로 무기들을 사용할 의사도 없고 사용할 수도 없다는 사실을 적군이 알고 있다면 그것들은 아무런 소용이 없는 고철 덩어리에 불과할 것이기 때문이다.

영국과 협력하고 자유 프랑스, 그리고 자유를 사랑하는 여러 나라들과 연대하여 미국은 제국주의 군주나 독재자가 아닌 국제 사회에서 모두의 정의와 평등에 기초한 국가 간의 평화와 친선을 도모하는 일에 선한 영향력을 행사하는 지도적 역할을 했어야만 했다. 최근에 미국이 중심이 되어 아메리카 대륙 21개 나라들의 공동의 안보를 위해 여러 나라들이 원하던 통합을 이룬 것은 아주 좋은 사례이다. 아메리카 대륙에서 이런 성공을 이루었다는 사실은 민주주의를 신봉하는 나라들이 시기 적절하게 연대하여 함께 공동의 노력을 경주한다면 전체주의 국가들의 책동을 중단시킬 수 있다는 희망을 주기에 충분하다.

그러나 민주주의 국가들이 이와 같은 지도력을 상실했기 때문에, 독일과 이태리, 그리고 일본은 전 세계를 세 부분으로 분할할 것을 요구하고 있다. 즉, 유럽은 추축국가들인 독일과 이태리의 수중에 두고, 아시아와 태평양, 그리고 캘리포니아 해안까지를 일본의 통제하에 두며 남북아메리카 두 대륙은 먼로주의의 원칙에 따라 미국이 차지하는 것으로 만족하라는 것이다. 우리가 이런 생각에 찬성하건 반대하건 상관하지 않고, 그들 세 나라는 전 세계를 정복하는 첫 단계로 이 계획을 실행하겠다는 확고한 의지를 갖고 있다.

일반적인 사람들이라면 이런 주장들이 합리적이고 적절하다고 생각할 수도 있을 것이다. 만약 전체주의 국가들이 서구를 그냥 두는 것에 동의한다면, 왜 그들은 서구가 있던 옛날 모습 그대로 두려고 하지 않는다는 말인가? 이 문제를 조금 더 깊이 연구해 보면, 그 문제가 그렇게 간단한 문제가 아니라는 사실을 알게 될 것이다. 이것은 미국 국민들을 속이기 위한 또 하나의 선전용 속임수에 불과하다.

아래의 설명들은 이런 제안을 거부해야 하는 분명한 세 가지 이유이다.

1. 실제적으로 이것은 먼로주의의 종말을 알리는 시발점이다. 전체주의 국가들은 먼로주의를 타도할 준비가 갖추어지는 시점까지 기다릴 것이다. 그들의 현재 약속은 과거의 조약만큼 존엄성을 갖지 못할 것이다. 미국이 체결한 통상조약과 개방정책을 위반해가면서 미국상품에 대한 유럽과 아시아 시장을 차단하겠다는 그들의

　　　일본의 침략근성 - 그 실체를 밝힌다

요구를 미국이 인정하기를 거부하기 때문에, 그들이
먼로 독트린에 대한 인정을 지금 철회하겠다는 말이
논리적으로 성립될 수 있을까? 마치 미주 대륙 국가들의
안전은 그들이 말하기에 달려있는 것처럼, 세계의 나머지
국가들에 대한 그들의 독점권을 인정받는 대가로 미국의
소유를 제공하겠다는 것이 말이 되는가?

2. 이것은 민주주의 주장의 치명적인 타격이며 인간성에
대한 중대한 비행이다. 유럽과 아시아를 독재자의
손아귀에 넘겨주고 포기하는 것은 자유를 사랑하는
사람들을 노예로 전락시키는 것을 의미한다. 나치
치하에서는 유혈사태가 끊이지 않을 것이다. 동양을
일본의 주도권 하에 두는 것 역시 전 세계 인구의 절반을
비극으로 몰아 넣는 일이 되고 말 것이다. 일본은 한국과
만주, 그리고 중국의 점령지역을 무력과 총검으로
다스린다. 일본이 단순하게 주장하는 '동아시아에서의
신 질서'라는 표현은 공포와 테러의 통치를 의미한다.
일제의 지난 30년 동안의 한국 통치는 거대한 민족
말살정책이었으며 2,300만의 비무장의, 그리고 기진맥진한
한국민에 대한 경제적인 수탈이었을 뿐이다. 일본은
자기들에게 무릎을 꿇은 적들에게 자비와 관대함을
보여서는 결코 이길 수 없다는 사실을 너무나 잘 알고
있었기 때문에 다른 수단을 사용할 수밖에 없었으니,

그것은 바로 극악함과 잔인한 군사력뿐이었다. 일본이
아시아의 여러 나라들에서 자국의 군대를 철수하는
순간에는 한국인들, 만주인들, 그리고 중국인들은 중국
땅에 남아 있는 일본인들을 하나도 남김없이 모조리
쓸어버릴 것이다. 그들이 부르짖는 '아시아인들을 위한
아시아'라는 구호는 '일본을 위한 아시아'라는 것 이상도
이하도 아니다. 일본으로 하여금 전 아시아 대륙에서
중세기적 야만 행동을 하도록 방치하는 것은 최고로
극악한 국제 범죄이다.

3. 산적과 같은 나라들이 절대로 서구 세계를 침략하지
   않겠다는 약속을 믿고 그들에게 세계를 분할하도록
   내버려 둔 것은 미국의 실책이라 말하지 않을 수 없다.
   공포 때문에 눈 먼 사람이 아니라면 누가 그들의 그런
   말을 믿겠는가? 일본은 자기들이 원하는 것을 손에 넣을
   수만 있다면 무슨 약속이라도 하는 사람들이다. 훔친
   물건에 대해서 소유권을 합법화 해 준다면 무슨 약속인들
   하지 못할까? 일본과 독일이 지금 차지하고 있는 모든
   물적 인적 자원들로 인하여 머지 않아 그들은 미국보다
   강력해질 것이고, 그 때가 되면 그들은 이렇게 말할 것이다.
   "먼로주의는 한낱 죽은 문서에 지나지 않는다."

그들을 통제할 수 있는 가장 좋은 방법은 그들과 아무런 약속

일본의 침략근성 - 그 실체를 밝힌다

도 하지 않는 것이고 그들과 상종하지 않는 것이다. 만약 그들이 강제로 자기들의 이웃 나라들로부터 빼앗은 모든 것들을 배상하기까지 그들에 대해서 경제적 제재, 통상금지, 그리고 불매운동을 벌일 수 없다면, 미 합중국은 적어도 그들을 공공의 적으로 삼아 모든 사람들이 그러한 사실을 알도록 몰아세워야 할 것이다. 미 합중국은 이 일을 시행하라! 그것도 지금 즉시 즉각 개시하라!

결 론

결론적으로 본인은 독자들로 하여금 앞으로 극동아시아에 대해서 전망할 때 희망과 기대감을 가지게 되기를 바란다. 그러나 더 솔직히 표현하자면, 미국과 일본이 전쟁을 피하거나 충돌을 장기간 연기할 가능성에 대해서는 비관적이다. 이미 본인이 설명했듯이 일제는 오랜 동안 아시아 전역을 차지하려는 음모를 가지고 노력했으며 결국은 전 세계를 지배하겠다는 계획을 추진해 왔다. 이런 목표를 가지고 일본 제국주의자들은 전 국민들에게 요람에서 무덤까지 제국주의를 위해서 생명을 바치라고 강요해 왔다. 일본은 자기 백성들을 군국주의 사상으로 세뇌시켰으며 자기들은 천자(天子)라는 사실과 천황을 위해서 목숨을 바친다면 죽어서도 하늘에서 신적 영웅으로 보상받게 될 것이라는 믿음으로 무장시켰다.

그러므로 이렇게 세뇌된 일본 사람들의 입장에서 본다면, 하늘에 의해서 예정된 이 계획을 다른 나라가 간섭하여 무효화시킨다는 것은 도저히 있어서도 안 되고 있을 수도 없는 일이다. 아무리 순수한 의도라고 하더라도, 이 일에 의심을 품거나 이의를 제기하는 것은 용납될 수 없으며, 일본이 가는 길에 반대하는 세력은 철저히 응징되고 쳐부수어져야만 한다. 일본에 반대하는 자는 천륜을 거역하고 하늘을 모독하는 자들이다. 참으로 역사에서 이해할 수 없는 아이러니는 지금 일본이 총부리를 겨누고 적대시하는 나라들은 모두 다 작은 섬 나라인 일본을 일으켜 세워준 나라들, 즉, 일본의 근대화를 도와 준 바로 그 나라들이라는 사실이다. 1854년 페리(Matthew C. Perry)제독은 일본으로 하여금 문호를 개방하도록 도와 해외통상이 가능하도록 최선을 다하였지만, 결국 부지불식 중에 이것이 일본 백성들로 하여금 떠오르는 태양이 되어 미국을 대항하도록 만드는 단초가 될 줄을 누가 알았겠는가!

일본의 한국 정복은 아시아 침탈의 시작을 알리는 신호이었으며 이것을 일본은 소위 '평화적인 침투'라고 부른다. 국제연맹이 이런 일을 어떻게 중단시킬 것인가를 고심하는 동안에 일본은 만주 지역을 손아귀에 넣었고, 그곳에 지금 만주국 이라고 불리는 꼭두각시 정권을 세워 놓았다. 이런 불법적인 침탈 행위는 결단코 미국 정부의 지지나 인정을 받지 못할 것이다.

이와 같은 일본의 침략 정책을 계속 공개하자면 더 많은 지면이 필요할 것이다. 전 세계는 일본 제국주의가 중국에 대해서 선전포고도 하지 않고 전쟁을 일으킨 것과 중국의 개방된 도시들과 무방비의 중국인들을 향해서 저지른 처참하고도 야만적인 행동들에 대해서 잘 알고 있다. 뿐만 아니라, 온 세계는 일본이 인도차이나 반도와 태국에서 벌인 나쁜 짓들, 추축 국가들과 맺은 협약들, 소련과 맺은 동맹 관계, 그리고 네델란드 동인도 회사에 대한 위협과 일련의 군사행동들, 거기에 더하여 영국과 미국 국민들에 대한 계획된 차별과 학대에 대해서도 잘 알고 있다. 이 모든 행동들은 일본에 의해서 사전에 철저하게 기획되고, 의심의 여지 없이 계획적으로 자행된 흉계였음이 분명하게 드러나고 말았다.

이런 모든 행동들은 일본의 대담하고 직접적인 도전이며 방약무인한 작태들이다. 이것은 모든 미국인들에게 자신들이 처한 작금의 현실이 얼마나 충격적인지를 잘 보여주는 것이다. 일본의 약속에 대한 신뢰는 공공연하게 불신으로 바뀌었으며, 이제 우리는 일본이라는 나라에서 정의나 의로움을 찾아 볼 수 없으며, 자기들이 자주 사용하는 표현대로 힘의 논리 이외에는 어떤 것도 정당화되지 못한다는 사실을 알게 되었다. 마츠오카 요스케(松岡洋右) 외상이야말로 권모술수의 대가일 뿐이다.

바로 얼마 전까지만 해도 소련과 맺은 소위 마츠오카 협약은 동경-모스크바-베를린-로마를 확고하게 이어주는 새 희망의 연대라는 찬사를 받으며 대대적인 환호 속에 조인되었다. 그러나 그 어느 나라도 이 조약의 서명을 존중하지 않았고 언제든지 자기들의 더 나은 이익을 위해서는 헌신짝처럼 버릴 생각을 갖고 있었다. 여기에 서명한 나라들은 서로서로 상대방 국가들을 한 동안 이 협약 속에 가두어 두고 자기들의 목적을 이루려는 음모를 꾸미고 있었다. 조약에 서명을 했음에도 불구하고 소련은 여전히 중국에 전쟁 물자를 공급해 주었고 일본 역시 시베리아 국경에 자기들의 군대를 유지하고 있었으니 애초부터 이 조약은 한낱 휴지 조각에 불과 하였다. 그러므로 이 조약은 처음부터 무용지물이었고 가시적인 선전물에 지나지 않았다.

그러므로 일본이 러시아의 북방 공격을 막아보려고 했던 외교적인 노력이 실패할 수밖에 없었다. 반면에 중국과 남태평양 여러 섬에 대한 일본의 침략에 대한 미국의 입장은 동경을 불신의 눈으로 바라보도록 만들었으며 일본에 대해서 불안감을 갖도록 만들었다. 하와이와 필리핀에 있는 미국 함대의 존재감은 그곳에 있는 미국시민들과 자국의 이익을 보호하기 위함이었으며 거기에 더하여 전쟁광인 일본군부의 극단주의자들에게는 행동을 자제시키는 효과까지 갖게 되었다. 그 결과 온건파들의 견해가 득세하게 되었고 그들은 조만간 어디선가 예상치 못한 사태가 발생할 수 있으므로 일단은 예의 주시하며 관망하기로 하였다. 이러한 상황은 바타비아(Batavia)에서 열렸던 경제회담에서 일본이 네델란드령 동인도에서 얻는 경제적인 이권을 3대 강대국들, 즉, 미국, 영국, 그리고 일본이 나누어 가지자는 제안을 했다가 네델란드 동인도 회사의 반대로 무산되자, 요시자와 켄이찌(吉澤健一) 대표가 조용히 퇴장한 것과 무관하지 않았다. 과거 같았으면 동경의 신문들이 네델란드를 향하여 격렬한 어조로 혹은 반드시 응징할 것이라는 표현으로 위협했겠지만, 이번에는 그런 일이 일어나지 않았던 것이다.

그럼에도 불구하고 일본에게는 아주 만족스러운 소식이 전해졌다. 6월 22일 청천벽력과도 같은 히틀러의 러시아에 대한 선전포고는 일본에게는 황금과 같은 기회였다. 나치의 기계화 부대와 독일을 위해서 싸우도록 억지로 동원된 핀란드와 루마니아 군대는 러시아의 서부를 향해서 진격하였다. 어느 편이 이 전쟁에서 승자가 될 것인지를 본인은 예측하고 싶지 않다. 다만 한 가지 분명한 사실은, 일본은 이 혼란을 틈타서 한 몫을 챙길 것이 확실하다는 사실이다. 독일과 러시아의 전쟁이 시작된 지 24시간도 지나지 않아서 바타비아 경제회담에서 자리를 박차고 나갔던 일본 대표는 다시 회담장으로 돌아와 협상 재개를 요구하였고, 네델란드 동인도 총독은 비공식적으로 일본에 상당량의 물자를 지원할 것을 조용히 약속하였다. 그러나 이것은 결코 일본의 마지막 요구가 아니었다.

일본은 이것을 하늘이 자기들에게 준 기회, 곧 천우신조(天佑神助)라고 생각하며 다시 한번 일본의 영토를 확장할 기회로 만들었다. 러시아가 죽을 힘을 다해서 나치와 싸우며 살아남기 위해 혈투를 벌이는 동안, 일본은 두 방향 중에서 어느 한 방향을 정해서 정복해야 할 지를 두고 행복한 고민에 빠졌다. 시베리아 국경의 병력을 철수하여 남태평양 침략에 집중할 것인지, 아니면 시베리아로 병력을 집중하여 우랄 산맥 동부의 광활한 지역을 차지할 것인지를 결정해야만 했던 것이다. 이 두 방향을 비교해 볼 때, 일본으로서는 당연히 남방을 향한 진격이 매력적이었다. 영국, 프랑스, 그리고 네델란드 식민지에서 생산되는 대량의 전쟁물자들이 현재 일본이 필요로 하고 확보해야 하는 전략적인 것들이었다. 동시에 이 결정은 미국과의 한판 전쟁까지도 고려해야만 하는 위험을 내포하는 것이기도 했다.

만약 북진을 선택한다면 이는 비교적 쉬운 결정이 될 수 있을 것이다. 러시아의 아시아 쪽과 외 몽고, 하얼빈, 블라디보스톡, 캄차카 반도와 사할린의 북쪽 절반을 단숨에 손아귀에 움켜 쥘 수 있는 기회이기도 했다. 북방을 향하는 새로운 영토에 대한 야욕은 일본의 군국주의자들이 전략적인 이유로 오랜 동안 눈독을 들여왔던 베링 해 서쪽 바닷가까지를 포함하는 것이 될 것이다. 일본은 그곳에 거대한 공군기지를 건설하여 언젠가 미국과의 전쟁을 대비해서 미 공군이 알래스카에서 일본을 공격하더라도 일본 본토를 보호할 수 있게 하겠다는 계획을 세웠다.

이 두 가능성 중에서 어느 것을 먼저 선택할 것인지는, 첫째로는 독·소 전쟁의 상황에 달려있고, 둘째로는 미국이 일본의 팽창을 어느 정도까지 허용할 것인지에 달려 있다. 현재로서는 일본이 시베리아까지의 진격은 무난할 것이라고 본다. 왜냐하면 거기까지

일본의 침략근성 - 그 실체를 밝힌다

는 최소한도의 저항밖에 없을 것이므로 충분히 승산이 있기 때문이다. 그러나 이 둘 중에 어느 경우든지, 일본은 미국의 턱밑까지 공략하는 것이므로 결국 미국과의 전쟁 위험은 가중되는 것이 사실이다.

여기서 본인이 강조하려는 점은, 일본제국주의 패권의 희생제물로서의 대한민국의 사례를 고발하고 국제사회에 알리려는 것이다. 대한민국의 운명은 세계 모든 자유민들의 운명과 무관하지 않으며, 한 때는 자유민이었지만 지금은 그 자유를 잃은 무수한 세계인들의 운명과 분리하려고 해도 분리할 수 없는 관계에 있다. 장담하며 기대하건대, 우리가 예상하는 것보다 훨씬 더 일찍 민주주의를 신봉하는 세력이 일본을 제압하여 일본을 자국의 영토로 축소시키고, 태평양에 평화를 정착시키는 날이 올 것이다.

그 날이 오면 대한민국은 전 세계의 자유 국가들과 함께 어깨를 나란히 하여 다시금 '고요한 아침의 나라'로 온 세계에 당당히 서게 될 것이다.

초대 대통령 취임사

여러 번 죽었던 이 몸이 하느님 은혜와 동포 애호로 지금까지 살아 있다가 오늘에 이와 같이 영광스러운 추대를 받는 나로서는 일변 감격한 마음과 일변 감당키 어려운 책임을 지고 두려운 생각을 금하기 어렵습니다. 기쁨이 극하면 웃음이 변하여 눈물이 된다는 것을 글에서 보고 말로 들었던 것입니다.

요즈음 나에게 치하하러 오는 남녀동포가 모두 눈물을 씻으며 고개를 돌립니다. 각처에서 축전 오는 것을 보면 모두 눈물을 금하기 어렵습니다. 나는 본래 나의 감상으로 남에게 촉감될 말을 하지 않기로 매양 힘쓰는 사람입니다. 그러나 목석간장이 아닌 만치 나도 뼈에 사무치는 눈물을 금하기 어렵습니다. 이것은 다름 아니라 40년 전에 잃었던 나라를 다시 찾은 것이오 죽었던 민족이 다시 사는 것이 오늘 이어서 표명되는 까닭입니다.

오늘 대통령 선서하는 이 자리에 하느님과 동포 앞에서 나의 직책을 다하기로 한층 더 결심하며 맹서합니다. 따라서 여러 동포들도 오늘 한층 더 분발해서 각각 자기의 몸을 잊어버리고 민족 전체의 행복을 위하여 대한민국의 시민된 영광스럽고 신성한 직책을 다하도록 마음으로 맹서하기를 바랍니다.

여러분이 나에게 맡기는 직책은 누구나 한사람의 힘으로 성공할 수 없는 것입니다. 이 중대한 책임을 내가 감히 부담할 때에 내 기능이나 지혜를 믿고 나서는 것은 결코 아니며 전혀 애국남녀의 합심 합력으로써만 수행할 수 있을 것으로 믿는 바입니다.

이번 우리 총선거의 대성공을 모든 우방들이 칭찬하기에 이른 것은 우

일본의 침략근성 - 그 실체를 밝힌다

리 애국남녀가 단순한 애국성심으로 각각 직책을 다한 연고입니다. 그 결과로 국회 성립이 또한 완전무결한 민주제도로 조직되어 2, 3정당이 그 안에 대표가 되었고 무소속과 좌익 색채로 지목 받은 대의원이 또한 여럿이 있게 된 것입니다.

기왕 경험으로 추측하면 이 많은 국회의원 중에서 사상 충돌로 분쟁분열을 염려한 사람들이 없지 않았던 것입니다. 그러나 중대한 문제에 대하여 극렬한 쟁론이 있다가도 필경 표결될 때에는 다 공정한 자유의견을 표시하여 순리적으로 진행하게 되므로 헌법과 정부조직법을 다 민의 대로 종다수 통과된 후에는 아무 이의 없이 다 일심으로 복종하게 되므로 이 중대한 일을 조속한 한도 내에 원활히 처결하여 오늘 이 자리에 이르게 된 것이니 국회의원 일동과 전문위원 여러분의 애국성심을 우리가 다 감복하지 않을 수 없는 것입니다.

나는 국회의장의 책임을 이에 사면하고 국회에서 다시 의장을 선거할 것인데 만일 국회의원 중에서 정부 부처장으로 임명될 분이 있게 되면 그 후임자는 각기 소관 투표구역에서 경선 보결하게 될 것이니 원활히 보결된 후에 의장을 선거하게 될듯하며 그 동안은 부의장 두분이 사무를 대행할 것입니다. 따라서 이 부의장 두 분이 그 동안 의장을 보좌해서 각 방면으로 도와 협의 진행케 하신 것을 또한 감사히 생각합니다.

국무총리와 국무위원 조직에 대해서 그간 여러 가지로 낭설이 유포되었으나 이는 다 추측적 언론에 불과하며 며칠 안으로 결정 공포될 때에는 여론상 추측과는 크게 같지 않을 것이니 부언낭설을 많이 주의하지 않기를 바랍니다.

우리가 정부를 조직하는데 제일 중대히 주의할 바는 두 가지입니다. 첫째는 일할 수 있는 기관을 만들 것입니다. 둘째는 이 기관이 견고히 서서 흔들리지 아니해야 될 것입니다. 그러므로 사람의 사회상 명망이나 정당단체의 세력이나 개인 사정상 관계로 나를 다 인식하고 오직 기능 있는 일꾼들이 함께 모여 앉아서 국회에서 정하는 법률을 민의 대로 준행해 나갈 그 사람끼리 모여서 한 기관이 되어야 할 것이니 우리는 그분들을 물색하는 중입니다. 어떤 분들은 인격이 너무 커서 적은 자리에 채울 수 없는 이도 있고 혹은 적어서 큰 자리에 채울 수 없는 이도 있으나 참으로 큰 사람은 큰 자리에도 채울 수 있고 적은 자리도 채울 수 있을 뿐 아니라 적은 자리 차지하기를 부끄러워하지 않습니다. 이렇게 참 큰 인물들이 있어 무슨 책임을 맡기든지 대소와 고하를 구별치 않고 적은데서 성공해서 차차 큰 자리에 오르기를 도모하는 분들이 많아야 우리의 목적이 속히 도달될 것입니다.

이런 인격들이 함께 책임을 분담하고 일해 나가면 우리 정부 일이 좋은 시계 속처럼 잘 돌아가는 중에서 이적을 많이 나타낼 것이오 세계의 신망과 동정이 날로 증진될 것입니다. 그런즉 우리가 수립하는 정부는 어떤 부분적이나 어떤 지역을 한하지 않고 전 민족의 뜻대로 전국을 대표한 정부가 될 것입니다.

기왕에도 말한 바이지만 민주정부는 백성이 주장하지 않으면 그 정권이

일본의 침략근성 - 그 실체를 밝힌다

필경 정객과 파당의 손에 떨어져서 전국이 위험한 데 빠지는 법이니 일반국민은 다 각각 제 직책을 행해서 위선 우리 정부를 사랑하며 보호해야 될 것이니 내 집을 내가 사랑하고 보호하지 않으면 필경은 남이 주인 노릇을 하게 됩니다. 과거 40년 경험을 잊지 말아야 할 것입니다. 의로운 자를 옹호하고 불의한 자를 물리쳐서 의가 서고 사가 물러가야 할 것입니다. 전에는 일꾼이 소인을 가까이 하고 현인을 멀리하면 나라가 위태하다 하였으나 지금은 백성이 주장이므로 민중이 의로운 사람과 불의한 사람을 명백히 구별해야 할 것입니다.

승인문제에 대하여는 그 권리가 우리에게 있는 것이 아니므로 우리가 판단할 수는 없으나 우리의 순서가 이대로 계속된다면 모든 우방의 호의로 속히 승인을 얻을 줄로 믿는 바입니다.

그러나 우리가 주의하는 바는 승인을 얻는데 있지 않고 먼저 국권을 공고히 세우는데 있나니 모든 우방이 기대하는 바를 저버리지 아니하고 우리가 잘만 해나가면 우리의 요청을 기다리지 않고 자발적으로 후원할 것이니 이것도 또한 우리가 일 잘하기에 달린 것입니다. 9월에 파리에서 개최하는 유엔총회에 파견할 우리 대표단은 특별 긴급한 책임을 가지니 만치 가장 외교상 적합한 인물을 택하여 파견할 터인데 아직 공포는 아니 하였으나 몇몇 고명한 인격으로 대략 내정되고 있으니 정부조직 후에 조만간 완전 공포될 것입니다.

우리의 대표로 레이크썩세스에 가서 많은 성적을 내고 있는 임영신 여사에 대해서는 우리가 다 고맙게 생각하는 바입니다. 여기서 우리가 재정 후원도 못하고 통신상으로 밀접히 후원도 못한 중에 중대한 책임을 그만치 진

취시킨 것을 우리는 다 영구히 기념하게 될 것입니다.

이북동포 중 공산주의자들에게 권고하노니 우리 조국을 남의 나라에 부속하자는 불충한 이상을 가지고 공산당을 빙자하여 국권을 파괴하려는 자들은 우리 전 민족이 원수로 대우하지 않을 수 없나니 남의 선동을 받아 제 나라를 결딴내고 남의 도움을 받으려는 반역의 행동을 버리고 남북의 정신 통일로 우리 강토를 회복해서 조상의 유업을 완전히 보호하여 가지고 우리끼리 합하여 공산이나 무엇이나 민의를 따라 행하는 것이 좋을 것입니다. 기왕에도 누누이 말한 바와 같이 우리는 공산당을 반대하는 것이 아니라 공산당의 매국주의를 반대하는 것이므로 이북의 공산주의자들은 이것을 공실히 깨닫고 일제히 회심해서 우리와 같이 같은 보조를 취하여 하루 바삐 평화적으로 남북을 통일해서 정치와 경제상 모든 권리를 다 같이 누리게 하기를 바라며 부탁합니다.

대외적으로 말하면 우리는 세계 모든 나라와 다 친린해서 평화를 증진하여 외교 통상에 균평한 이익을 같이 누리기를 절대 도모할 것입니다. 교제상 만일 친소에 구별이 있다면 이 구별은 우리가 시작하는 것이 아니오 타동적으로 되는 것입니다.

다시 말하자면 어느 나라이던지 우리에게 친선히 한 나라는 우리가 친선히 할 것이오 친선치 않게 우리를 대우하는 나라는 우리는 친선히 대우할 수 없을 것입니다. 과거 40년간에 우리가 국제상 상당한 대우를 받지 못한 것은 세계 모든 나라가 우리와 접촉할 기회가 없었던 까닭입니다.

일인들의 선전만을 듣고 우리를 판단해 왔었지만 지금부터는 우리 우방들의 도움으로 우리가 우리 자리를 찾게 되었음 즉 우리가 우리말을 할 수 있고 우리 일도 할 수 있나니 세계 모든 나라들은 남의 말을 들어 우리를 판단하지 말고 우리가 하는 일을 보아서 우리의 가치를 우리의 가치대로만 정해주는 것을 우리가 요청하는 바이니 우리 정부와 민중은 외국의 선전을 중요히 여겨서 자유와 평화를 사랑하는 각국 남녀로 하여금 우리의 실정을 알려 주어서 양해를 얻어 정의가 상통하여 교제가 친밀할 것이니 이것이 우리의 복리만 구함이 아니오 세계평화를 보증하는 방법입니다.

건설하는 데는 새로운 헌법과 새로운 정부가 다 필요하지마는 새 백성이 아니고는 결코 될 수 없는 것입니다. 부패한 백성으로 신성한 국가를 이루지 못하나니 이런 민족이 날로 새로운 정신과 새로운 행동으로 구습을 버리고 샛길을 찾아서 날로 분발 전진하여야 지난 40년 동안 잊어버린 세월을 다시 회복해서 세계문명국에 경쟁할 것이니 나의 사랑하는 3천만 남녀는 이날부터 더욱 분투 용진 해서 날로 새로운 백성을 이룸으로써 새로운 국가를 만년반석 위에 세우기로 결심합시다.

1948년 7월 24일

이 승 만 박 사 연 보

1875. 3. 26	황해도 평산군 마산면 능내동에서 아버지 이경선·어머니 김해 김 씨의 3남 2년 중 막내로 출생, 2살 때 서울로 이사, 도동에서 성장, 서당에서 동양학문 수학
1895. 4. 20	20세 / 배재학당에 입학하여 서양학문 배움
1898. 1. 1	22세 / 한글판 주간 신문 ≪협성회 회보≫ 발간하고 주필이 됨, 이후 한국 최초의 일간지 ≪매일신문≫으로 발전
1898. 8. 10	한글 신문인 ≪제국신문≫ 창간, 편집과 논설 담당
1898. 11. 5	군주제 폐지와 공화정을 도입하려는 혐의를 받아 이상재 등 독립협회 인사 17인이 체포되자 대중을 동원, 농성을 시작함
1899. 1. 9	23세 / 박영효 등의 고종 폐위 음모에 가담한 혐의로 체포, 한성 감옥에 수감, 종신형 언도 받음
1901. 1 ~ 1903. 7	25~28세 / 옥중에서 가명으로 ≪제국신문≫과 ≪신학월보≫에 여론 조성과 국민계몽을 위한 글을 보냄
1904. 8. 9	29세 / 민영환의 도움으로 특별사면됨
1904. 11. 4	독립보전을 위한 미국의 지원을 호소하기 위한 고종의 밀사 자격으로 출국, 12월 31일 워싱톤 도착
1905. 2. 20	29세 / 조지 워싱톤 대학에 2학년 장학생으로 입학
1907. 6.5	32세 / 조지워싱톤 대학 졸업후, 하버드대학 석사과정에 입학
1910. 7	35세 / 프린스턴대학에서 '미국의 영향을 받은 중립론'이라는 제목으로 박사학위 받음 (1912년 프린스턴 대학에서 간행 됨)

일본의 침략근성 - 그 실체를 밝힌다

1912. 3. 26	37세 / 일본총독부의 기독교 지도자 체포를 위한 '105인 사건' 후, 국제기독감리회총회를 구실로 미국으로 도피하여 망명 함, 미국 각지에서 한국의 독립을 호소 함.
1912. 8. 14	'소년병학교'를 운영하던 박용만을 만나 독립운동의 기지를 한인들이 많은 하와이로 이전하기로 합의
1913. 2. 3	하와이 도착, 감리교회 소속 한인기숙학교 교장 맡음, 105인 사건을 폭로하는 '한국교회핍박' 집필
1919. 4. 11	44세 / 상해 한인 임시의정원에서 국무총리로 추대 됨
1919. 7. 17	워싱톤에 대한공화국 임시공사관 설치
1919. 9. 6	상해 임시정부 의정원에서 임시 대통령으로 선출 됨
1921. 8.27	46세 / 워싱톤 군비축소회의에 상해 임시정부의 전권대사 자격으로 참석, 미국 대표단에게 '한국독립청원서' 제출
1932. 11.10	57세 / 상해 임시정부로부터 국제연맹에 한국 독립을 탄원할 전권대사로 임명 됨
1934. 10	59세 / 프란체스카 도너 양과 뉴욕에서 결혼
1939. 3. 30	64세 / 2차대전 발발의 징후가 보이자 구미위원회 활동을 활성화하려고 워싱톤으로 돌아 옴 ≪Japan Inside Out≫ 집필 함
1941. 6	66세 / 일본의 미국 침공을 경고하는 ≪Japan Inside Out≫ 뉴욕에서 출판, 12월 진주만 공격이 있자 베스트 셀러가 됨
1942. 1. 16	임시정부의 승인과 무기 지원 획득을 위해서 '한미협회' 창설

1942. 2. 27~3. 1	한미협회와 함께 워싱톤에서 한인자유대회 개최, 미국의 방송을 통해서 고국의 동포들 투쟁 격려
1943. 5. 15	68세 / 루즈벨트 대통령에게 소련의 야욕을 상기시키고 임정 승인과 무기 지원을 요청하는 공문 발송
1944. 9. 11	69세 / 루즈벨트와 처칠에게 카이로 회담의 문제점을 지적하고 일본 패망 후, 한국의 즉각 독립을 요구 함
1945. 2. 5	미 국무부 차관에게 한반도의 공산화 야욕을 품은 소련으로부터 보호하기 위해 임정 즉각 승인을 요구 함
1945. 8. 15	70세 / 조국의 광복, 미 국무부의 반대로 귀국이 2개월 지연 됨
1945. 10. 16	33년만에 여의도 비행장에 도착, 다음 날 귀국 담화 방송
1946. 1. 4	신탁통치 찬성하는 공산세력과 결별 선언
1947. 7. 3	72세 / 좌우합작을 주장하는 하지 장군과 협조포기 선언, 미 군정에 의해 가택연금 당함
1947. 9. 16	소련의 진의를 파악한 미국에 의해 자유 허락, 남한의 총선거와 독립정부 수립이 허락 됨
1947. 11. 14	UN총회에서 UN감시하에 한반도 자유선거 실시 결정
1948. 5. 10	73세 / 제헌의회 의원으로 동대문구에서 당선, 제헌의회 의장이 됨
1948. 7. 20	제헌의회에서 대통령으로 선출 됨(186명 출석 180표 득)
1949. 1. 8	74세 / 쓰시마 반환 요구 기자회견
1949. 8. 8	장제스 총통과 진해에서 회담
1950. 3. 10	75세 / 농지개혁법 공포

일본의 침략근성 - 그 실체를 밝힌다

1950. 6. 25	6.25 전쟁 발발, 신성모 국방장관의 낙관적인 보고로 관망
1950. 6. 26	맥아더 장군과 통화, 즉각적인 지원을 요청, 주미 장면대사를 통해 트루만 대통령에게 즉각 지원 요청
1950. 6. 28	대전에서 전시 각료회의 주재, 다음 날 수원에서 맥아더 만나 한강 정선 시찰 함
1950. 7. 14	UN군 총사령관에게 작전지휘권 위임
1950. 9. 28	UN군과 상의 없이 국군에게 38선 이북 진격 명령
1951. 7. 3	76세 / 반도 통일이 목표이므로 트루만 대통령에게 휴전협상반대 전문 발송 국군에 군종병과 창설
1952. 1. 18	77세 / 일본 어선의 침범을 막기 위한 평화선 선포
1953. 6. 18	78세 / UN 포로수용소에서 2만7천 반공포로 석방
1953. 7. 12	한미상호방위조역 체결과 미국의 군사 경제원조를 약속하는 한미공동성명 발표
1954. 7. 31	아이젠하워 대통령과 정상회담
1956. 5. 22	81세 / 제3대 대통령 당선(부통령은 민주당의 장면)
1958. 10. 28	83세 / 원자력 연구를 위한 목적으로 한국원자력연구소 설립
1960. 3. 15	85세 / 대통령 선거에서 4선 확정
1960. 4. 19	85세 / 4.19 의거 발발, 23일 사상자에 대하 애도 표명
1960. 4. 26	시위대 대표 5인과 면담 후, 국민이 원한다면 대통령직 하야 하기로 약속, 다음 날, 이화장으로 은퇴
1960. 5. 29	3개월 계획으로 정양을 위해 하와이로 출국

1965. 7. 19	90세 / 호놀룰루에서 소천, 한인기독교회에서 장례예배 후,
	유해는 미 군용기로 서울로 운구
1965. 7. 27	정동제일감리교회에서 장례예배 후, 동작동 국립묘지에 안장

역 자 후 기

일제의 민족 말살정책이 점점 악랄해져 가고, 한글 사용 금지와 창씨개명을 요구하였으며 급기야 신사참배를 강요하면서 이를 거부하는 학교들이 폐교되어 가던 1941년 6월, 미국의 뉴욕에서 출판된 책이 바로 ≪Japan Inside Out≫이다.

100년 전 우리가 이 땅에 살았더라면, 가장 비참한 역사를 경험했을 것이다.

"슬프다 동포여! 아는가 모르는가! 꿈을 깨었는가! 수 평의 초가집도 나의 집이 아니며, 수 묘의 산소도 나의 땅이 아니며, 문 앞의 뽕나무와 석류도 나의 초목이 아니며, 동구 밖의 시냇물도 나의 물이 아니다. 내 몸이 죽어서 묻힐 땅이 없으며, 나의 자손이 자라서 거주할 방이 없으니, 눈을 들어 하늘을 쳐다봄에, 흐르는 눈물을 두 주먹으로 움키고, 칼을 빼어 땅을 침에 피 끓는 마음을 억제할 수 없구나. 오호라…"(대한 신민회, 1909)

이것이 우리의 현실이었고 우리 민족의 모습이었다는 사실을 상상이라도 할 수 있겠는가?

조선을 사랑했던 선교사 게일(James S. Gale, 1863~1937)은 일제 식민치하의 조선을 보고 이런 글을 남겼다.

"조선, 그것은 이제 사라졌는가? 먼 옛날 중국인마저도 어르신네의 고장이라 불렀던 나라, 선비와 책과 붓의 나라, 아름다운 가문(歌文)과 시(詩)와 수화(秀畵)의 나라, 효자 열부(孝子 烈婦)의 나라, 숨은 도인의 나라, 하느님을 바라보는 종교적 환상의 나라, 이제 그 나라는 사라졌는가?"(J. S. Gale, A History of The Korean People, Seoul, C.L.S. 1924, p. 37)

당시 서양에는 알려지지도 않았던 나라, '조선'의 망명객이 쓴 이 책에 관심을 가진 사람은 많지 않았다. 당시 미국인들은 일본에 대해서 호감과 함께 야릇한 신비로움을 가지고 있었기 때문에 여기에 찬물을 끼얹는 내용의 책은 인기를 끌지 못했다. 미카도(天皇)를 신으로 숭배하는 야마토(大和) 정신으로 무장된 일본 군국주의는 한국과 만주, 중국을 삼켰고 동남아시아를 차지한 다음, 태평양의 패권을 두고 미국을 공격할 것이라는 예언을 담고 있는 이 책은 미국인들에게 꿈 같은 공상 소설처럼 들렸을 것이다.

평화를 사랑하는 미국 국민들은 불과 6개월 후, 일본의 하와이 진주만 공습으로 혼비백산이 되었으며, 단번에 이 책은 미국 전역에서 베스트 셀러가 되었다. 졸지에 이 책은 미국의 정치가들과 지식인들의 필독서가 되었으며, 저자 리승만은 '이 시대의 예언자'라는 극찬을 받게 된다.

역자는 이 책을 읽고 번역하면서 이 이야기가 74여 년 전의 상황을 소개하는 내용이 아니라 바로 오늘의 현실을 고발하는 내용이라는 사실에 전율을 느꼈다. 어쩌면 오늘의 일본은 동일한 전철을 밟고 있으며, 미국과 일본의 정치가들은 '미-일 공조'라는 미명하에 1930~1940년대와 너무나 꼭 같은 생각과 행동을 하는데에 나는 놀라움을 금할 수가 없다.

'집단 자위권'이라는 모호한 개념을 동원하여 일본은 헌법 제 9조, '평화 헌법'을 수정하려고 몸부림치고 있으며, 동남 아시아의 여러 나라들은 서구

일본의 침략근성 - 그 실체를 밝힌다

열강의 식민지에서 자기들을 해방시켜 준 나라가 일본이라고 생각하며, 그 일본을 은인(恩人)이라고 생각하는 왜곡된 역사 해석으로 일제의 만행을 송두리째 잊어버렸다. 종전 70년을 맞아 다양한 이미지의 마케팅과 원조로 연출된 일제의 이미지는 전 세계의 여러 나라들에서 부러움과 호의로 변하고 말았다. 이런 행태야말로 정확히 100년 전의 모습을 그대로 재현하는 어리석은 짓들이 아니고 무엇일까?

저자의 방대한 지식과 자료들을 보면서 오늘과 같이 컴퓨터가 없었던 시절에 어떻게 그토록 정확하고 풍부한 증빙 자료들을 수집할 수 있었는지 그저 놀라지 않을 수 없었다. 특히 그의 자유로운 영어 표현과 적절한 어휘의 사용은 경이로움, 그 자체였다. 이 책의 각 장에서 많은 역사적 교훈을 얻을 수 있지만, 특히 제 14장, '잘못된 평화주의자들은 간첩과 같이 위험하고, 그들의 행동은 자칫 이적 행위가 될 수 있다'는 교훈은 오늘 한반도를 둘러싼 갈등과 역학구조에서 우리 모두에게 경각심을 갖게 해주기에 충분한 대목이다.

본인은 이 책을 번역하면서 일본에 대한 미운 감정보다는 그들을 향한 측은한 마음이 앞섰고, 일본인 한 사람 한 사람을 개인으로 만나면 그들 특유의 깍듯한 예의와 도덕에 감동을 받고 좋은 친구가 되는데, 집단으로서의 일본 사람들과 나라로서의 일본은 지금도 여전히 군국주의의 피가 흐르고 있음을 부인할 수 없었다.

그러므로 일찍이 라인홀드 니버(Reinhold Niebuhr)가 자신의 책 ≪Moral Man and Immoral Society≫에서 주장한 바와 같이 '개개인은 도덕적이지만 사회와 집단은 비도덕적'이라고 한 말은 특별히 섬 나라인 일본에게는 정확한 지적이다. 지정학적으로 일본은 우리와 가장 가까운 이웃이므로 일본이 진실로 좋은 나라로 변화하여 환 태평양 시대에 우리와 함께 세계 평화와 자유, 그리고 정의를 세우고 증진하는 일에 협력하고 기여하게 되기를 진심으로 바라마지 않는다.

2015년 8월 15일
마다가스카르 안타나나리브에서 김창주